建築施工用教材

2009

日本建築学会

ご案内

本書の著作権・出版権は日本建築学会にあります．本書より著書・論文等への引用・転載にあたっては必ず本会の許諾を得てください．

Ⓡ〈学術著作権協会委託出版物・特別扱い〉

本書の無断複写は，著作権法上での例外を除き禁じられています．本書は，学術著作権協会への特別委託出版物ですので，包括許諾の対象となっていません．本書を複写される場合は，学術著作権協会（03-3475-5618）を通してその都度本会の許諾を得てください．

一般社団法人　日本建築学会

序

　日本建築学会では，昭和40年（1965年）に「建築材料用教材」第1版を刊行している．当該教材は，建築材料の講義に際して，当時は図や表をその都度，黒板に書き説明していたが，限られた時間の中で効率も悪く，何よりも誤記が懸念され，今日のように，複写機やプリンター，パソコンプロジェクターなどが無かった時代に，何とか図表だけをコンパクトにまとめた教材ができないかを望んだ結果として，作成されたものである．

　爾来，「建築材料用教材」は，日本全国の大学・短期大学・高等専門学校・工業高校ならびに専修学校等で広く利用され，技術の進歩および規準・規定類の制・改定との整合を図りながら，版を重ねて，最近では2006年に大幅な改訂がなされている．

　しかし，建築工事を実際に遂行するには，材料の特性を理解したうえで適切な施工をしなければ，建築物の品質，耐力，耐久性などを確保できないことは，周知のとおりである．去る2003年度の本会大会のパネルディスカッション「大学における材料・施工教育の現状」において，特に施工教育については非常勤講師に依頼して実施されており，各教育機関によって施工の教育内容が統一されていないことが明らかとなった．

　一方，JABEE（日本技術者教育認定機構）において施工教育の内容が提示され，教育機関によって基本的な内容の共通化が求められている．このような背景から，施工教育の内容の統一と充実を図るため，施工用教材の刊行が強く要望された．

　2005年，材料施工委員会の下に，建築施工用教材編集WGが編成され，刊行への検討作業が進められてきた．本教材は本会にとって初めての刊行内容となるため，多くの議論が重ねられてきたが，これ以上の時間を費やすことより一旦刊行して，お使いいただいたうえでご意見をいただき，改訂を加えることが重要であるとの判断に至った．

　本教材の作成，編集方針は以下のとおりである．

1. 専修学校・工業高校・高等専門学校・短期大学・大学において，建築を学ぶ生徒・学生に対する教材とする．
2. 本書の構成は，別紙の目次による．
3. 記述内容は施工という観点から，建築施工に関する基本的かつ必要性の高いものに限定し，生徒・学生が理解できる内容とし，特殊な工法や高度な技術は除く．
4. 本書の表現は，図表・写真・イラストを中心に記載し，必要に応じて解説文章を加える．

　本教材の活用にあたっては，「建築材料用教材」や「建築材料用教材ビデオ」と合わせて活用されることをお勧めする．

　なお，本会初めての刊行内容であり，お使いいただいたうえでのご意見やご叱責をお願いする次第である．

2009年6月

日本建築学会

本書作成関係委員 (2009年3月現在)

―五十音順・敬称略―

教材本委員会
　　委員長　石川　孝重
　　委　員　(略)

建築施工用教材編集ワーキンググループ
　　主　査　松井　　勇 (2005.4～2006.3)　　嵩　　英雄 (2006.4～2008.3)
　　　　　　近藤　照夫 (2008.4～)
　　幹　事　古賀　一八　　興石　直幸
　　委　員　伊勢本昇昭　　菊池　雅史　　近藤　照夫 (～2008.3)　　中田　善久
　　　　　　松井　　勇　　三根　直人　　本橋　健司　　和美　廣喜
　　編集委員　兼松　　学　　北垣　亮馬　　田村　雅紀　　長井　宏憲

編集ならびに執筆委員

編集担当

1章・2章	三根　直人	6章	近藤　照夫
3章・4章	伊勢本昇昭	7章	古賀　一八
5章	和美　廣善	8章	本橋　健司
	中田　善久	9章	菊池　雅史

執筆担当

1章 総論				
1.1	古阪　秀三	5.4		和美　廣喜
1.2	峰政　克義			横須賀誠一
2章 施工計画と施工管理		5.5		春山　信人
2.1～2.2	岩下　　智	5.6		古賀　一八
2.3	大沢　幸雄	6章 内外装工事		
2.4	岩波　光一	6.1		名取　　発
2.5	嘉納　成男	6.2		土田　恭義
2.6	小林　謙二	6.3		長谷川寿夫
2.7	古野秀二郎	6.4		古賀　一八
3章 準備工事	石井　貞美	6.5		小山　明男
4章 地下工事		6.6		名取　　発
4.1	野田　和政	6.7		吉田　倬郎
4.2	山田　　毅	6.8		中山　　實
5章 躯体工事		6.9		河辺　伸二
5.1	竹村　雅行	6.10		古賀　一八
	小野　　泰	6.11		近藤　照夫
5.2	犬伏　　昭	6.12		興石　直幸
	横須賀誠一	6.13		名取　　発
5.3	和美　廣喜	7章 外構工事		長野　順一
	大野　義照	8章 維持保全・改修工事		本橋　健司
	中田　善久	9章 解体工事		小山　明男
	斉藤　丈士			

建築施工用教材

目次

1章 総　　論
　1.1 建築生産の仕組み……………………………………………………………………1
　1.2 設計・工事監理………………………………………………………………………7

2章 施工計画と施工管理
　2.1 施 工 計 画……………………………………………………………………………9
　2.2 申 請・届 出…………………………………………………………………………11
　2.3 品 質 管 理……………………………………………………………………………11
　2.4 原 価 管 理……………………………………………………………………………13
　2.5 工 程 管 理……………………………………………………………………………16
　2.6 安 全 管 理……………………………………………………………………………19
　2.7 環 境 の 管 理…………………………………………………………………………26

3章 準 備 工 事
　3.1 測 量・調 査…………………………………………………………………………29
　3.2 仮 設 工 事……………………………………………………………………………32

4章 地 下 工 事
　4.1 土工事・山留め工事…………………………………………………………………37
　4.2 地業および基礎スラブ工事…………………………………………………………42

5章 躯 体 工 事
　5.1 木工事（戸建住宅）…………………………………………………………………53
　5.2 鉄 骨 工 事……………………………………………………………………………62
　5.3 鉄筋コンクリート工事………………………………………………………………67
　5.4 鉄骨鉄筋コンクリート工事…………………………………………………………87
　5.5 プレキャストコンクリート工事……………………………………………………88
　5.6 メーソンリー工事……………………………………………………………………93

6章 内外装工事
　6.1 屋 根 工 事……………………………………………………………………………97
　6.2 防 水 工 事……………………………………………………………………………99
　6.3 断熱・防湿工事………………………………………………………………………100
　6.4 乾式外壁工事…………………………………………………………………………103
　6.5 ALCパネル工事………………………………………………………………………105
　6.6 カーテンウォール工事………………………………………………………………106
　6.7 ガラス工事……………………………………………………………………………109
　6.8 石　工　事……………………………………………………………………………111
　6.9 陶磁器質タイル張り工事……………………………………………………………114
　6.10 左 官 工 事……………………………………………………………………………118
　6.11 塗装・吹付け工事……………………………………………………………………120
　6.12 内 装 工 事……………………………………………………………………………122
　6.13 建 具 工 事……………………………………………………………………………125

7章 外 構 工 事
　7.1 外構工事概要…………………………………………………………………………127
　7.2 舗 装 工 事……………………………………………………………………………127

7.3	排 水 工 事	128
7.4	外郭施設工事	130
7.5	植 栽 工 事	131

8章　維持保全・改修工事

8.1	改修工事需要の予測	133
8.2	保全の範囲と分類	133
8.3	調査・診断・改修工事のフロー	134
8.4	鉄筋コンクリート造躯体の改修工事	134
8.5	防水改修工事	137
8.6	外壁改修工事	140
8.7	耐震改修工事	141

9章　解体工事

9.1	解体工事等に関連する環境関連法	142
9.2	解体工事の流れ	142
9.3	解 体 工 法	143
9.4	副産物の処理	146
9.5	建築のライフサイクルと解体工事	147

引 用 文 献 148

1章　総論

1.1　建築生産の仕組み

①　建築生産プロセス

表1.1.1　建築生産プロセスの業務内容

プロセス	部分プロセス	業務の目的および決定事項	業務の内容
企画	着手	・要求事項の概要を作成し、プロジェクト推進の活動計画を作成 ・建築主のニーズの具体化を支援	・建築主のプロジェクト推進組織の編成 ・要求事項の検討と建築士の指名 ・与条件を具体的な設計条件に変換
企画	可能性の検討	・プロジェクトの機能的、技術的、経済的な実行可能性を検討 ・それらの評価および提案のまとめ ・建築主がプロジェクト実施の態様を決定	・使用者の要求事項、敷地条件、計画、設計、コストなどについて調査研究 ・与条件を具体的な設計条件に転換
基本設計	基本計画	・基本計画および関連報告に関する建築主の公式の承認を得るため、配置計画、設計、構法の概略を決定	・企画内容を具体化 ・設計条件を具体的な設計作業に結びつける ・決定に必要な使用者の要求事項、技術問題、計画、設計、維持保全、コストなどについて引き続き調査研究
基本設計	基本設計	・企画を完成し、平面計画、構法、工法などを内容とする計画案を決定 ・技術的、時間的な実現の可能性を確認 ・概略の維持保全計画を決定 ・これらすべての承認を得る	・企画の最終的な詰め ・大筋の意匠的な設計を完成 ・技術的には予備的設計 ・設計内容実現のための生産設計 ・維持保全計画の検討 ・コスト計画書、説明書作成 ・建築基準法その他の法規への適合性の確認 ・提案内容の建築主への提出
実施設計	詳細設計	・設計、仕様、一般構造、コストに関するすべての問題の最終決定 ・概略の施工計画の確立 ・維持保全計画の確立	・建築物の各部分、構成材の設計の完成 ・当該設計のコストチェック ・工期、コストの裏づけとなる概略の施工計画の検討 ・各部分、構成材の維持保全戦略の検討
実施設計	施工文書	・施工用文書を作成 ・作業実施のための最終的かつ詳細な意思決定	・設計図、工事工程表、仕様書などの最終的な施工用文書の検討 ・それらの裏づけとなった施工計画、維持保全計画などの整理
実施設計	数量書	・入札に付すためのすべての情報を整理、準備を完了	・数量書および入札書類の作成
実施設計	入札	・入札に関する建築主の承認 ・入札書類を発行し、質疑を処理 ・落札者の決定	・入札募集文書発行 ・開札、落札者の決定
施工計画	施工情報の収集・分析	・施工計画作成のための必要な情報の収集・分析 ・合理的な施工のために主要な工事の施工法等を決定	・契約書類のチェック ・工事内容の調査・検討 ・実施設計プロセスでの施工計画の再検討 ・主要工事の施工法の選択、決定
施工計画	工事施工の構想	・主要工事の施工方針の立案 ・全体の概略施工計画の策定	・全体の概略施工計画の検討 ・主要工事の資源配分の検討 ・主要工事のスケジューリング
施工計画	工事実施計画の作成	・現実の工事施工のための工事計画を作成	・詳細な工程計画の作成 ・その裏づけとなるスケジューリング ・資源調達計画の作成
施工	工事情報の収集・分析	・明確な実施施工計画、工事計画を作成し、管理資料とする	・週間工程表の作成 ・資源配分計画 ・管理資料の作成
施工	施工	・的確に工事を実施	・明確な実施指示
施工	実績値集計	・出来形、出来高、品質等作業実績の集計	・作業結果の実績値集計、把握
施工管理	計画・実績の比較・分析	・確実な施工のために品質、工程、安全、原価等の諸側面の計画と実績のずれ、原因等を分析	・進捗度、工程管理 ・品質管理 ・安全管理 ・原価管理
施工管理	計画の見通し	・分析結果をふまえて計画の再検討、更新などにより、工事施工の確実性と状況への対応に努力	・計画内容の再検討、更新 ・情報のフィードバックと更新
工事監理等	工事の契約および指導監督	・建築主の工事契約締結を支援 ・施工者への工事費支払の審査および承諾 ・施工計画の検討、助言	・工事請負契約締結への協力 ・工事費支払審査および承諾 ・施工者の施工計画の検討、助言
工事監理等	工事監理	・工事を設計図書と照合し、それが設計図書のとおりに実施されているかいないかを確認	・設計意図を施工者に正確に伝える業務 ・施工図等を設計図書に照らして検討および承諾 ・工事が設計図書および請負契約に合致していることの確認 ・工事監理完了手続き
竣工・引渡し	竣工検査	・工事結果の判定 ・建築主との工事契約に合致した施工の完了の確認	・社内検査 ・建築主等の竣工検査
竣工・引渡し	引渡し	・建築主、使用者に対して建築物の引渡し、取扱いの説明 ・維持保全の考え方、やり方説明	・建築物引渡し書類の整備 ・取扱い説明書類の整備 ・維持保全計画（案）の検討
維持保全	維持保全情報の収集	・各種の情報源より利用可能な情報を入手、整理	・企画、設計段階での維持保全計画の情報収集 ・施工段階での維持保全情報の収集 ・その他一般の情報収集
維持保全	実施維持保全計画の立案	・維持保全計画を策定し、使用期間中に生ずる故障、劣化等に対して適宜修理、取替え等意思決定を行う資料とする	・予防保全、事後保全等の維持保全戦略を検討 ・全体の維持保全計画の決定
維持保全	保全の実施	・維持保全計画に基づいた修繕、取替え等の実施と計画の見直し	・維持保全計画の実施と管理 ・維持保全計画の見直し検討 ・緊急性のある修繕、例外事項等の臨機応変の処理
維持保全	廃棄	・維持保全計画、耐用計画に従って、建築物の部分、構成材の廃棄計画と実施 ・建築物全体の使用計画の再検討	・計画に基づく取替え、廃棄の検討、準備・実施 ・例外的取替え、廃棄の処置 ・維持保全計画の再検討 ・建築物全体の使用計画の再検討、更新

1章 総　　論

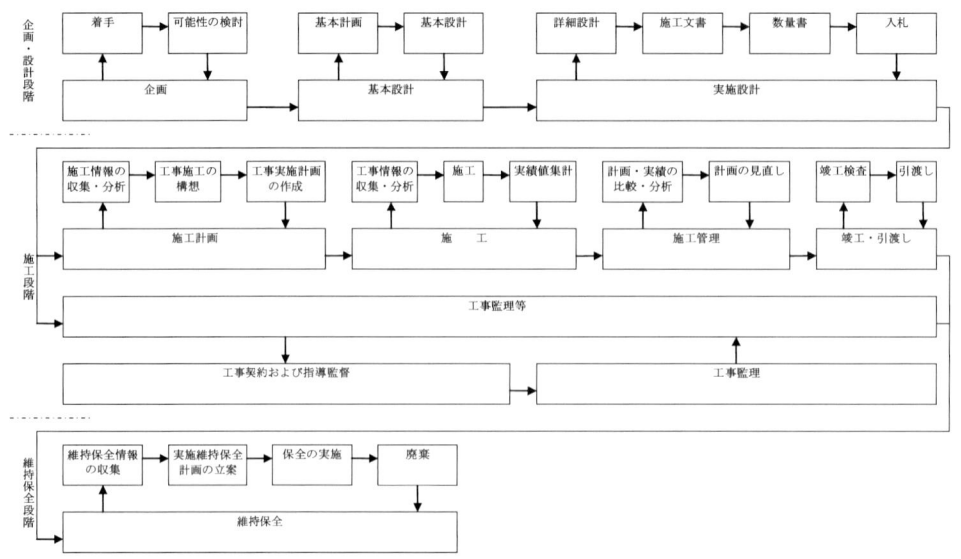

図1.1.1　建築生産プロセス

2　プロジェクト組織

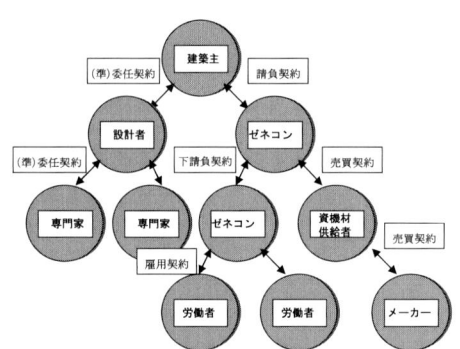

図1.1.2　建築チームと契約関係

請負契約，委任契約，売買契約，雇用契約等は民法に詳しい．

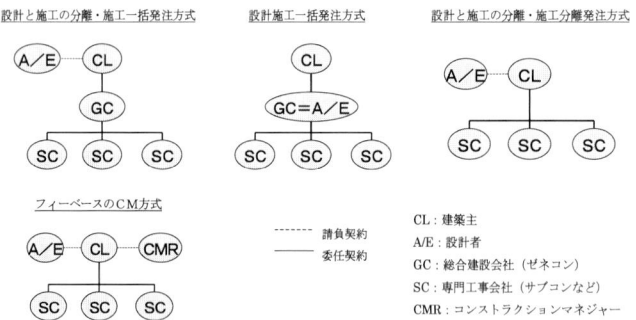

図1.1.3　各種のプロジェクト組織

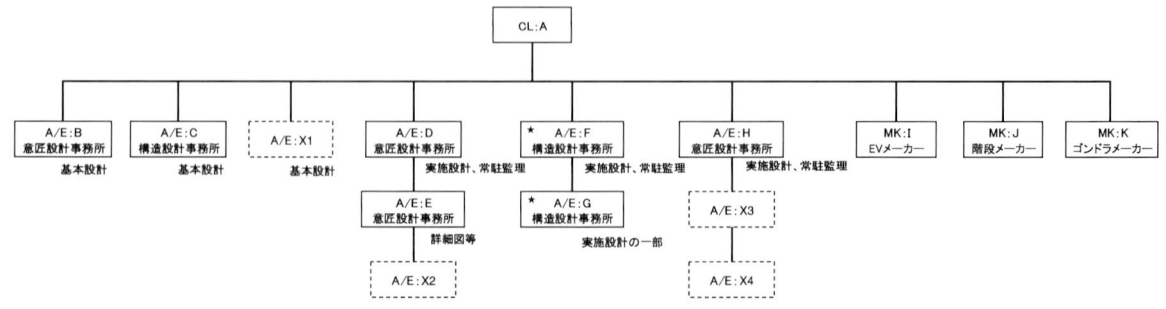

図1.1.4　設計チームの実例（分担関係が多岐にわたる例）

建築主から設計業務を一括して受託し，その事務所がすべての設計業務をやる場合のほか，構造設計，設備設計を外部に出す場合やこの事例のように設計業務を分離して出す場合もある．

3 建設関連の法律と制度

表1.1.2 建設業法における建設工事の許可の種類

土木一式工事 (土木工事業)	建築一式工事 (建築工事業)	大工工事 (大工工事業)	左官工事 (左官工事業)	とび・土工・コンクリート工事 (とび・土工工事業)	石工事 (石工事業)	屋根工事 (屋根工事業)	電気工事 (電気工事業)	管工事 (管工事業)	タイル・れんが・ブロック工事 (タイル・れんが・ブロック工事業)	鋼構造物工事 (鋼構造物工事業)	鉄筋工事 (鉄筋工事業)	ほ装工事 (ほ装工事業)	しゅんせつ工事 (しゅんせつ工事業)
板金工事 (板金工事業)	ガラス工事 (ガラス工事業)	塗装工事 (塗装工事業)	防水工事 (防水工事業)	内装仕上工事 (内装仕上工事業)	機械器具設置工事 (機械器具設置工事業)	熱絶縁工事 (熱絶縁工事業)	電気通信工事 (電気通信工事業)	造園工事 (造園工事業)	さく井工事 (さく井工事業)	建具工事 (建具工事業)	水道施設工事 (水道施設工事業)	消防施設工事 (消防施設工事業)	清掃施設工事 (清掃施設工事業)

( )内は許可業種名:建設業法

表1.1.3 業種別資本金階層別業者数(平成18年3月末現在) (平成18年3月末現在)

	個人	200万未満	200万以上300万未満	300万以上500万未満	500万以上1000万未満	1000万以上2000万未満	2000万以上5000万未満	5000万以上1億未満	1億以上3億未満	3億以上10億未満	10億以上100億未満	100億以上	合計
土木	21,051	210	52	28,642	21,613	42,073	41,982	5,797	1,177	567	418	193	163,775
建築	55,366	334	72	34,318	18,672	50,602	31,557	6,024	1,568	860	639	288	200,300
大工	17,320	99	14	12,051	6,939	14,002	10,770	2,156	581	304	203	95	64,534
左官	4,137	32	8	3,922	1,910	3,622	3,094	728	222	117	70	37	17,899
とび・土工	21,106	244	50	34,740	22,615	42,855	38,237	5,527	1,176	603	399	155	167,707
石	6,559	83	12	10,003	7,835	13,493	15,770	2,343	477	236	156	72	57,039
屋根	4,691	81	26	5,817	3,536	8,250	7,162	1,717	532	302	217	94	32,425
電気	7,516	101	20	13,054	5,612	15,113	8,013	1,696	690	480	441	199	52,935
管	10,076	135	33	19,154	10,604	25,554	20,893	3,372	967	576	445	183	91,992
タイル・れんが・ブロック	4,221	64	10	5,603	3,222	8,427	6,930	1,712	539	317	246	110	31,401
鋼構造物	7,275	111	25	12,108	7,831	17,046	17,139	3,431	981	552	411	168	67,078
鉄筋	1,922	15	3	2,405	1,341	2,481	2,882	709	201	105	57	32	12,153
ほ装	8,885	111	24	15,748	12,691	23,557	30,166	4,210	741	320	233	91	96,777
しゅんせつ	4,410	64	10	6,702	5,421	9,355	14,023	2,270	407	185	124	51	43,022
板金	2,649	31	9	3,326	1,801	3,904	3,051	759	242	143	81	41	16,037
ガラス	1,006	34	12	1,879	1,134	3,534	2,824	731	240	124	67	43	11,628
塗装	6,597	82	25	8,659	4,189	10,506	11,329	2,286	602	336	261	103	44,975
防水	1,677	37	14	3,934	1,873	5,873	4,924	1,254	394	213	134	65	20,392
内装仕上げ	7,783	129	30	12,296	6,066	19,453	10,890	2,714	914	550	420	174	61,419
機械器具設置	588	20	10	2,730	1,245	6,815	4,060	1,452	633	503	426	180	18,662
熱絶縁	922	19	3	1,863	923	2,481	2,326	580	219	129	74	41	9,580
電気通信	500	17	2	2,197	793	4,281	2,814	732	356	295	273	131	12,391
造園	4,927	40	22	4,466	3,445	7,308	12,157	1,966	435	210	161	71	35,208
さく井	320	6	1	445	290	871	967	187	46	26	22	13	3,194
建具	2,980	73	25	4,099	2,263	6,703	4,367	1,107	353	207	139	62	22,378
水道施設	8,657	111	23	14,416	11,861	21,112	28,470	3,928	745	352	256	113	90,044
消防施設	1,141	19	4	2,261	1,392	4,774	4,592	747	247	141	144	57	15,519
清掃施設	11	0	0	36	11	179	207	71	44	34	45	51	689
合計	214,293	2,302	539	266,874	167,128	374,224	341,596	60,206	15,729	8,787	6,562	2,913	1,461,153
純計	121,835	1,047	264	127,932	63,502	143,195	67,083	11,131	3,028	1,652	1,168	427	542,264

建設業の許可票		
商号又は名称		株式会社　○○工務店
代表者の氏名		取締役社長　○○○○
監理技術者氏名	専任の有無	○○○○　　専任
資格名	資格者証交付番号	一級建築士　第0222××××号
一般建設業又は特定建設業の別		特定建設業
許可を受けた建設業		建築工事業
許可番号		国土交通大臣許可（特－16，般－16）第27××号
許可年月日		平成17年×月×日
建築基準法による確認済		
確認年月日番号		平成16年×月×日　第H16年計画建築○○市000××号
確認済証交付者		建築主事　○○
建築主氏名		○○大学学長　○○○○
設計者氏名		国立大学法人　○○大学
工事施工者氏名		株式会社　○○工務店
工事現場管理者氏名		作業所長　○○○○
建築確認に係るその他の事項		工事監理者　国立大学法人　○○大学
労災保険関係成立票		
保険関係成立年月日		平成16年×月×日
労働保険番号		26－1－01－803×××－×××－××
事業の期間		自　平成16年×月×日　至　平成18年×月×日
事業主の住所氏名		○○市○○区○○町　×－×－××　株式会社　○○工務店取締役本店長　○○
注文者の氏名		○○株式会社　　代表取締役　○○○○
事業主代理人の氏名		作業所長　○○○○

図1.1.5　法律によって掲示義務のある工事現場の看板

表1.1.4　建築基準法，建築士法，建設業法の要点

建築基準法

目的（建築基準法第1条）
「この法律は，建築物の敷地，構造，設備及び用途に関する最低の基準を定めて，国民の生命，健康及び財産の保護を図り，もって公共の福祉の増進に資することを目的とする．」
特徴：
1. 単体規定，集団規定，各種建築設備規制などが，一つの法体系にまとめられていること
2. 自治体ごとではなく，全国一律の法規制
3. 法律・諸基準への適合性確認を「建築確認」の形で行政政機関の建築主事もしくは民間機関の指定確認検査機関で行っていること

建築士法

目的（建築士法第1条）
「この法律は，建築物の設計，工事監理等を行う技術者の資格を定めて，その業務の適正をはかり，もって建築物の質の向上に寄与させることを目的とする．」
特徴：
1. 一定の規模以上の建築物の設計，工事監理を独占的に行う技術者として，建築士の資格制度を規定
2. 建築士の業務範囲や免許の取得・登録方法について規定

建設業法

目的（建設業法第1条）
「この法律は，建設業を営む者の資質の向上，建設工事の請負契約の適正化等を図ることによって，建設工事の適正な施工を確保し，発注者を保護するとともに，建設業の健全な発達を促進し，もって公共の福祉の増進に寄与することを目的とする．」
特徴：
1. 建設業を土木工事業，建築工事業，電気工事業等28業種に分け，一定規模以上の工事を請負う場合には許可が必要であることとその許可基準を工事別に規定
2. 基本的な許可基準は，許可を受けようとする者の経営力，経済力，技術力
3. 工事請負契約における具体的な記載内容や契約における禁止事項（不当に低い請負代金の禁止，一括下請の禁止など）を規定
4. 施工技術，品質の確保のために現場における主任技術者や監理技術者の設置義務などを規定

表1.1.5　法制度による資格

建築士法	労働安全衛生法	消防法	水道法
・建築士 ・建築設備士	・ボイラー技士 ・林業架線作業主任者 ・ガス溶接作業主任者 ・高圧室内作業主任者 ・ボイラー溶接士 ・ボイラー整備士 ・潜水士 ・発破技士 ・衛生管理者 ・クレーン運転士 ・移動式クレーン運転士 ・デリック運転士	・消防設備士 ・危険物取扱者	・給水装置工事主任技術者
建設業法		**電気工事士法**	**浄化槽法**
・建築施工管理技士 ・土木施工管理技士 ・電気工事施工管理技士 ・管工事施工管理技士 ・造園施工管理技士 ・建設機械施工技士		・電気工事士 ・特殊電気工事資格者 ・認定電気工事従業者	・浄化槽管理士 ・浄化槽設備士
		電気通信事業法	**電気事業法**
		・電気通信主任技術者 ・電気通信の「工事担任者」	・電気主任技術者 ・ダム水路主任技術者
			土地区画整理法 ・土地区画整理士
			職業能力開発促進法 ・技能士

4 工事費概算・積算

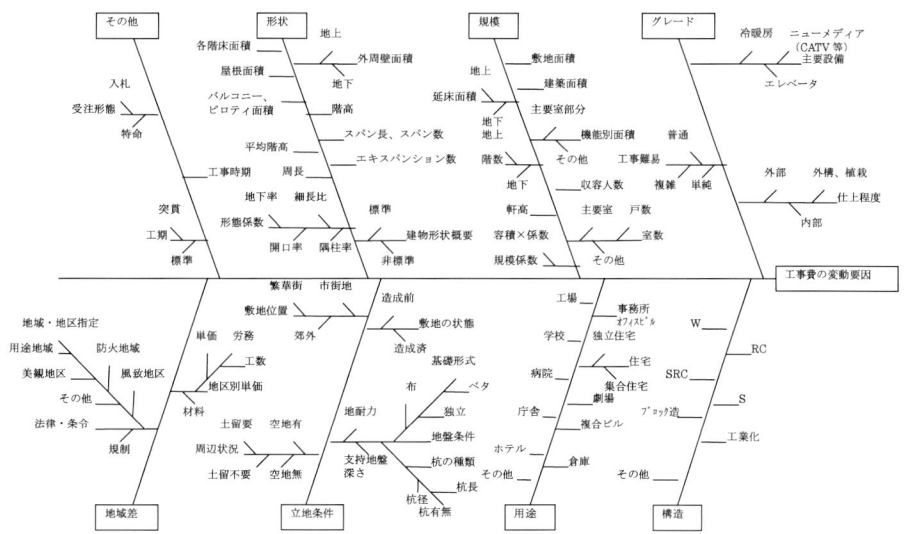

図1.1.6 工事費の変動要因

表1.1.6 概算段階別数量算出手法[1.1.1]

概算区分 数量算出	企画段階の概算積算	基本計画段階の概算積算	基本設計段階の概算積算	実施設計段階の精算積算
仮設積算	・過去のデータより算出	・共通，直接，管理費等（過去物件の率） ・工事別仮設は歩掛情報	・工法を設定し精算に近い内容で算出	・仮設計画図に基づき算出
躯体積算	・工種別	・工種別	・工種別	・工種別
	・建物用途，構造から歩掛りを設定（構造形式不明の場合は想定） ・杭は歩掛情報 ・土量は設定し概略算出	・躯体は基本的に歩掛情報 ・概略断面の場合概略数量算出 ・杭は歩掛情報 ・土量は設定し概略算出	・概略断面の場合は概略数量算出（基礎・地下躯体・地上躯体に区分） ・杭は概略断面で算出 ・土量は想定仮設計画に基づき算出	・躯体は構造図により算出（基礎・地下躯体・地上躯体に区分） ・杭は構造図により算出 ・土量は仮設計画に基づき算出
外部仕上積算	・部分別，部位別	・部分別，部位別	・部分別，部位別	・工種別
	・外部仕上げのグレードを設定し算出（外部：部位別面積）	・主な部位の数量を概略算出 ・開口部は概略算出	・部位ごとに仕上別の数量を概略算出 ・開口部は種類別に個所数で算出	・意匠図により算出
内部仕上積算	・部屋別または仕上別	・部屋別（空間別）	・部分別，部位別	・工種別
	・内部仕上げのグレードを設定し算出（内部：部屋別の面積の場合と同仕上面積別の場合がある）	・部屋別の床面積を算出（内訳として床，幅木，壁，天井，回り縁を算出） ・間仕切は概略算出 ・開口部は概略算出 ・雑，金属類は主要なものを算出	・仕上表を基に部屋別部位別，仕上げごとに概略算出 ・間仕切は種類ごとに概略算出 ・開口部は種類別に個所数で算出 ・雑，金属類は算出	・意匠図により算出
設備積算	・機能別とグレード別	・機能別とグレード別	・科目別	・工種別
	・輸送設備は資料を基にメーカー引合い ・電気，衛生，空調設備は類似の精算物件のデータを基に算出	・輸送設備は資料を基にメーカー引合い ・電気，衛生，空調設備は機器のメーカー引合い，その他は精算物件のデータを基に算出	・輸送設備は資料を基にメーカー引合い ・電気，衛生，空調設備は機器のメーカー引合い，幹線，照明，ダクト，配管等の主要部品は概略算出	・設備図により算出
屋外施設等	・用途別	・用途別または部位別	・部位別	・部位別
	・敷地面積－建築面＝外構面積	・敷地面積－建築面積＝外構面積	・記載内容ごとに概略算出	・外構図により算出

5 発注・契約

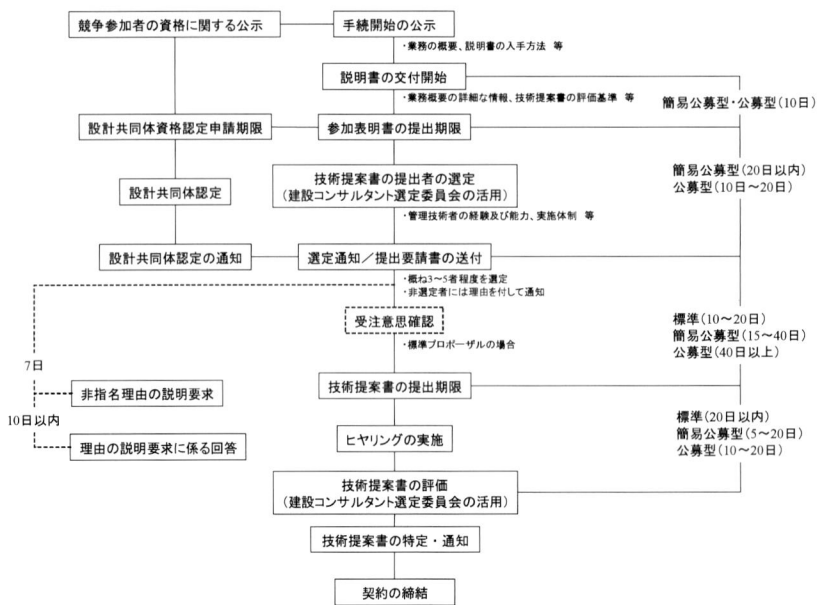

図1.1.7 設計者等建設系コンサルタントの選択（プロポーザル方式の例）[1.1.2]

　設計者の選定方法に関して，民間工事では何ら法律的制約はなく，発注者の意向によって自由に契約の相手方が選定される．一方，公共工事では，国の場合は会計法，地方自治体の場合は地方自治法によって調達手続きが定められており，①特命随意契約方式，②公募型プロポーザル方式，③コンペ（設計競技）方式，④QBS (Qualification Based Selection：資質評価) 方式，⑤一般競争入札方式のいずれかの選定方法を採用しなければならない．設計者選定方法は工事業者の選定と異なり，単純な価格競争よりも，提案内容の良し悪しによって選択される傾向が強い．国の調達では，価格競争による場合と提案型の技術評価等による場合の区分が次のように定められている．すなわち，知識や構想力等が必要な場合，調査および設計業務における具体的な取組方法について提案を求め，選定を行うこと．このため，国の設計者選定は大半がプロポーザルもしくはコンペである．

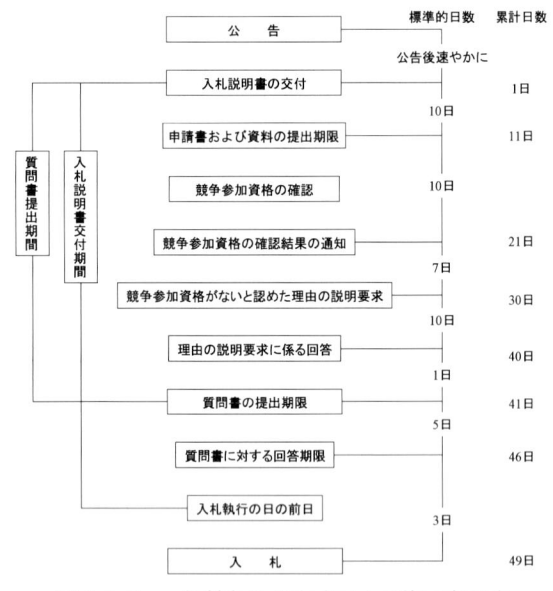

図1.1.8　一般競争入札方式による施工者選定
（公共工事）[1.1.2]

　民間工事では，施工者の選定方法に法律的制約はなく，発注者の意向によって自由に契約の相手方が選定される．主として，次の2つに分類される．①特命随意契約方式，②一般競争入札方式．公共工事では，設計者選定と同様に調達手続きが法律によって定められており，①一般競争入札方式，②公募型指名競争入札方式，③指名競争入札方式，④随意契約方式が主として採用される．最近では，価格競争だけに依存していた選定方法から，価格と技術の両面に優れた施工者の選定方法として，技術提案総合評価方式が採用されるケースも増加している．

表1.1.7　工事請負契約約款の改正

年	内容
1911年	建築請負契約書ならびに工事請負規程（建築学会）
1914年	建築工事請負契約書及請負規程（建築業協会）
1923年	建築工事請負規程（建築学会，建築業協会，日本建築協会，日本建築士会連合決定）
1933年	四会連合協定請負契約書，建築工事請負規程（同上四会）
1938年	四会連合協定請負契約書，建築工事請負規程（同上四会）
1943年	四会連合協定請負契約書，建築工事請負規程（同上四会）
1944年	四会連合協定請負契約書，工事請負契約書及規程（戦時用）（同上四会）
1951年	四会連合協定請負契約書，工事請負契約約款（日本建築学会，日本建築士会，日本建築協会，全国建設業協会）
1957年	四会連合協定請負契約書，工事請負契約約款（日本建築学会，日本建築協会，日本建築家協会，全国建設業協会）
1966年	四会連合協定請負契約書，工事請負契約約款（日本建築学会，日本建築協会，日本建築家協会，全国建設業協会）
1975年	四会連合協定請負契約書，工事請負契約約款（日本建築学会，日本建築協会，日本建築家協会，全国建設業協会）
1981年	四会連合協定請負契約書，工事請負契約約款（日本建築学会，日本建築協会，日本建築家協会，全国建設業協会）
1997年	四会連合協定請負契約書，工事請負契約約款（日本建築学会，日本建築協会，日本建築家協会，全国建設業協会）
2000年	民間（旧四会）連合，工事請負契約約款（日本建築学会，日本建築協会，日本建築家協会，全国建設業協会）

　日本で最もよく使われる設計ならびに工事の契約約款は，公共工事では，設計が公共建築設計業務標準委託契約約款，工事が公共工事標準請負契約約款であり，民間工事では，設計が四会連合協定建築設計・監理業務委託契約約款，工事が民間連合協定工事請負契約約款である．これらは建築法規の改正，建設環境の変化等に伴って，随時改正が行われており，この表は民間連合協定工事請負契約約款を例にした改正例である．改正の主たる点は，建築主，設計者，請負者，監理者の責任範囲が変化していることであり，特に，監理者の業務が請負者にシフトし，請負者の業務が増えているという流れが見受けられる．

1.2　設計・工事監理

1　建築設計業務

建築設計は下図のように，段階に分けて作業が進められる．設計の内容は，発注者の要望を聞くことからはじめられ，段階を追って，多数の設計者，技術者との協働によって詳細化，具体化する．

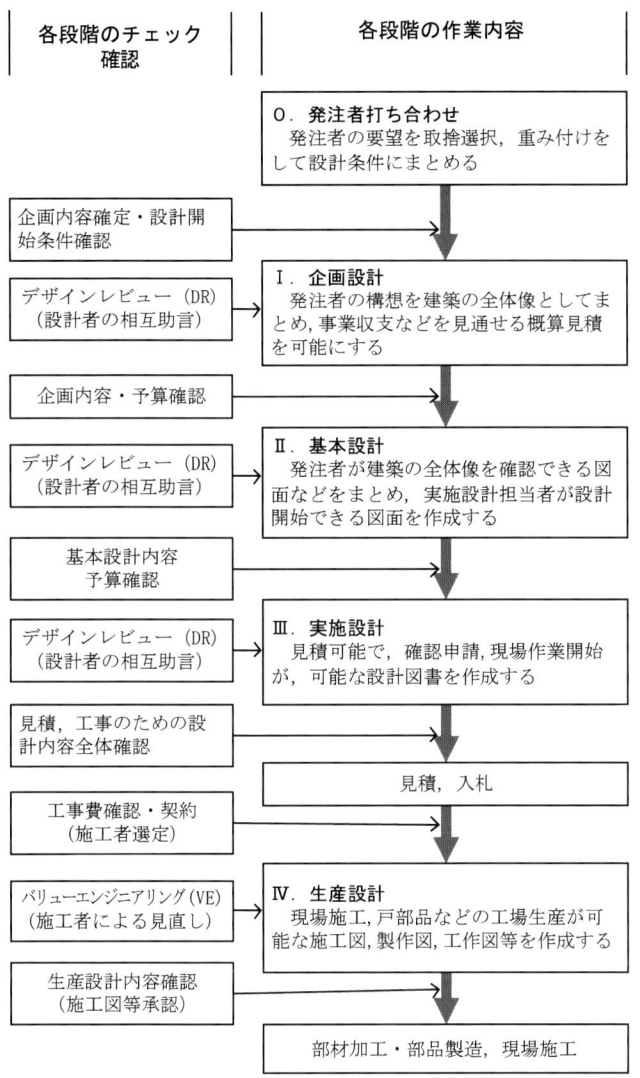

図1.2.1　段階を追って進められる建築設計

Ⅰ．企画設計段階およびⅡ．基本設計段階は，建築意匠関係，建築総合の設計者が主に担当し，Ⅲ．実施設計段階では，それに，構造設計者，電気設備，空調換気設備，給排水衛生設備の設計者などが加わる．

Ⅳ．生産設計段階では一般的には施工者が担当する．

2　設計図書の各段階，各専門分野ごとの構成

Ⅰ．企画設計

企画書（設計説明書），全体の面積表，略平面図など，建築総合を担当する設計者が作成する．

Ⅱ．基本設計

建築総合の設計者が他の技術分野の設計者，技術者の協力を得て行なう．本段階の成果図書は発注者の合意を求めると同時に，実施設計で協働する設計者，技術者の基礎図面となり，実施設計段階で重要な役割を果たす．表1.2.1にその成果図書を示す．

Ⅲ．実施設計

建築総合，構造，設備の設計が同時並行的に協働しながら進められる．成果図書はそれぞれ作成され，建築総合担当者はそれらの内容を整合させる．表1.2.2にその成果図書を示す．

表1.2.1　基本設計図書

(1)総合	(2)構造
①計画説明書	①構造計画説明書
②仕様概要書	②構造設計概要書
③仕上概要書	③工事費概算書
④面積表，求積図	
⑤敷地案内図	(3)各種設備
⑥配置図	①各種設備計画説明書
⑦平面図	②各種設備設計概要書
⑧断面図	③工事費概算書
⑨立面図	④各種技術資料
⑩工事費概算書	

表1.2.2　実施設計図書

(1)総合	(2)構造
①建築物概要書	①仕様書
②仕様書	②構造基準図
③仕上表	③伏図
④面積表および求積図	④軸組図
⑤敷地案内図	⑤部材断面表
⑥配置図	⑥部分詳細図
⑦平面図(各階)	⑦構造計算書
⑧断面図	⑧工事費概算書
⑨立面図(各面)	⑨その他確認申請に必要な図書
⑩矩形図	
⑪展開図	(3)設備
⑫天井伏図	以下の図面リストは省略，告示を参照のこと
⑬平面詳細図	
⑭部分詳細図	(ⅰ)電気設備
⑮建具表	(ⅱ)給排水衛生設備
⑯工事費概算書	(ⅲ)空調換気設備
⑰その他確認申請に必要な図書	(ⅳ)昇降機等

Ⅳ．生産設計

主施工者によってコンクリート躯体図，鉄骨製造者により鉄骨図，サッシ製造者によるサッシ製作図，PC製作者によりPC版図，等の多種多様な製作図や工作図が作成され，設計・工事監理者の承認を得て完成する．

3 仕様書の構成

仕様書は，当該工事特有の仕様を記述する特記仕様書と，一般的な工事共通の標準仕様書で構成される．

1. **建築工事標準仕様書**：工事に適用する材料，工法等の使用や性能，試験方法などを標準化し，工事の管理，運営に関する一般共通事項を加えて，工事の品質水準確保の方法を示すもの．本会や関係団体で標準的なものが作られ，市販されており，それを活用する．
2. **特記仕様書**：建物ごとに特に注意すべきことを記述する．これも関係団体で，ひな型が提供されており，それに加筆修正，作成する．工事の具体的な進め方，細部の仕様，メーカー指定，等が記載される．

4 工事監理業務等

建築士法では，設計図書どおりに工事されていることを確認する業務とされているが，実際はそれに付随するさまざまな業務をあわせ行っている．

表 1.2.3 工事監理業務の内容

1. 工事監理の標準業務	
(1)工事監理方針の説明	(ⅰ)工事監理方針の説明
	(ⅱ)工事監理方法変更の場合の協議
(2)設計図書の内容の把握などの業務	(ⅰ)設計図書の内容の把握
	(ⅱ)質疑書の検討
(3)施工図を設計図書に照らして検討および報告する業務	(ⅰ)施工図などの検討および報告
	(ⅱ)工事材料および設備機器等の検討および報告
(4)工事と設計図書との照合および確認	
(5)工事と設計図書との照合および確認の報告	
(6)工事監理報告書の提出	
2. 工事監理と一体として行うその他の業務	
(1)請負代金内訳書の検討および報告	
(2)工程表の検討および報告	
(3)設計図書に定めのある施工計画の検討および報告	
(4)工事と工事請負契約との照合，確認，報告等	(ⅰ)工事と工事請負契約との照合，確認，報告
	(ⅱ)工事請負契約に定められた指示，検査等
	(ⅲ)工事が設計図書の内容に適合しない疑いがある場合の破壊検査
(5)工事請負契約の目的物の引渡しの立会い	
(6)関係機関の検査の立会い等	
(7)工事費支払いの審査	(ⅰ)工事期間中の工事支払い請求の審査
	(ⅱ)最終支払い請求の審査

5 工事監理と施工者の自主検査および各種検査の関係

工事監理者は工事現場に常駐しないが，適切な時期を選んで現場に立会い，工事の状況をチェックする．現場で施工者が自主的に管理していることが前提で行なわれる．下図は木造住宅の場合を示す．

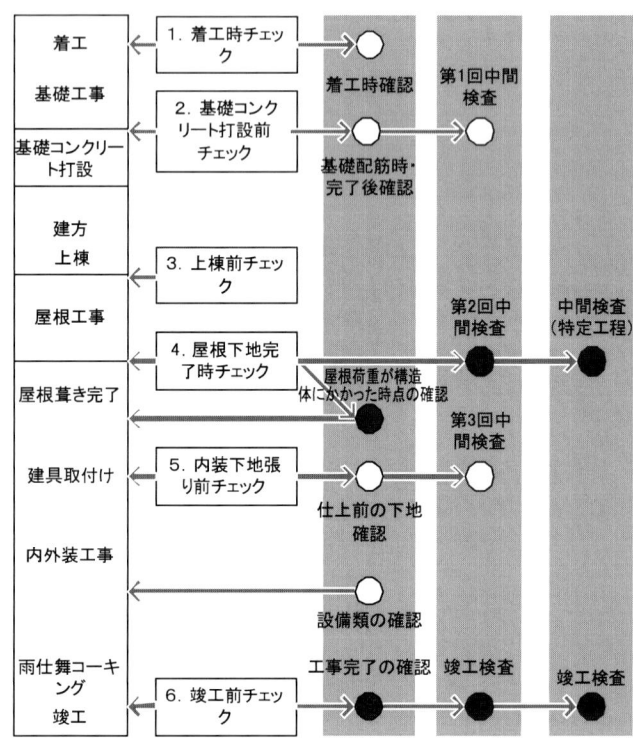

図 1.2.2 施工者自主チェックをもとにした工事管理，公的検査（住宅の場合）[1.2.1]

6 瑕疵の担保

完成した建物に瑕疵（かし）が生じた場合，建物の所有者などは補修もしくは損害賠償を求めることができる．一般に使用されている，民間連合契約約款によれば，木造では1年，コンクリート造などでは2年としている．

住宅については「住宅の品質確保の促進に関する法律」により，新築住宅の基本構造部分については引渡しから10年以内に発見された場合には無料で補修する義務がある，とされている．

[注] 表1.2.1基本設計の成果図書，表1.2.2実施設計の成果図書，および表1.2.3工事監理業務の内容は，建築士法第25条に基づく国土交通省告示（平成21年1月）設計・工事監理業務報酬基準による．

2章　施工計画と施工管理

2.1　施工計画

　施工計画とは，設計図書に示された建築物を契約工期内に，所定の品質を確保し安全に造るための計画である．一般に設計と施工が別組織で行われるため，設計完了後に行われることが多い．一方，超高層ビルやドームなど大規模化，複雑化した建築物では，設計と施工計画を切り離すことが難しく，設計段階から施工計画の一部が並行して行なわれるようになってきた．ここでは，施工計画の中から計画の初期段階で実施される基本施工計画のフローを示し，超高層住宅を事例として基本施工計画の成果物である各種計画図を紹介する．なお，作成する計画図はＡ１判など大型サイズが多いため，ここでは簡略化した図を掲載する．

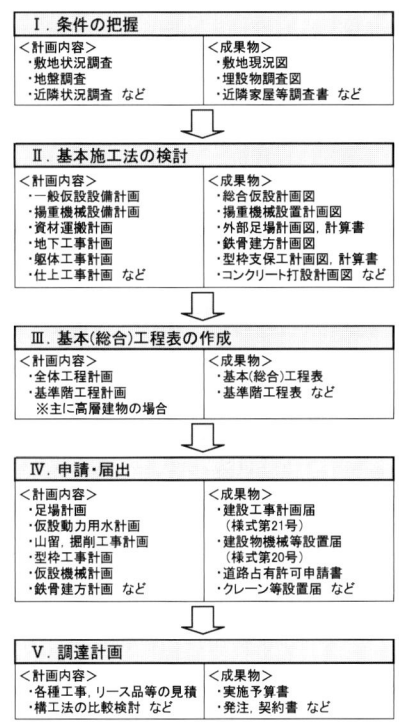

図2.1.1　基本施工計画のフロー

　基本施工計画では，施工方針に沿って施工のアウトラインを描く．計画内容として，施工条件の把握，基本施工法の検討，基本工程表・総合仮設計画図の作成および監督官庁などへの申請や届出，リース品等の調達計画を立案する．

主要用途	共同住宅・駐車場
建設場所	大阪市
工期	2002.5.24～2004.7.12
敷地面積	2,605 ㎡
建築面積	1,375 ㎡
延床面積	34,595 ㎡
最高部高さ	GL+123.5 m
階数	地下1階・地上35階・棟屋3階
構造	地上:S造(柱CFT造)・地下:SRC造＋RC造
規模	住戸232戸・店舗1戸・駐車場146台

図2.1.2　建物外観と工事概要

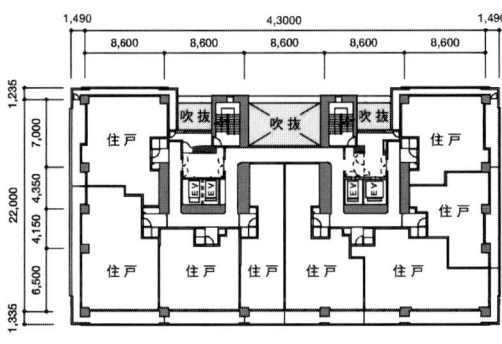

図2.1.3　基準階平面図

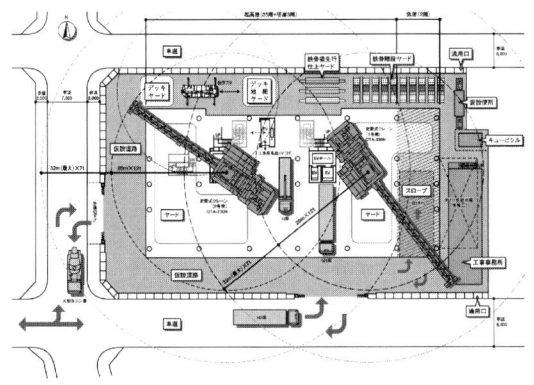

図2.1.4　総合仮設計画図

　建物をどのように施工するかを総合的に表現した計画図で，近隣状況（建物・道路など），仮囲い・ゲート・外周足場，仮設建物，クレーン等の機械設備，材料の加工場，車両動線などが記載される．平面図だけでなく，断面図も用いて表現されることが多い．

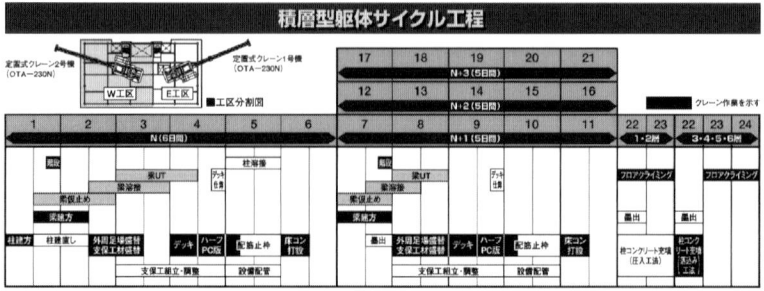

図2.1.5　総合工程表（略図）・サイクル工程

総合工程表は，工事に関わる事項を総合的に一つの工程表に記したもので，一般的にネットワーク図によって表現されることが多い（この例はバーチャートで略図化したもの）．高層建物のように基準階が繰り返す場合はサイクル工程計画に基づいて総合工程が計画される．

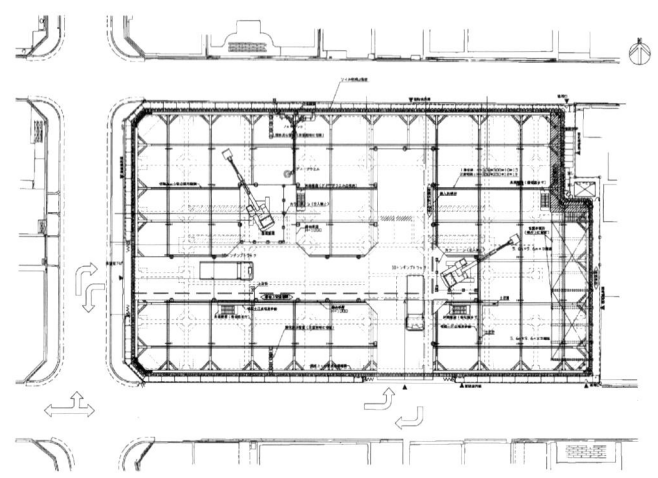

図2.1.6　地下工事計画図

地下工事の進め方を表現した計画図で，揚重，掘削，山留め，乗入れ構台，足場などが記載される．大規模な工事の場合は，それぞれについて計画図が作成されることが多い．また，必要に応じて山留めの変位計測や排水についても計画図が作成される．

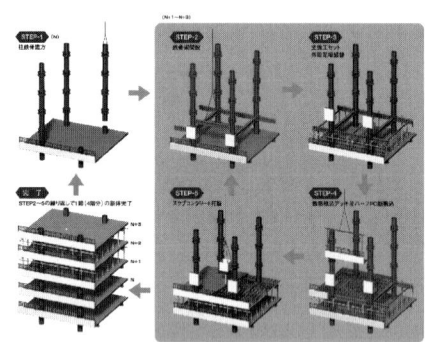

図2.1.7　基準階の施工手順図

高層建物など基準階が繰り返される工事では，サイクル工程の検討とともに主な作業を図示した施工手順図を作成する．作業関係者への説明や工程上の問題点を抽出するために用いられる．

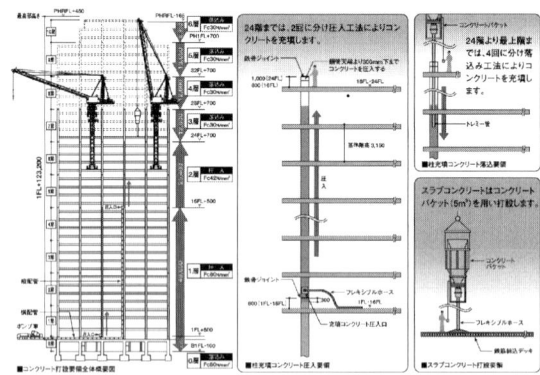

図2.1.8　コンクリート打設計画図

一般的なRC造の建物では，ポンプ車・生コン車の位置，ポンプの配管経路，工区分割，打設順序などを表現する．この例では柱がCFT造であるため，柱コンクリートの充填方法を中心に計画が示されている．

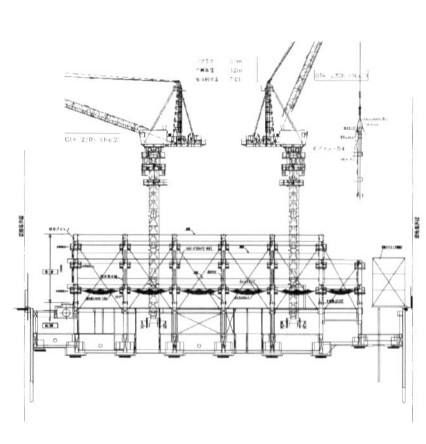

図2.1.9　鉄骨建方計画図

鉄骨建方に関係する揚重機（機種・性能・旋回範囲），搬入車両の経路，接合作業足場，安全設備および建方順序などを表現する．一般に平面図と断面図の両方が作成される．

2.2 申請・届出

建築基準法や建設に関連する法律等に基づいた関係諸官庁への申請や届出は勿論のこと，建築主や社内関係部署への各種報告を遅延なく提出することは，工事の進捗や円滑な現場運営を進めるうえで重要である．着工時には書類提出が重なることもあり，提出漏れ等が発生しないよう慎重にチェックする必要がある．ここでは着工時に提出することが多い主な申請，届出書類を一覧表に示す．

表2.2.1 主な申請・届出書類一覧（着工時）

No.	分類	名称	関係法令	届出・申請先	備考
1	申請関係	確認申請書	建築基準法第6条	特定行政庁（建築主事）	届出者・建築主
2		建築工事届（建築物除去届）	建築基準法第15条 同 施行規則第8条	都道府県知事	届出者・建築主 建築主事経由．一般に確認申請書と同時提出
3	公害防止関係	特定建設作業実施届出書	騒音規則法第14条 振動規則法第14条	市町村長	当該特定建設作業開始の7日前までに提出
4		特定施設設置届出書	騒音規則法第6条 振動規則法第6条	〃	特定施設設置工事開始の30日前までに提出
5	道路関係	道路占有許可申請書	道路法第32条 同 施行令第7条	道路管理者	工事用仮囲い等を設け継続して道路を使用する場合
6		道路使用許可申請書	道路交通法第77・78条 同 施行規則第10条	所轄警察署長	道路を一時使用して工事等を行う場合
7	労基署関係	適用事業報告	労働基準法施行規則第57条	所轄労働基準監督署長	すべての事業所に提出義務．工事着工前に提出
8		特定元方事業者事業開始報告	労働安全衛生法第30条 労働安全衛生規則第664条	〃	すべての工事事務所に提出義務
9		統括安全衛生責任者及び元方安全衛生管理者選任報告	労働安全衛生法第15条 労働安全衛生規則第664条	〃	常時50名以上の労働者を使用する場合
10		建設工事計画届	労働安全衛生法第88条 労働安全衛生規則第90・91条	〃	様式第21号 当該作業開始の14日前までに提出
11		建設物機械等設置届	労働安全衛生法第88条 労働安全衛生規則第85・86条	〃	様式第20号 当該作業開始の30日前までに提出
12		クレーン等設置届・設置報告	労働安全衛生法第88条 クレーン等安全規則 ゴンドラ安全規則	〃	クレーン等を設置する時は，機種，能力等に応じて提出

2.3 品質管理

本節では，まず，品質管理に係わる一般的な基本事項を示す．次に，建築工事における検査に係わる基本事項を示す．続けて，品質管理における代表的な手法として，QC七つ道具（図2.3.3～図2.3.8）を紹介する．最後に，「住宅の品質確保の促進等に関する法律」を取り上げる．

1 品質管理

表2.3.1 品質および品質管理[2.3.1]

品質管理	「買手の要求に合った品質の品物又はサービスを経済的に作り出すための手段の体系．JIS Z 8101」	設計品質	製品・サービスの製造・提供の目標としてねらった品質．ねらいの品質ともいう．
品質保証	「消費者の要求する品質が十分に満たされていることを保証するために，生産者が行う体系的活動．JIS Z 8101」	製造品質	設計品質をねらって製造・提供した製品・サービスの実際の品質．できばえの品質，適合の品質ともいう．

表2.3.2 品質マネジメントの8原則[2.3.2]

a) 顧客重視
　組織はその顧客に依存しており，そのために，現在及び将来の顧客ニーズを理解し，顧客要求事項を満たし，顧客の期待を超えるように努力すべきである．（常に顧客の方に目を向けて組織を運営する．）

b) リーダーシップ
　リーダーは，組織の目的及び方向を一致させる．リーダーは，人々が組織の目標を達成することに十分に参画できる内部環境を創りだし，維持すべきである．
　（トップがリーダーシップを発揮し，組織を引っ張る．）

c) 人々の参画
　すべての階層の人々は組織にとって根本的要素であり，その全面的な参画によって，組織の便益のためにその能力を活用することが可能となる．（組織内の全員が自分に与えられた使命を果たす．）

d) プロセスアプローチ
　活動及び関連する資源が一つのプロセスとして運営管理されるとき，望まれる結果がより効率よく達成される．
　（プロセスを管理することによってプロセス/アウトプットを改善する．）

e) マネジメントへのシステムアプローチ
　相互の関連するプロセスを一つのシステムとして，明確にし，理解し，運営管理することが組織の目標を効果的で効率よく達成することに寄与する．
　（全体のプロセスの配置やつながりについてはトップも関与し，革新的な改善を行う．）

f) 継続的改善
　組織の総合的パフォーマンスの継続的改善を組織の永遠の目標とすべきである．
　（現状に満足せず，常に改善しようと努力する．）

b) 意思決定への事実に基づくアプローチ
　効果的な意思決定は，データ及び情報の分析に基づいている．
　（実情を的確に把握した上で次に行うことを決める．）

h) 供給者との互恵関係
　組織及びその供給者は相互に依存しており，両者の互恵関係は両者の価値創造能力を高める．
　（供給者を下請けとして見るのではなく，パートナーとして扱う．）

　ISO 9001とは，この品質マネジメントの8原則に基づいて，組織が品質を常に維持向上させるなど，顧客の満足度を向上させるための仕組みについて「国際標準化機構（ISO）」が定めた国際規格のことである．

2章 施工計画と施工管理

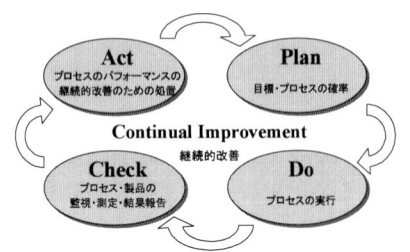

PDCA (Plan-Do-Check-Act) は簡潔に言うと以下のように説明される．
Plan: 顧客要求事項および組織の方針に従った結果を出すために必要な目標およびプロセスを確立する．
Do: プロセスを実行する．ここでは，その有効性についても検討すること．
Check: プロセスおよび製品を，方針，目標および製品に対する要求事項に照らして監視し，測定し，結果を報告する．
Act: プロセスのパフォーマンスを継続的に改善するための処置を取る．

図 2.3.1　PDCA サイクル概念図[2.3.2]

2 検 査

表 2.3.3　全数検査と抜取検査[2.3.3]

全数検査	抜取検査
・「製品又はサービスのすべてのアイテムに対して行う検査．JIS Z 8101」 ・全数検査は，一般に次のような場合に適用される． ① 製造工程が不安定なために不良率が大きく，あらかじめ定められた品質水準に達していない場合． ② 不良品を見逃すと人身事故を起こすおそれがあったり，後の工程や消費者に大きな損失を与える場合．たとえば，自動車のブレーキの作動不良など． ③ 自動検査機やジグなどの使用により能率よく検査ができ，検査費用にくらべて得られる効果の大きい場合．	・「製品又はサービスのサンプルを用いる検査．全数検査と異なる．JIS Z 8101」 ・抜取検査は，一般に次のような場合に適用される． ① 破壊検査などのために全数検査ができない場合． ② 小型のネジ，ばねや電線，鉄板，布地などの連続体で，非常に多数・多量の製品のため，全数検査の実施がむずかしい場合． ③ ロットの品質を一定の不良率で保証したい場合（ある程度の不良品の混入が許せる場合）．

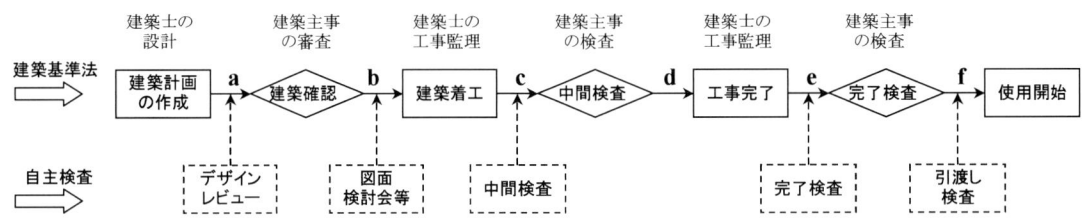

a:「建築確認申請」，b:「確認済証」，c:「中間検査申請」，d:「中間検査合格証」，e:「完了検査申請」，f:「検査済証」
・建築工事の設計および工事監理は，建築士法の規定に適合する建築士によらなければならず，それに違反した工事はすることができない．
・建築確認および中間・完了検査は，建築主事の他「指定確認検査機関」に申請して，その確認証・合格証・検査済証の交付を受けることができる．

図 2.3.2　建築基準法における建築手続の流れ

3 品質管理の手法

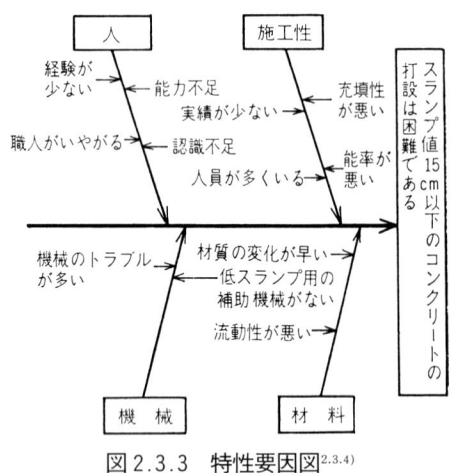

図 2.3.3　特性要因図[2.3.4]

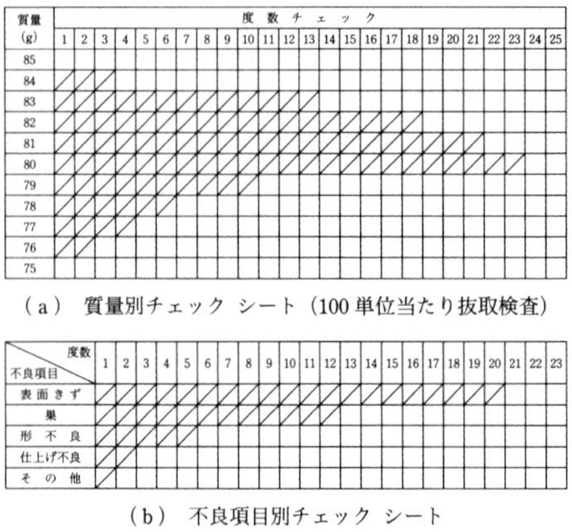

(a) 質量別チェックシート（100 単位当たり抜取検査）

(b) 不良項目別チェックシート

図 2.3.4　チェックシート[2.3.3]

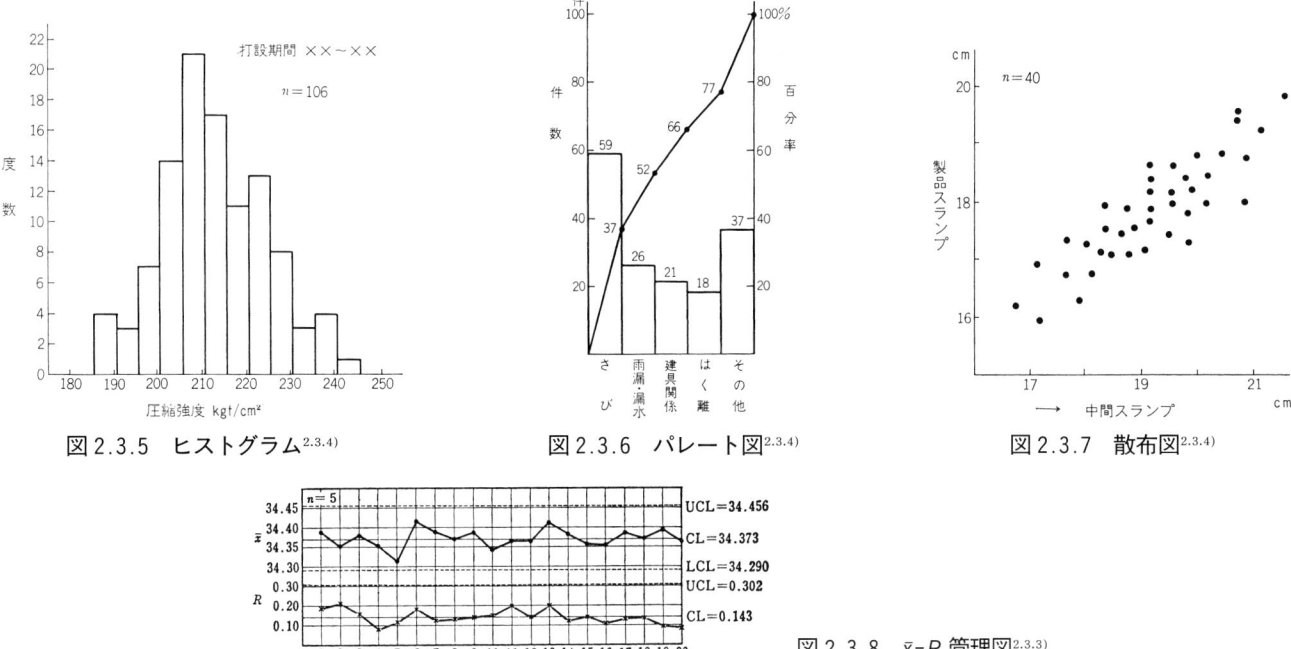

図2.3.5 ヒストグラム[2.3.4)]　　図2.3.6 パレート図[2.3.4)]　　図2.3.7 散布図[2.3.4)]

図2.3.8 $\bar{x}$-R 管理図[2.3.3)]

4 住宅の品質確保の促進等に関する法律

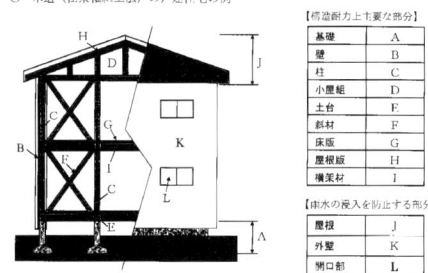
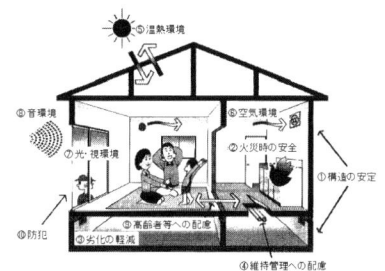

10年間の瑕疵担保責任が義務づけられる。

図2.3.9 新築住宅の瑕疵担保責任[2.3.5)]　　図2.3.10 住宅性能表示[2.3.5)]

2.4　原価管理

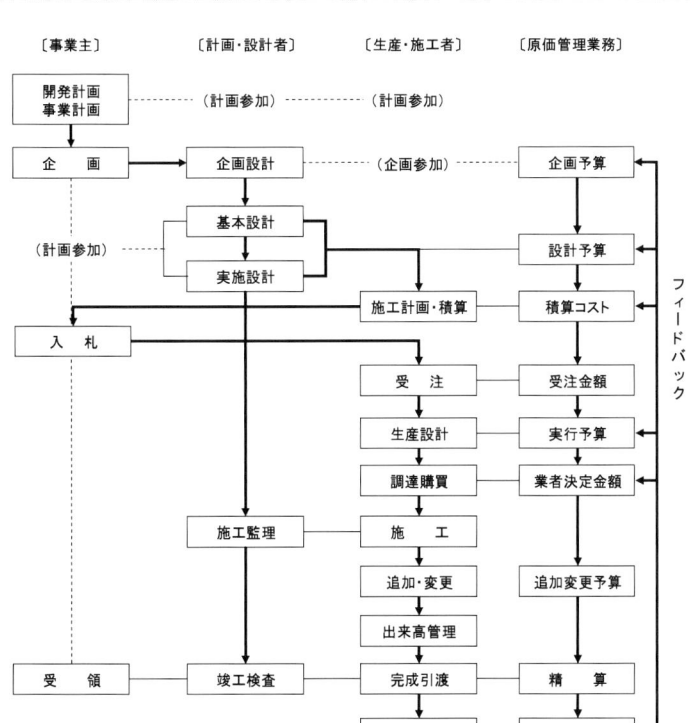

図2.4.1 建築生産と原価管理フロー

14　2章　施工計画と施工管理

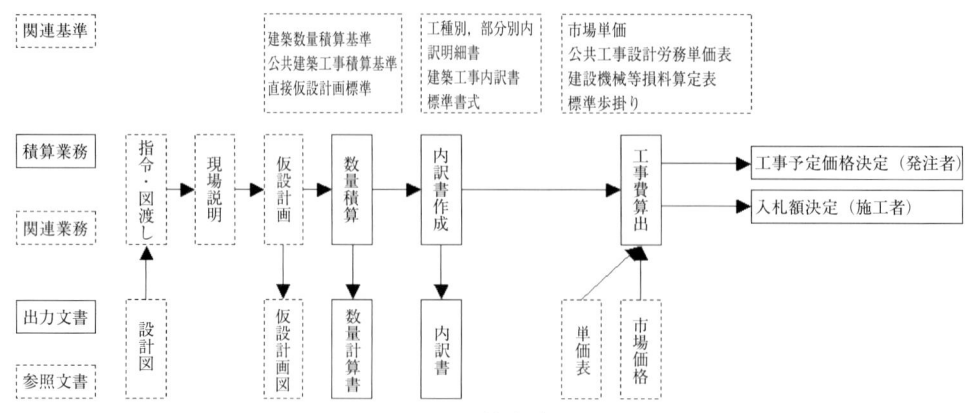

図2.4.2　積算業務の流れ

表2.4.1　概算段階別数量算出手法[2.4.5]

概算区分 数量算出	企画段階の概算積算	基本計画段階の概算積算	基本設計段階の概算積算	実施設計段階の精算積算
仮設積算	・過去のデータより算出	・過去のデータより算出 ・工事別仮設は歩掛情報	・工法を設定し精算に近い内容で算出	・仮設計画図に基づき算出
躯体積算	・工種別	・工種別	・工種別	・工種別
	・歩掛情報で算出	・基本的に歩掛情報 ・可能ならば概略数量算出	・概略数量算出 ・想定仮設計画で算出	・構造図および仮設計画に基づき算出
外部仕上概算	・部分別，部位別	・部分別，部位別	・部分別，部位別	・工種別
	・グレードを設定し算出	・数量を概略算出	・仕上別の数量を概略算出 ・開口部は個所数で算出	・意匠図により算出
内部仕上積算	・部屋別または仕上別	・部屋別（空間別）	・部分別，部位別	・工種別
	・グレードを設定し算出	・部屋別の床面積を算出 ・間仕切，開口部は概略算出	・仕上表を基に概略算出 ・開口部と金属類は算出	・意匠図により算出
設備積算	・機能別とグレード別	・機能別とグレード別	・科目別	・工種別
	・類似物件を基に算出 ・輸送設備はメーカー引合い	・類似物件を基に算出 ・輸道設備はメーカー引合い	・メーカー引合いと概略算出	・設備図により算出
屋外施設等	・用途別	・用途別または部位別	・部位別	・部位別
	・敷地面積－建築面＝外構面積	・敷地面積－建築面積＝外構面積	・記載内容ごとに概略算出	・外構図により算出

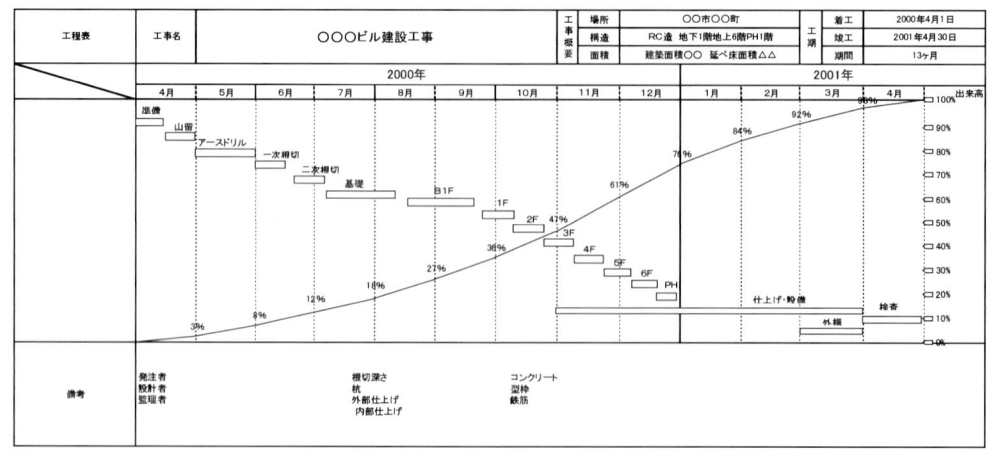

図2.4.3　出来高工程表

表2.4.2 内訳書の書式

	分類	
部位別内訳	1. 工事間接費	1.1 諸経費　1.2 仮設
	2. 基礎	2.1 土工　2.2 地業　2.3 基礎躯体
	3. 骨組み	3.1 柱　3.2 梁
	4. 床	4.1 屋上階床　4.2 中間階床　4.3 最下階床
	5. 壁	5.1 諸経費　5.2 間仕切り壁
	6. その他	6.1 (階段など)
	7. 設備	7.1 電気設備　7.2 衛生設備　7.3 空調設備　7.4 昇降機設備　7.5 その他設備
部分別内訳	0. 共通仮設	0.1 準備費　0.2 仮設建物　0.3 工事施設　0.4 環境安全　0.5 動力用水光熱　0.6 屋外整理清掃　0.7 機械器具　0.8 その他
	1. 直接仮設	1.1 遣方墨出　1.2 足場　1.3 構台　1.4 災害防止　1.5 養生片付　1.6 その他
	2. 土工・地業	2.1 土工　2.2 地業　2.3 ○○土工地業
	3. 躯体	3.1 基礎躯体　3.2 上部躯体　3.3 ○○躯体
	4. 外部仕上	4.1 屋根　4.2 外壁　4.3 外部開口部　4.4 外部天井　4.5 外部雑　4.6 外部○○
	5. 内部仕上	5.1 内部床　5.2 内壁　5.3 内部開口部　5.4 内部天井　5.5 内部雑　5.6 ○○室仕上
	6. 電気設備	
	7. 空調設備	
	8. 衛生設備	
	9. 昇降機設備	
	10. 機械設備	
	11. (その他設備)	
	16. (屋外施設)	
	20. 諸経費	20.1 現場経費　20.2 一般管理費等　20.3 (設計・管理)
工種別内訳	工事費 / 工事価格 / 工事原価 / 純工事費 / 直接工事費 / 建築	1.直接仮設　2.土工　3.地業　4.鉄筋　5.コンクリート　6.型枠　7.鉄骨　8.既製コンクリート　9.防水　10.石　11.タイル　12.木工　13.屋根およびとい　14.金属　15.左官　16.建具　17.カーテンウォール　18.塗装　19.内外装　20.ユニットおよびその他　21.発生材処理
	(設備)	1.電気　2.空調　3.衛生　4.昇降機　5.機械　6.その他設備
	屋外施設等	(囲障，構内舗装，屋外排水，植栽等)
	(とりこわし)	
	共通仮設費 (総合仮設費)	共通費
	現場管理費 (現場経費)	
	一般管理費等	
	(設計・監理費)	
	消費税等相当額	

建築生産の進捗段階に応じて，原価管理に使用される内訳書の書式は異なる．現在，建築業界で一般的に使用される内訳書は，部位別・部分別・工種別の三種類である．

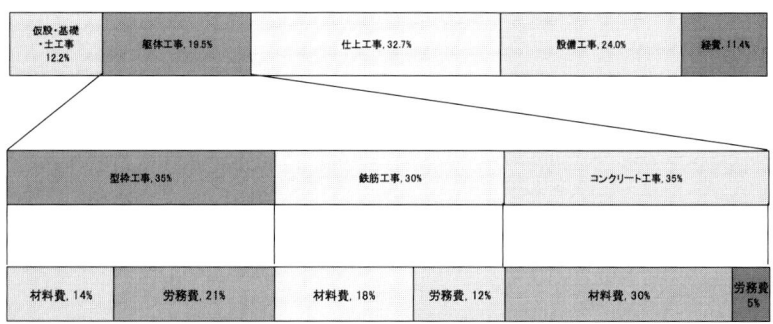

図2.4.4　RC造建築の工事費構成

2.5 工程管理

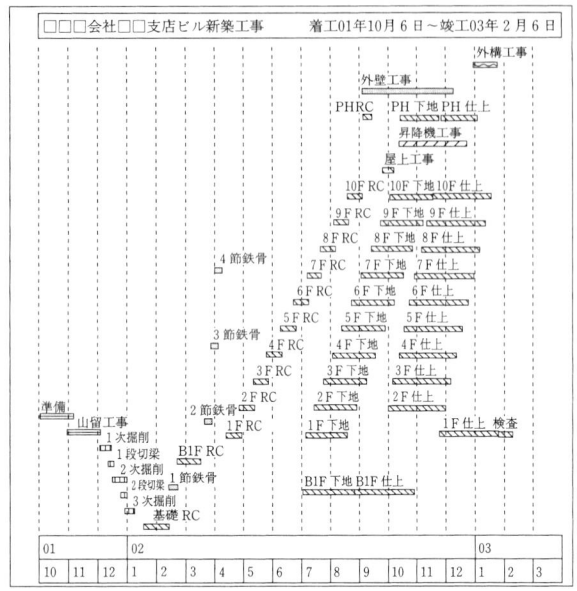

図2.5.1 バーチャートの事例[2.5.1]

バーチャートは，建築工事では長年にわたって使用しており，建築関係者のほとんどが工程を理解する手法として利用している．このため，建築の工程を打ち合わせるうえで基本的な手法であると言える．

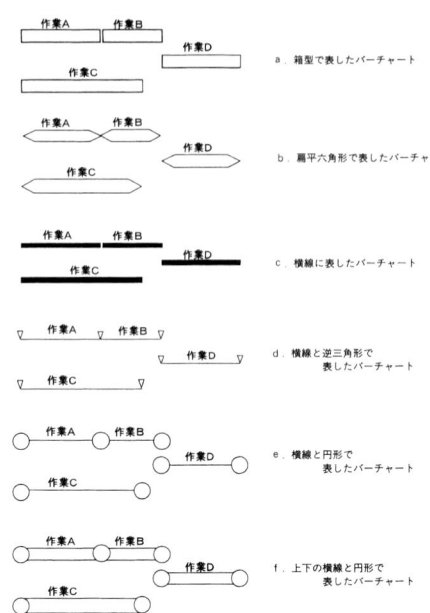

図2.5.2 バーチャートの表記法[2.5.1]

バーチャートにおいて，作業を表現する仕方には数多くの方法がある．単純な方法としては，その名称に使用されているBar（棒状図形）によって表現する方法があるが，最近ではコンピュータによって作図が容易になったため，複雑な形状によって作業を表現している．

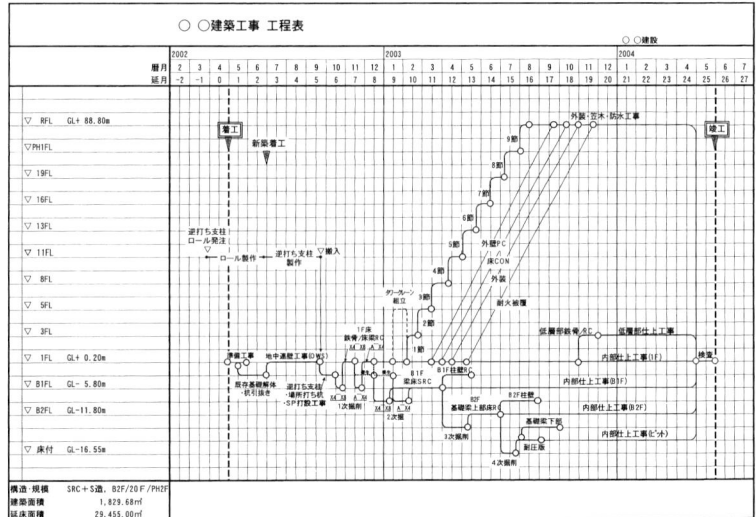

図2.5.3 全体工程表[2.5.1]

工事全体の進捗計画を示したものであり，主要な工事内容，各種のマイルストーンを記載している．

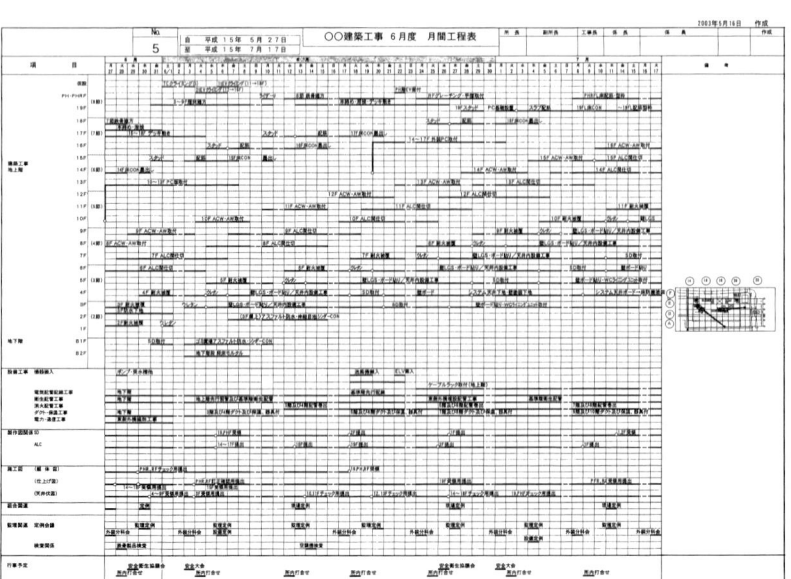

図2.5.4 月間工程表[2.5.1]

工事全体の進捗計画を示したものであり，主要な工事内容，各種のマイルストーンを記載している．

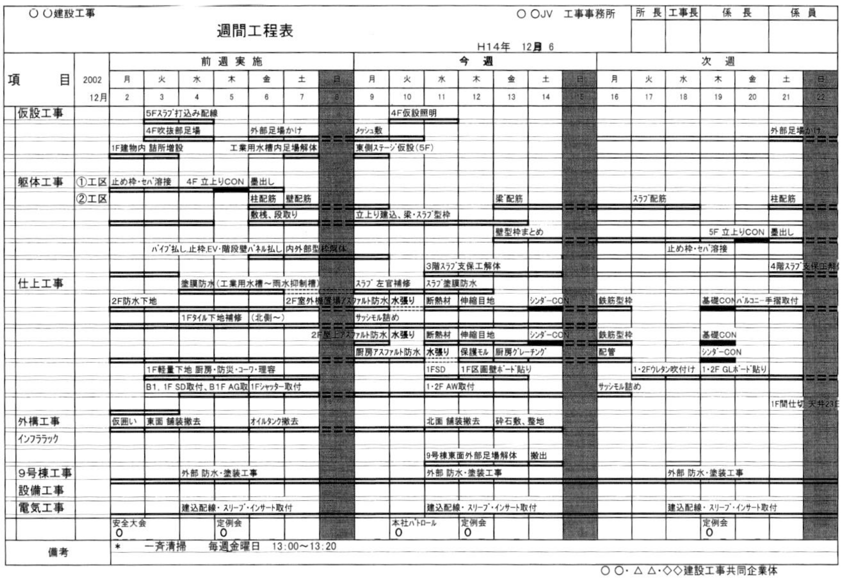

2.5 工程管理

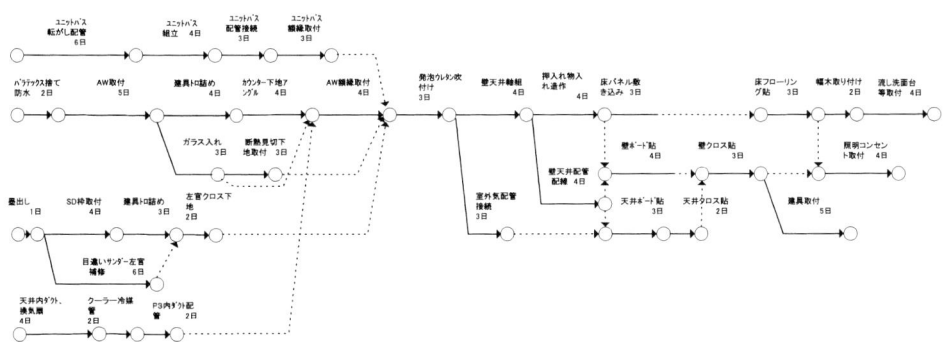

図2.5.5 週間工程表[2.5.1)]

現在の週における日々の作業を業種ごとに示し，その週に行われる作業内容および作業を行う業者を明確にする．

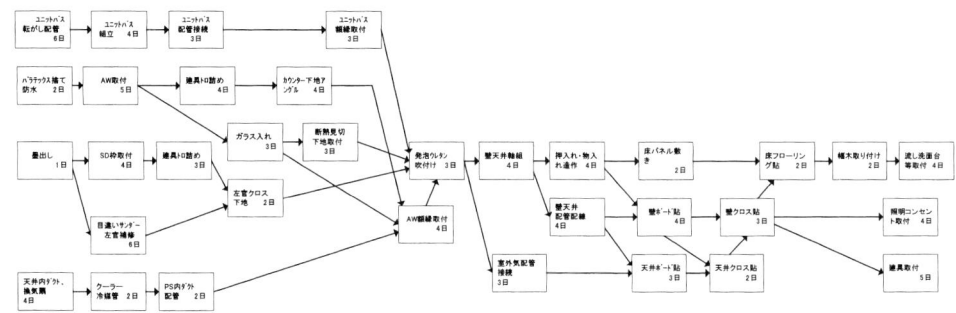

図2.5.6 アロー型ネットワーク図[2.5.1)]

アロー型ネットワーク図は，日本では最も利用されている表現形式である．ノード型に比較して，各作業を表す線分の長さを時間（日数）として表現することが出来，作業間の時間的な関係をより強調して表現することができる．

図2.5.7 ノード型ネットワーク図[2.5.1)]

ノード型ネットワーク図は，作業間の前後関係を明確に表現することに適しているネットワーク図である．この図では，工事進捗の時間的関係よりも作業の順序関係を示す場合に適している．

```
        SF, Lag1
     ┌──────────┐
     │   作業 B  │
     │          │
     │ FS, Lag3 │
作業 A├──────→作業 D
     │          │
     │ FF, Lag4 │
     │   作業 E │
     │          │
SS, Lag2        │
  └──→ 作業 C
```

〈説明〉
(1) 作業Aが開始して，ラグタイムLag1で，作業Bを終了する．
(2) 作業Aが開始して，ラグタイムLag2で，作業Cを開始する．
(3) 作業Aが終了して，ラグタイムLag3で，作業Dを開始する．
(4) 作業Aが開始して，ラグタイムLag4で，作業Eを終了する．

注）SS：Start-to-Start
　　SF：Start-to-Finish
　　FS：Finish-to-Start
　　FF：Finish-to-Finish

図2.5.8 作業の順序関係とラグタイム[2.5.1)]

作業の関係には，4種類の関係がある．ネットワーク工程として使われる順序関係は，FS関係およびSS関係である．SF関係およびFF関係は，特殊な日程計算手法が必要になるため，通常はあまり使われない．

表2.5.1 休日と作業可能日数[2.5.1)]

閉所のパターン	日曜全体	日曜祭日全体	4週6休	4週8休
日曜日	52日	52日	52日	52日
祭　日	0日	14日	14日	14日
土曜休暇	0日	0日	24日	48日
年末年始休暇	6日	6日	6日	6日
お盆休暇	6日	6日	6日	6日
休日合計	64日	78日	102日	126日
休日による作業可能日数率	82%	79%	72%	65%

建築工事を行う日数は，休日，年末年始休暇，お盆休暇等によって，1年365日の250日程度となる．

a．全ての作業が同じタクト期間を有するときの工程

b．作業のタクト期間がことなるときの工程（タクト期間が長い作業は2班に別れて実施）

図2.5.9 タクト工法による作業の繰返し[2.5.1)]

仕上工程においては，各職種が入れ替わり下地作業，仕上作業を順序よく実施していく．タクト工法は，各階におけるこれら作業の開始日と終了日を同期化させることによって，各階での作業に隙間が生じないようにすることによって，作業者人数の平準化と工期の短縮を図ることができる．図aは各作業を同じ日数で行う場合を，図bは作業Bのみを2班で行う場合を示している．

2007年1月29日 15:47

2007年1月30日 8:03

2007年1月30日 10:20

2007年1月30日 13:57

図2.5.10 三次元CAD/VRによる工程進捗の表現

建築物を造る過程の手順や順序を視覚的に理解することは，工事計画者とともに工事関係者にとって重要である．3次元バーチャルリアリティの技術を用いて，最近では，工程を視覚的に表現することも行われつつある．

2.6 安全管理

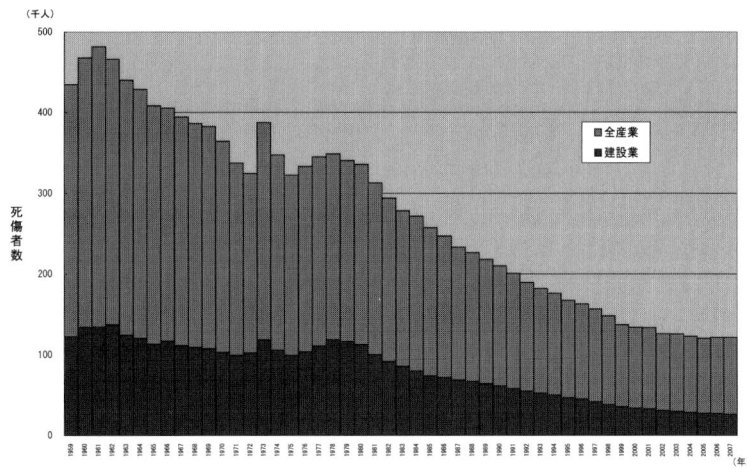

図2.6.1 建設業における重大災害発生件数の推移（2007年度まで）

建設業における災害の発生は，全産業のうち死傷者数では20数パーセントを占めるが，死亡者数では約33パーセント，重大災害発生件数では約35パーセントを占めている．

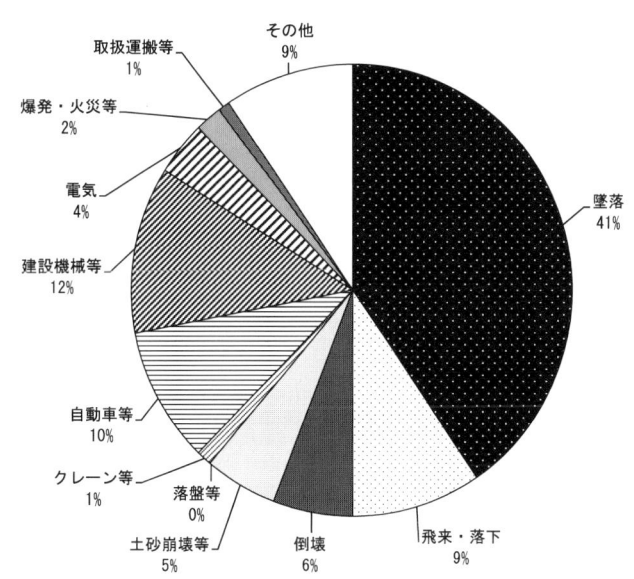

図2.6.2 災害の種類別発生状況（2008年度）

建設業における災害の発生は，その41パーセントが墜落によるもので，半数以上が建築工事の際に発生している．

表2.6.1 災害の大きさと指標

労働災害発表時の指標の説明

指標	意味	計算式
年千人率	労働者1000人あたりの一年間における死傷件数の割合	年間の労働災害件数／労働者数×1000
度数率	100万延労働時間あたりの労働災害による死傷者数	労働災害による死傷者数／延労働時間数×1 000 000
強度率	1000延労働時間あたりの労働損失日数	労働損失日数／延べ労働時間数×1000
疾病者千人率	労働従事者1000人あたりの疾病者数	疾病者数／労働基準法適用労働者数×1000
致命率	酸素欠乏症または一酸化炭素中毒が発生した労働災害で死亡者が占める割合	死亡者数／（死亡者数＋蘇生者数）×100（％）
有所見率	健康診断を受けて所見があった労働者の割合	有所見者数／受診者数×100（％）

労働災害の規模，頻度程度を示すための指標として，上記の項目などが使われる．強度率は，死亡や負傷の結果，永久に労働できなくなったり，労働能力の損失を伴ったりするので，この損失を定量化しようとするもので，死亡や被った身体障害の等級ごとに損失日数が定められている．なお，安全工学や防災の分野では，事故と災害は明確に区別される．事故は，単に危険な状況であり，これが更に作業者の身体に被害を与える状況になると災害となる．

2章 施工計画と施工管理

表 2.6.2 建築工事に関連する諸法規

区分	関連する法規
労働安全衛生関係	労働基準法・同施行規則 女子年少者労働基準規則 建設業附属寄宿舎規定 労働安全衛生法・同施行令 労働安全衛生規則 ボイラーおよび圧力容器安全規則 クレーン等安全規則 ゴンドラ安全規則 高気圧作業安全衛生規則 酸素欠乏症防止規則 有機溶剤中毒予防規則 建築工事現場における落下物による危害を防止するための指導基準（建設省）
施工上の技術基準関係	ガス工作物の技術上の基準を定める省令（通産省） 電気事業法・電気工事士法（通産省） 消防法・同施行令・同施行規則（自治省）
公害災害公害関係	市街地土木工事公衆災害防止対策要綱（建設省） ガス爆発事故の防止に関する通達（建設省） 道路法・同施行令・同施行規則（建設省） 火薬類取締り法・同施行規則（通産省） 公害対策基本法・騒音規制法・同施行令・同施行規則・建設作業騒音規定 土砂等を運搬する大型自動車による交通事故防止等に関する特別措置法 建設振動公害に係わる指導要綱（東京都 50.4.1） 廃棄物処理および清掃に関する法律 薬液注入工法による建設工事に関する暫定指針について（建設省官技発第160号 49.7.1） 道路交通法・同施行令・同施行規則
その他	建設業法 労働災害防止団体法

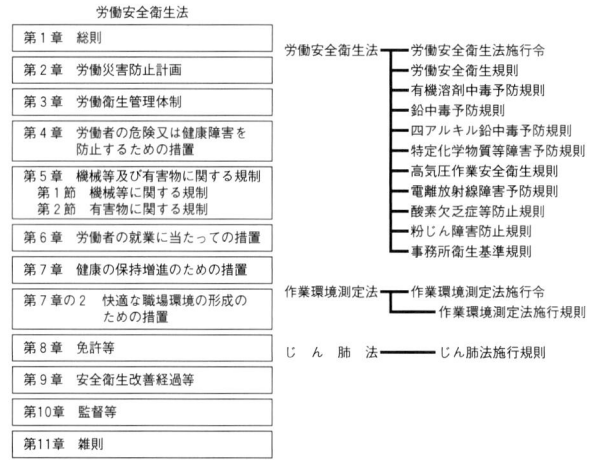

図 2.6.3 労働安全衛生法の法体系

表 2.6.3 労働安全衛生法改正の主な項目

（1）長時間労働者への医師による面接指導の実施
（2）特殊健康診断結果の労働者への通知
（3）危険性・有害性等の調査および必要な措置の実施
（4）認定事業者に対する計画届の免除
（5）安全管理者の資格要件の見直し
（6）安全衛生管理体制の強化
（7）製造業の元方事業者による作業間の連絡調整の実施
（8）化学設備の清掃等の作業の注文者による文書等の交付
（9）化学物質等の表示・文書交付制度の改善
（10）有害物ばく露作業報告の創設
（11）免許・技能講習制度の見直し

近年，重大災害件数が頻発する傾向にあったため，労働安全衛生法が2006年4月に改正された．特に厚生労働省の調査によって，危険性・有害性の調査とそれに基づく低減措置の手法導入の効果が認められたことから，（3）のリスクアセスメント手法の導入がはかられることになった．

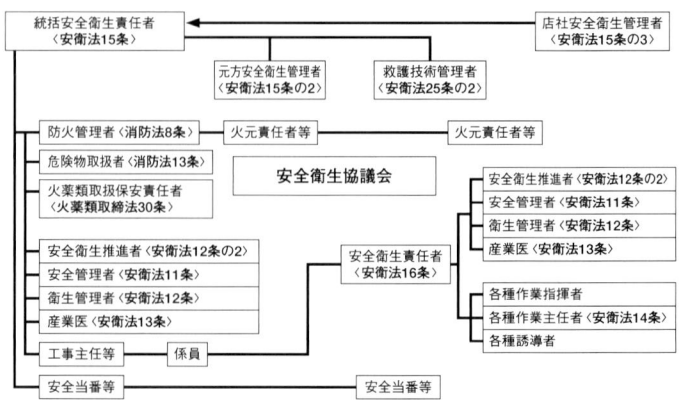

図 2.6.4 労働安全衛生法に基づく現場の安全衛生組織

表2.6.4 労働安全衛生法で定める現場の安全担当者の職務と資格

職名	選任基準	職務内容	資格	準拠条項
総括安全衛生管理者	常時100人以上の労働者を使用する事業場	1. 安全管理者，衛生管理者の指揮 2. 以下の業務を適切かつ円滑に実施するための措置および実施状況の確認と責任あるとりまとめ 　(1) 労働者の危険または健康障害を防止するための措置 　(2) 労働者の安全または衛生のための教育の実施 　(3) 健康診断の実施とその他の健康管理 　(4) 労働災害の原因の調査および再発防止対策 　(5) 安全衛生に関する方針の表明に関すること 　(6) 法第28条の2第1項の危険性または有害性の調査および改善に関すること 　(7) 安全衛生に関する計画の作成，実施，評価およびその結果に基づき講ずる措置に関すること	当該事業場で，その事業の実施を統括管理する者	安衛法10条 安衛令2条 安衛則2条 3条の2
安全管理者	常時50人以上の労働者を使用する事業場	1. 総括安全衛生管理者の2の(1)～(7)までの安全に係る技術的事項の管理 2. 作業場等を巡視し，設備，作業方法等に危険のおそれがある場合の必要な措置 3. 安全に関する次の措置 　(1) 建設物，設備，作業場所，作業方法に危険がある場合の応急措置，防止措置 　(2) 安全装置，保護具その他危険防止のための設備・器具の定期点検，整備 　(3) 作業の安全についての教育，訓練 　(4) 発生した災害の原因調査，対策の検討 　(5) 消防および避難の訓練 　(6) 作業主任者その他安全の補助者の監督 　(7) 安全に関する資料の作成，収集および重要事項の記録 　(8) 労働者が行う作業が他の事業の労働者が行う作業と同一場所で行われる場合の安全に関し必要な措置	厚生労働大臣が定める研修を修了し，大学，高専理科系卒後2年以上，高校理科系卒後4年以上安全の実務経験者（または，平成18年10月旧現在で，安全管理者の経験が2年以上ある者），労働安全コンサルタント，厚生労働大臣の定める者	安衛法11条 安衛令3条 安衛則4条 5条 6条
衛生管理者	常時50人以上の労働者を使用する事業場	1. 総括安全衛生管理者の2の(1)～(7)までの衛生に係る技術的事項の管理 2. 毎週1回以上作業場等を巡視し，設備，作業方法衛生状態に有害なおそれがある場合の必要な措置 3. 衛生に関する次の措置 　(1) 健康に異常のある者の発見，措置 　(2) 作業環境の衛生上の調査 　(3) 作業条件，施設等の衛生上の改善 　(4) 労働衛生保護具，救急用具等の点検，整備 　(5) 衛生教育，健康相談その他労働者の健康保持に必要な措置 　(6) 労働者の負傷，疾病，死亡，欠勤，移動に関する統計の作成 　(7) 労働者が行う作業が他の事業の労働者が行う作業と同一場所で行われる場合の衛生に関し必要な措置 　(8) その他衛生日誌記載等の職務上の記録の整備	（衛生管理者のうち）都道府県労働局長の免許を受けた者，医師，歯科医師，労働衛生コンサルタント，厚生労働大臣の定める者	安衛法12条 安衛令4条 安衛則7条 10条 11条
安全衛生推進者	常時10人以上50人未満の労働者を使用する事業場	事業主等の安全衛生業務の権限と責任を有する者の指揮を受け次の業務を担当する 1. 労働者の危険，健康障害を防止するための措置 2. 労働者の安全，衛生のための教育の実施 3. 健康診断の実施とその他の健康管理 4. 労働災害の原因調査，再発防止	所定の指定講習修了者ほか	安衛法12条の2 安衛則12条の2 12条の3 12条の4
産業医	常時50人以上の労働者を使用する事業場	1. 健康診断の実施，労働者の健康保持のための措置，および面接指導等 2. 作業環境の維持管理 3. 作業の管理に関すること 4. 1～3の他，労働者の健康管理に関すること 5. 健康教育，健康相談等 6. 衛生教育に関すること 7. 健康障害の原因調査，再発防止措置 8. 毎月1回の作業場巡視	医師免許者で厚生労働大臣が定める研修（日本医師会，産業医科大学等）の修了者等 当該事業の実施を統括管理する者 教育修了者	安衛法13条 安衛令5条 安衛則13条 14条 15条
統括安全衛生責任者	関係請負人の労働者を含め常時50人以上となる事業場（ずい道，圧気工法，一定の橋梁工事は30人以上）	次の事項の統括管理 1. 元方安全衛生管理者の指揮 2. 協議組織の設置および運営 3. 作業間の連絡および調整 4. 作業場の巡視 5. 関係請負人が行う労働者の安全，衛生教育に対する指導および援助 6. 仕事の工程の計画，作業場所の機械，設備等の配置計画の作成 7. 前各号の他，労働災害の防止に必要な事項	大学，高専理科系卒後3年，高校理科系卒後5年以上安全衛生の実務経験者 厚生労働大臣の定める者	安衛法15条 安衛令7条 元方指針
元方安全衛生管理者	統括安全衛生責任者を選任した事業場	統括安全衛生責任者が統括管理すべき事項のうち技術的事項の管理	大学，高専卒後3年，高校卒後5年以上，他8年以上安全衛生の実務経験者 厚生労働大臣の定める者	安衛法15条の2 安衛則18条の3 18条の4 18条の5
店社安全衛生管理者	労働者数が20人以上の事業場で統括安全衛生責任者の選任しない事業場	現場の統括安全衛生管理を担当する者に対する指導のほか 1. 現場を少なくとも毎月1回以上巡視 2. 現場で行われる工事の状況を把握 3. 現場の協議組織に随時参加 4. 仕事の工程の計画，作業場所の機械，設備等の配置計画を確認 (注) 店社安全衛生管理者の選任を要する現場であっても，統括安全衛生責任者の職務を行う者，元方安全衛生責任者の職務を行う者を選任し，その者に職務を行わせている現場は，店社安全衛生管理者は要しない	大学，高専卒後3年，高校卒後5年以上，他8年以上安全衛生の実務経験者 厚生労働大臣の定める者	安衛法15条の2 安衛則18条の6 18条の7 18条の8
安全衛生責任者	統括安全衛生責任者が選任される事業場の下請事業場	1. 統括安全衛生責任者との連絡 2. 統括安全衛生責任者から連絡を受けた事項の関係者への連絡 3. 統括安全衛生責任者からの連絡事項の実施と管理 4. 請負人が作成する作業計画等の統括安全衛生責任者との調整 5. 混在作業による危険の有無の確認 6. 請負人が後次の請負人に請負わせる場合は，その請負人の安全衛生責任者との連絡，調整		安衛法16条 安衛則19条
安全衛生委員会	常時50人以上の直用労働者を使用する事業場	1. 安全関係で次の調査審議と事業者への意見具申 　(1) 労働者の危険を防止するための基本対策 　(2) 労働災害の原因調査，再発防止対策 　(3) その他労働者の危険防止の重要事項 2. 衛生関係で次の調査審議と事業者への意見具申 　(1) 労働者の健康傷害防止のための基本対策 　(2) 労働者の健康保持，増進のための基本対策 　(3) 労働災害の調査原因，再発防止対策 　(4) その他労働者の健康障害の防止と健康保持		安衛法17条 18条 安衛令8条 9条 安衛則21条 22条
救護技術管理者	1 000 m以上のずい道，50 m以上の立坑，0.1 Mpa以上の圧気工事を行う事業場	次の措置がとられる場合の技術的事項の管理 1. 労働者の救護に関し必要な機械等の備付け，管理 2. 労働者の救護に関し必要な事項の訓練の実施 3. 1～2のほか爆発，火災に備えて労働者の救護に関し必要な事項	3年以上建設の仕事に従事した経験者で建設業労働災害防止協会で一定の研修を受けた者	安衛法25条の2 安衛令9条の2 安衛則24条の3 24条の4 24条の8
作業主任者	安衛令第6で定める業務	当該作業に係る労働者の指揮，その他必要な業務	当該作業の免許者，技能講習修了者	安衛法14条 安衛令6条 安衛則16条 17条

表2.6.5 主な作業主任者の資格とその対象となる作業

名称	免許	技能講習	作業内容
高圧室内作業主任者	高圧室内作業主任者免許	×	潜函工法その他の圧気工法により，大気圧を超える気圧下の作業またはシャフトの内部において行う作業
ガス溶接作業主任者	ガス溶接作業主任者免許	×	アセチレン溶接装置またはガス集合装置を用いて行う金属の溶接，溶断または加熱の作業
木材加工用機械作業主任者	×	作業主任者技能工講習修了	木材加工用機械を5台以上（自動送材車式帯のこ盤が含まれる場合は3台以上）有する事業所において行う当該機械による作業
コンクリート破砕機作業主任者	×	作業主任者技能工講習修了	コンクリート破砕機を用いて行う作業
地山の掘削および土留め支保工作業主任者	×	作業主任者技能工講習修了	掘削面の高さが2メートル以上となる地山の掘削および土止め支保工の切り梁または腹起こしの取付けまたは取外しの作業
ずい道等の掘削作業主任者	×	作業主任者技能工講習修了	ずい道等の掘削の作業またはこれに伴うずり積み，ずい道支保工の組立て，ロックボルトの取付けもしくはコンクリート等の吹付けの作業
ずい道等覆工作業主任者	×	作業主任者技能工講習修了	ずい道等の覆工の作業
型わくの支保工の組立て等作業主任者	×	作業主任者技能工講習修了	型わく支保工の組立てまたは解体の作業
足場の組立て等作業主任者	×	作業主任者技能工講習修了	つり足場（ゴンドラの足場を除く），張出し足場または高さが5メートル以上の構造の足場の組立て，解体または変更の作業
建築物の鉄骨の組立て等作業主任者	×	作業主任者技能工講習修了	建築物の骨組みまたは塔であって，金属製の部材により構成されているものの組立て，解体または変更の作業
鋼橋仮設等作業主任者	×	作業主任者技能工講習修了	橋梁の上部構造であって，金属製の部材によって構成されているものの組立て，解体または変更の作業
木造建築物の組立て作業主任者	×	作業主任者技能工講習修了	軒高5メートル以上の木造建築物の構造部の組立てまたはこれに伴う屋根下地もしくは外壁下地の取付け作業
コンクリート造の工作物の解体等作業主任者	×	作業主任者技能工講習修了	高さ5メートル以上のコンクリート造の工作物の解体または破壊の作業
特定化学物質作業主任者	×	作業主任者技能工講習修了	労働安全衛生法施行令別表第3に掲げる特定化学物質を製造し，または取り扱う作業
酸素欠乏危険作業主任者	第一種(酸素欠乏症)または第二種(硫化水素中毒)いずれかの作業主任者技能講習修了		労働安全衛生法施行令別表第6に掲げる酸素欠乏危険箇所における作業（第一種）労働安全衛生法施行令別表第6の3号，9号に該当する作業（第二種）
有機溶剤作業主任者	×	作業主任者技能工講習修了	屋内作業場またはタンク，船倉もしくは坑の内部その他厚生労働省令で定める場所において有機溶剤を製造し，または取り扱う業務で，厚生労働省令で定めるものに係る作業
石綿作業主任者	×	作業主任者技能工講習修了	石綿含有物の製造または取扱い作業．アモサイトとクロシドライトは除く

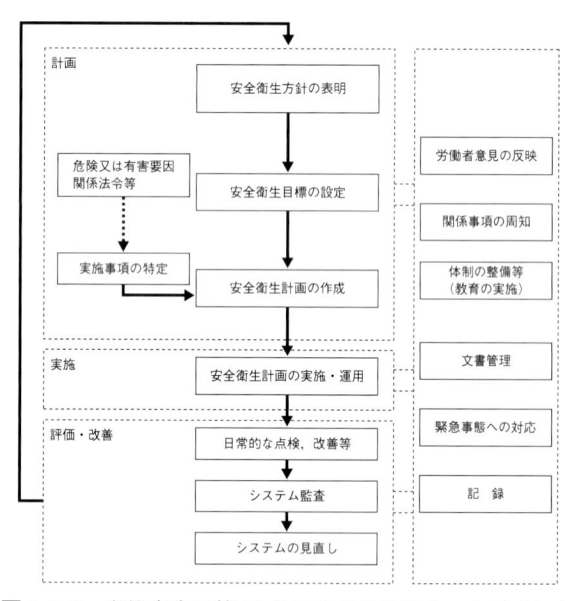

図2.6.5 労働省告示第53号による労働安全マネジメントシステムの流れ

1999年4月の告示は，このシステムに意欲的な事業者を対象として安全衛生対策に自主的に取り組み，計画-実施-評価-改善のPDCAサイクルを計画のステップに戻すことで，再度高いレベルでの持続的な改善を目指している．

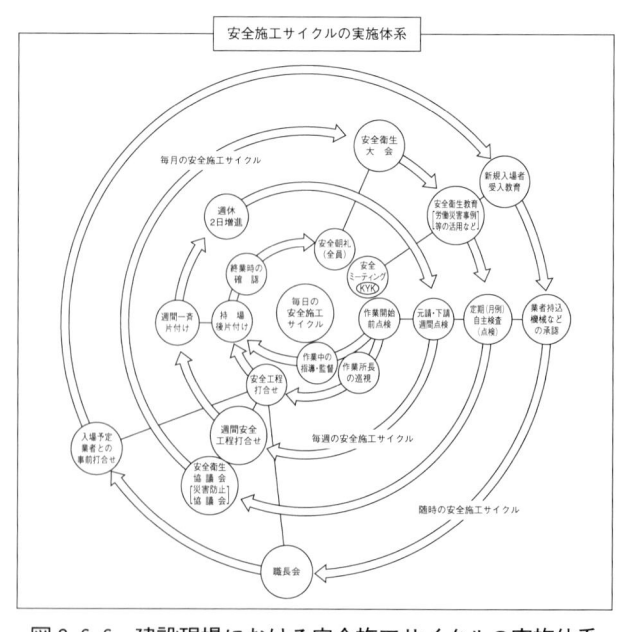

図2.6.6 建設現場における安全施工サイクルの実施体系

現場では，管理技術者だけでなく現場で作業する職人も含む全員が共同して安全衛生活動に取り組む必要がある．このためには，日，週，月ごとおよび随時に適応した管理項目に取り組み，継続することによって安全で効率的な施工ができるようにする必要がある．

表 2.6.6　各種の届出書式（工事開始時）

書類の名称	届出義務者	届出先	届出期限
適用事業報告	事業者	所轄労働基準監督署長	適用事業場になったとき遅延なく
時間外労働，休日労働に関する協定届	事業者	所轄労働基準監督署長	事前に労働者代表との協定書添付
労働に関する協定届（1年単位の変形）（事業場外労働）	事業者	所轄労働基準監督署長	事前に労働者代表との協定書添付
就業規則届	事業者	所轄労働基準監督署長	常時10人以上の労働者を使用するとき労働者代表の意見書を添付
寄宿舎設置届	事業者	所轄労働基準監督署長	寄宿舎設置時工事開始の14日前
寄宿舎規則届	事業者	所轄労働基準監督署長	労働者代表の同意書を添付
工事計画届（厚生労働大臣届出）	特定元方事業者	厚生労働省	作業開始の30日前
工事計画届（労基署長届出）	特定元方事業者	所轄労働基準監督署長	作業開始の14日前
土石採取計画届	特定元方事業者	所轄労働基準監督署長	作業開始の14日前
建築物・機械等設置届	特定元方事業者	所轄労働基準監督署長	設置の30日前（届出の免除あり）
特定元方事業者の事業開始報告	特定元方事業者	所轄労働基準監督署長	作業開始後遅延なく
総括安全衛生責任者選任報告	特定元方事業者	所轄労働基準監督署長	作業開始後遅延なく
元方安全衛生管理者選任報告	特定元方事業者	所轄労働基準監督署長	作業開始後遅延なく

表 2.6.7　現場での主要な安全活動

名称	概要
S4運動	従業員に職場の整理，整頓，清潔，清掃の重要さを認識させ，これらを徹底させる啓発活動
安全朝礼	作業する心構えを作り，職場の規律，連絡調整（指示徹底），指導教育と安全意識の高掲をはかる
ツールボックス・ミーティング（TBM）	その日の作業の内容や方法・段取り・問題点について短時間で話し合ったり，指示伝達を行う
安全パトロール	現場内ある事故や災害につながる要因を早期に発見し，改善することで安全な作業環境を作る
ヒヤリ・ハット報告制度	作業中に危険を感じた事象を報告させ，災害が実際に起らないように改善していく
安全提案（改善提案）制度	危険予知（KY）活動で予知した危険な箇所，災害を防止するための改善策を第一線で作業する者から直接，意見，提案を求める
指差し呼称	作業者の行動が正しいか，作業者自身が指で指し示し，目で確認して大きな声で呼称することで安全を確認する
危険予知（KY）活動	災害発生要因を先取りし，現場や作業に潜む安全性，有害性を自主的に発見し，災害を防止するための安全活動
安全施工サイクル運動	建設現場の安全を確保するために，施工と安全の一体化を図り，安全活動を日常の一貫として工事工程に組み込み，継続的に行う活動
ほう，れん，そう運動（報告，連絡，相談）	安全活動を含む諸技術について，グループ内の上下および相互のコミュニケーションを重視する．

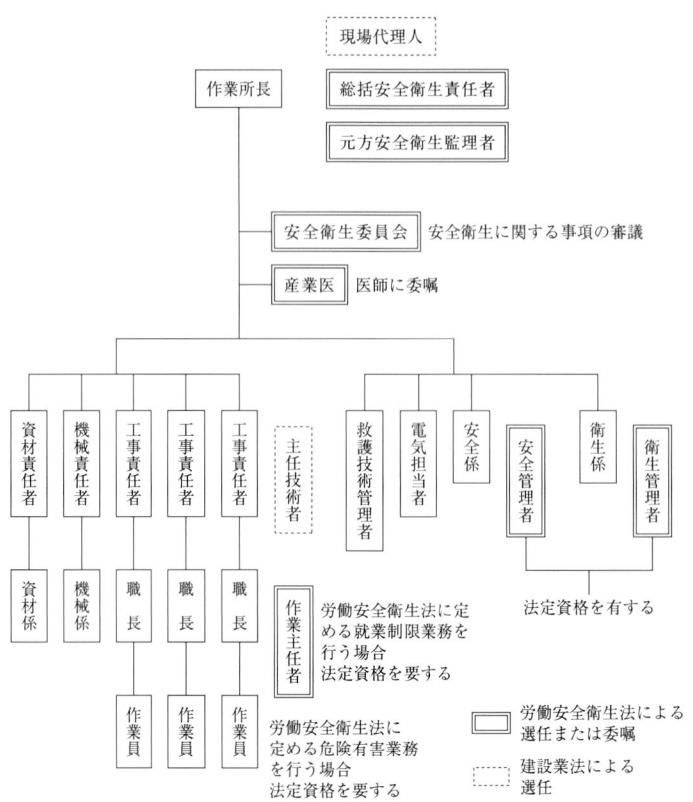

図2.6.7 現場における安全管理組織の例[2.6.1]

表2.6.8 法則に基づく主な届出，報告および申請等

届出の名称	届出の時期	条文
特定元方事業者報告（統轄安全衛生責任者選任報告）	直ちに（下請を含み50人以上の場合）	安衛則664
総括安全衛生管理者選任報告（下請を含まず100人以上の場合）	14日以内	安衛則2
安全管理者選任報告（下請を含まず50人以上の場合）	14日以内	安衛則4
衛生管理者選任報告（同上）	14日以内	安衛則7
産業医選任報告（同上）	14日以内	安衛則13
建設工事計画届 　1．88条第3項に係る届出 　　（1）高さが300m以上の塔の建設の仕事	30日前	安衛法88-3 安衛法89-2 安衛則91 安衛則92-2 安衛法88-4 安衛則90
2．88条第4項に係る届出 　　（1）高さ31mをこえる建築物，工作物の建設，改造，解体の仕事 　　（2）圧気工法による作業を行う仕事	14日前	安衛則91 安衛則92 安衛則92-2
建設物，機械等設置届	30日前	安衛法88-2
1．型枠支保工（支柱の高さ）	設置期間に関係なく	安衛則88
2．架設通路（高さおよび長さがそれぞれ10m以上のもの）	60日以上設置するもの	安衛則89
3．足場（つり・張出し足場および高さ10m以上のもの）	60日以上設置するもの	
適用事業報告		労基則57
就業規則届	直ちに	労基則49
寄宿舎規則作成届（寄宿舎設置届）	直ちに（10人以上の場合14日前）	学基法95-96 建宿程2
時間外・休日労働協定届		労基法36 労基則17
宿直・日直勤務許可申請書		労基法41 労基則23
監視・断続的労働従事者適用除外申請書		労基法41 労基則34
労働保険（労災保険）保険関係成立届		徴収法3 徴収則68

表 2.6.9　設置機械の届出および報告

設置機械の名称	形式・能力	設置前(30日)	落成検査	設置報告(あらかじめ)
クレーン	3 t 以上	○	○	
	500 kg 以上 3 t 未満			○
移動式クレーン	500 kg 以上（最初に使用しようとするものが報告する）			○
デリック	2 t 以上	○	○	
	500 kg 以上 2 t 未満			○
建設用リフト	18 m 以上 250 kg 以上	○	○	
	10 m 以上 18 m 未満			○
エレベーター	1 t 以上	○	○	
	250 kg 以上 1 t 未満			○
ゴンドラ	定置式	○		
	可搬式（最初に使用しようとするものが報告する）			○
第二種圧力容器	定置式			○
	可搬式（最初に使用しようとするものが報告する）			○
ボイラー	ボイラー	○	○	
	移動式ボイラー（最初に使用しようとするものが報告する）			○
	小型ボイラー			○

　施工にあたり使用する各種の建設機械についてはその規模別に届け出や報告が義務づけられ，さらに重要なものについては落成検査を受けなければならない．

表 2.6.10　安全な施工のための新たな試みの例

リスクアセスメント	危険性および有害性の調査を元に，潜在的な危険性や有害性の発生の可能性およびそれによって生ずる災害の重大性から危険性を判定し，この危険性等を除去・低減させようとする．
足場先行工法	主として木造家屋等の低層住宅建築工事において，躯体（建方）および屋根工事にともなう墜落災害防止のために，これらの工事に先行して適切な足場を設ける．
手すり先行工法	足場からの墜落災害を防止するために，足場の組み立て等の作業をおこなう際に，労働者が作業床に乗る前に，この作業床の端部に適切な手すりを設ける．

　従来，大規模な工事現場を対象としていた安全のための方法が小規模の建築にも応用されるようになってきている．

2.7　環境の管理

1　法規制および近隣への配慮

表 2.7.1　環境関連法規制および対応策のポイント

項目 (キーワード)	主な関連法令等	関連する工事と対策, 対処方法	主な届出書等
地球環境	地球温暖化対策の推進に関する法律等	地球温暖化防止対策（低燃費建設機械の使用，アイドリングストップ等）の実施等	
大気汚染	大気汚染防止法 石綿障害予防規則 排気ガス関連指針 フロン回収破壊法 オゾン層保護に関する法等	特定建築材料（吹付石綿および石綿含有保温材, 断熱材等）の除去作業の場合の処理とばく露防止対策 フロン・ハロンの回収	特定粉じん排出等作業実施届出書 建設工事計画届（安全衛生法） フロン回収報告書（破壊証明書）
騒音	騒音規制法 特定建設作業に伴って発生する騒音の規制に関する基準等	特定建設作業（主に土工事，杭工事，解体工事での車両・重機作業）による騒音対策等	特定建設作業実施届出書（騒音）
振動	振動規制法等	特定建設作業（主に土工事，杭工事，解体工事での車両・重機作業）による振動対策等	特定建設作業実施届出書（振動）
水質汚濁	水質汚濁防止法 河川法 下水道法 浄化槽法等	工事用排水, コンクリート打設洗浄水 土工事等に係る地下水に関する届出, 管理等	公共下水道使用開始届 浄化槽設置届 汚水排水届出書
土壌汚染	土壌汚染対策法等	指定区域内等土壌汚染のおそれのある敷地での汚染土壌調査 汚染土壌のある場合の汚染土壌浄化・処分対策等	指定区域内での土地の形質変更の際の届出
悪臭	悪臭防止法等	アスファルト防水工事, 塗装工事に伴う悪臭防止等	
有害物	ポリ塩化ビフェニル廃棄物関連特別措置法 ダイオキシン類対策特別措置法等	有害物質の取扱い時の対応 焼却炉・煙道設備等の解体時のダイオキシン対策等	解体作業の計画届（焼却炉）
火災・危険物	消防法等	ガソリン・有機溶剤等少量危険物貯蔵時の届出, 管理等	危険物設置許可申請書
廃棄物	廃棄物処理および清掃に関する法律 建設副産物適正処理推進要綱	廃棄物処理に関する委託契約・マニフェスト管理等	処理委託契約書 マニフェスト伝票
リサイクル	建設工事に係る資材の再資源化等に関する法律（建設リサイクル法）等	建設リサイクル法に基づく届出 再生資源の処理 各都道府県への届出, 協定等	再生資源利用計画・利用促進計画書 対象建設工事の届出書 再資源化報告書 分別解体等の計画等
その他	国等による環境物品等の調達の推進等に関する法律（グリーン購入法）等	グリーン購入法に基づく調達実施	

工事の実施にあたっては，下記により，着工前に行政への確認が必要である．
・環境に関する法規制については改訂が頻繁に行われる．
・法によっては罰則等がなく努力義務としているものがあるが，自治体により条例でさらに厳しい基準を設定している場合がある．

2　環境配慮事例

地域環境保全を推進し，地域との良好な関係の中で施工を進めるため，着工前から近隣との対応を行うことが不可欠であり，周辺の調査等に基づき行うことが必要である．

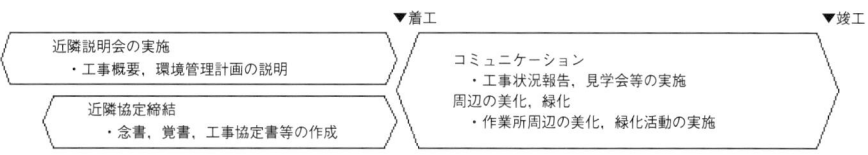

図 2.7.1　近隣対応のフロー（施工に関するもの）

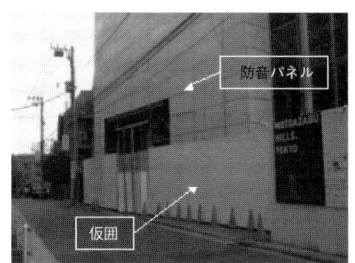

仮囲，防音パネル，防音シートによる防音対策

図 2.7.2　防音対策

低騒音型機器の採用

図 2.7.3　発生抑制対策

騒音計測　振動計測器　騒音・振動の公表

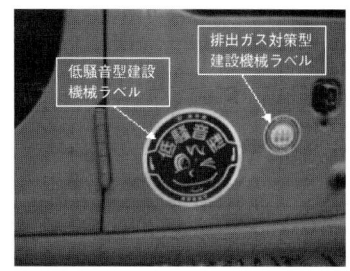

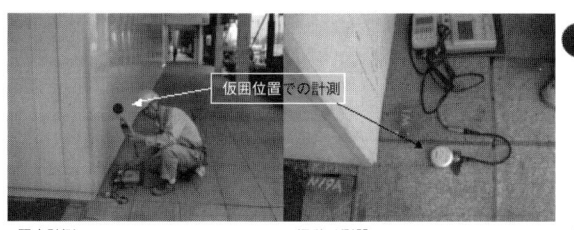

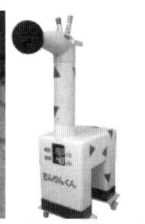

図 2.7.4　計測管理

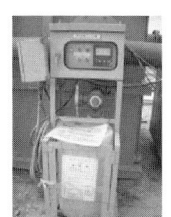

図 2.7.5　pH 中和処理装置

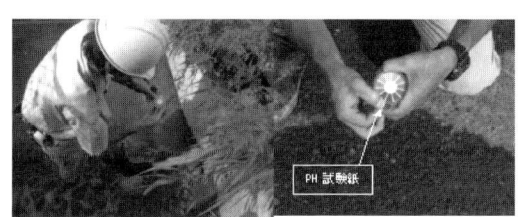

図 2.7.6　pH 計測

有機溶剤置場・表示例　内部例

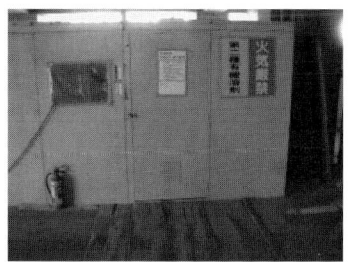

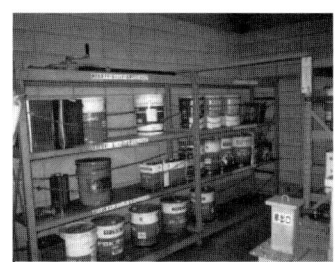

図 2.7.7　有機溶剤の貯蔵

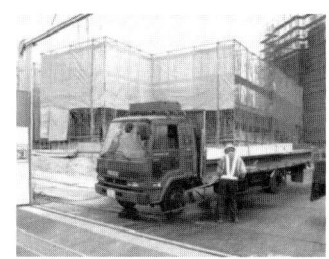

図 2.7.8　車両運行管理および
周辺汚染の防止

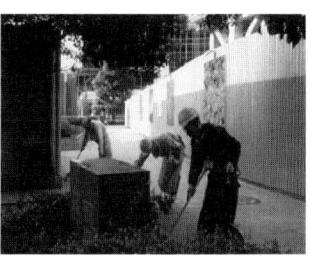

図 2.7.9　周辺の美化活動

3 建設副産物処理

施工者は，「廃掃法」「建設リサイクル法」等により，副産物の発生抑制，発生した副産物の再利用・減量化，再利用・減量化できないものについての適正処理等を実施する必要があり，作業所では以下のような対策を行っている．

分別ヤード

図 2.7.10　分別の実施

簡易梱包による梱包材の削減

図 2.7.11　発生抑制対策（1）

設備配管ユニット化　　　　段階の PCa 化

図 2.7.12　発生抑制対策（2）

4 ISO 14001 規格への取組み

環境マネジメントシステムは企業が自主的に環境調和型行動をとるために，経営トップ自ら環境方針を示し，従業員全員に至るまで環境配慮についての共通認識を持ち，全社的に実行し，さらなる向上をもたらすための仕組みである．

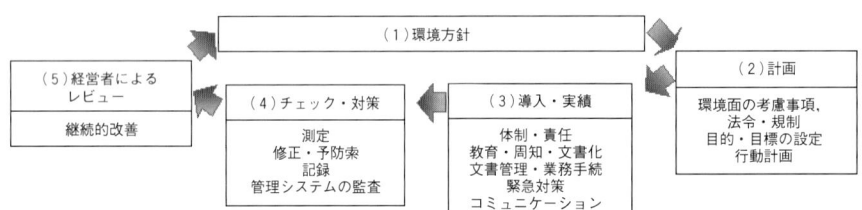

図 2.7.13　環境管理システム[2.7.1]

3章　準備工事

3.1　測量・調査

　工事に先立って敷地の測量を行い，道路管理者・近隣の立会いのもと，敷地境界を確認する．また，地中障害や埋設配管・ケーブル，土壌汚染，埋設文化財の有無を確認する．地盤調査は設計段階で行われるのが通常であり，基礎計画に用いられる．

[1]　測量器具・方法

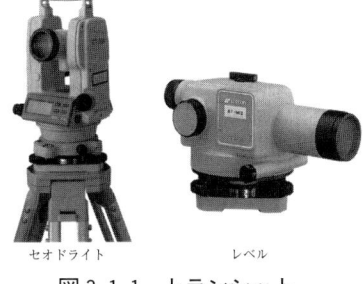

図3.1.1　トランジット，レベル[3.1.1]

図3.1.2　レーザー光による墨出し機器[3.1.1]

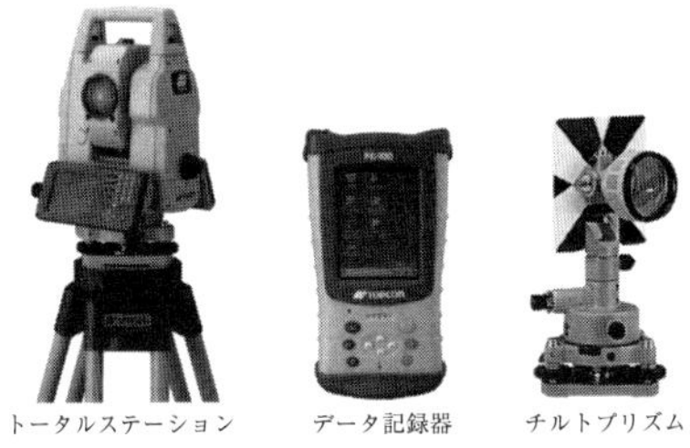

図3.1.3　光波測距儀による測量システム[3.1.1]

図3.1.4　測量状況

図3.1.5　墨出し作業

図3.1.6　墨つぼ

図3.1.7　巻尺

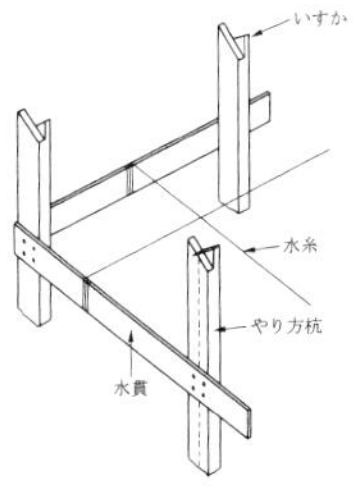

図3.1.8　やり方の例[3.1.1] 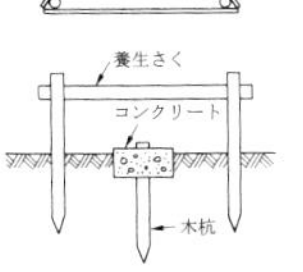　図3.1.9　ベンチマークの例[3.1.1]

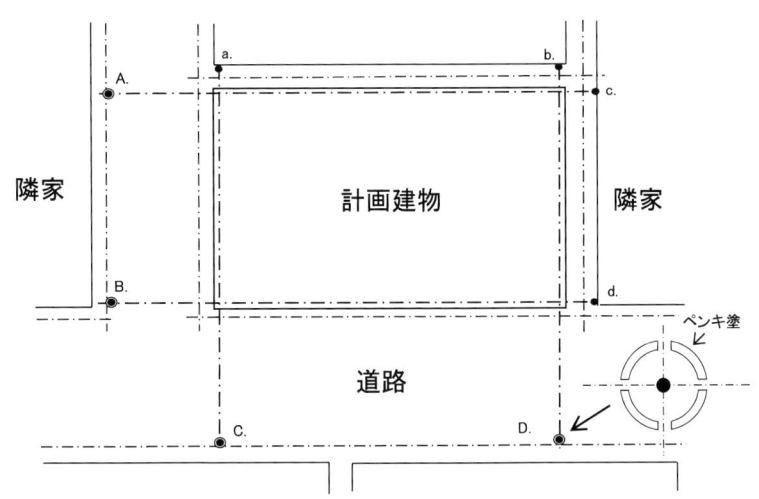

a.〜d.は隣接建物の許可を得てマーキングを行う例
A.〜D.は道路上にマーキングを行う例

図3.1.10　基準墨出しの例

2 地盤調査

表 3.1.1 地盤に対する検討・調査項目[3.1.2)]

検討項目	調査項目	調査方法
支持層の選定	地層の構成・分布状況	ボーリング，物理探査
支 持 力	N値，せん断強さ	標準貫入試験，力学試験
沈 下 量	圧密沈下・即時沈下	物理試験・力学試験
液 状 化	粒度分布，地下水位	物理試験，水位調査
杭の水平抵抗	変形係数	孔内水平載荷試験
地盤の振動特性	弾性波速度	PS検層

図 3.1.11 地盤調査の状況[3.1.3)]

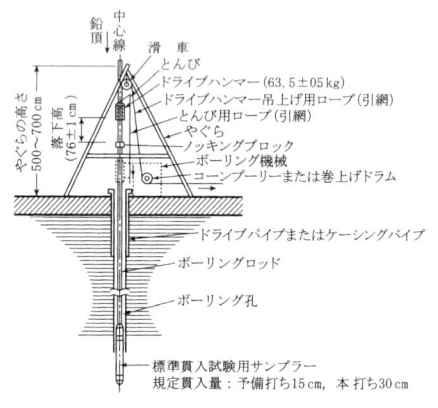

図 3.1.12 標準貫入試験[3.1.3)]

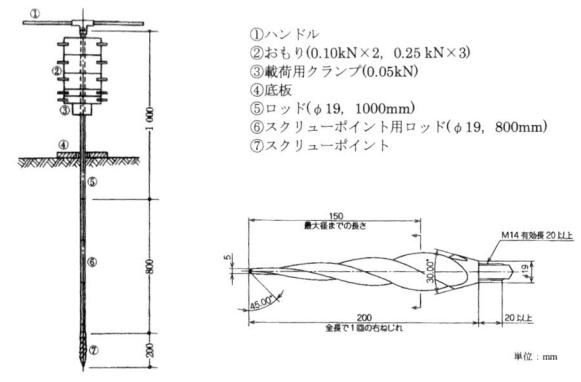

図 3.1.13 スウェーデン式サウンディング[3.1.3)]

(a) 手動式　　(b) 半自動式　　(c) 自動式

図 3.1.14 スウェーデン式サウンディングの状況[3.1.3)]

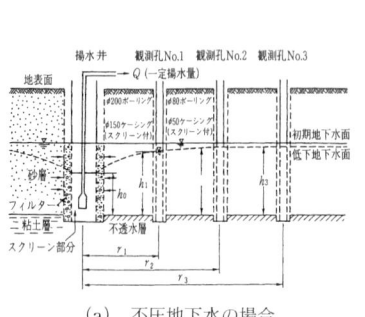

(a) 不圧地下水の場合　　(b) 被圧地下水の場合

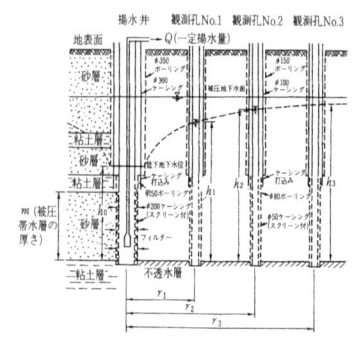

図 3.1.15 揚水試験の例[3.1.4)]

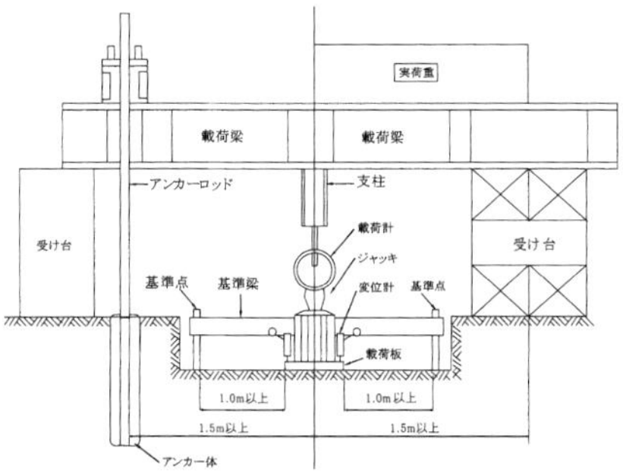

(a) 平板載荷試験 　　　　　　　　(b) 平板載荷試験状況

図 3.1.16　平板載荷試験の例[3.1.3)]

表 3.1.2　汚染のおそれの考え方

区分	説明
おそれがないと認められる土地	有害物質使用特定施設の敷地から，その用途が独立している状態が継続している土地 【例】山林，緩衝緑地，従業員用居住施設・駐車場，グランド，体育館など
おそれが少ないと認められる土地	間接的に特定有害物質を使っている土地ではないが，有害物質使用施設・関連施設の敷地から，その用途がまったく独立しているとはいえない土地 【例】事務所，作業場，資材置き場，倉庫，作業員用道路，事業用駐車場・空き地など
おそれが比較的多いと認められる土地	上記以外の土地 【例】有害物質使用特定施設ならびにそれを設置している建物，有害物質使用特定施設と繋がっている配管，配管で繋がっている施設・建物，排水管・排水処理施設，特定処理施設，特定有害物質使用作業所・保管倉庫，特定有害物質を含むものの浸透・埋設場所等

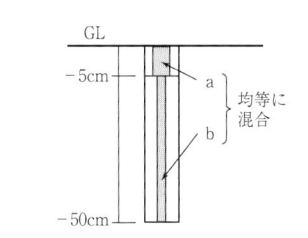

図 3.1.17　汚染土サンプリング方法 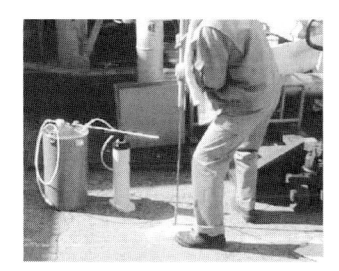　　　　　図 3.1.18　汚染土サンプリング状況

表 3.1.3　汚染土調査の方法

		第1種・VOC	第2種・重金属等	第3種・農薬等
調査ポイント	汚染のおそれあり	10m区画の中心1地点	10m区画の中心地点	10m区画の中心1地点
	汚染のおそれ少ない	30m区画の中心1地点	30m区画5地点均等混合	30m区画5地点均等混合
調査方法		土壌ガス調査↓ 深層溶出量調査 (GL-10m または不透水層まで)	溶出量調査 含有量調査	溶出量調査

3.2 仮設工事

仮設工事には仮囲い，仮設建物，足場，乗入れ構台，揚重機，仮設電気・給排水などがある．

1 仮囲い・工事事務所

図3.2.1　仮囲いの例

図3.2.2　ゲートの例

図3.2.3　工事事務所の例

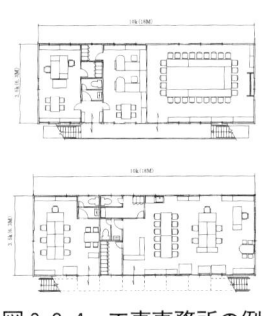

図3.2.4　工事事務所の例（平面図）[3.2.1]

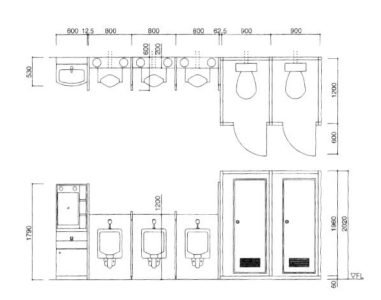

図3.2.5　仮設便所の例[3.2.1]

図3.2.6　仮設道路の例（敷き鉄板）

図3.2.7　洗車装置の例

図3.2.8　洗車機器（ハイウォッシャー）

図3.2.9　リサイクルボックス

2 足場

図 3.2.10　外部足場の例-1

図 3.2.11　外部足場の例-2（手摺先行足場）

図 3.2.12　外部足場養生シートの例

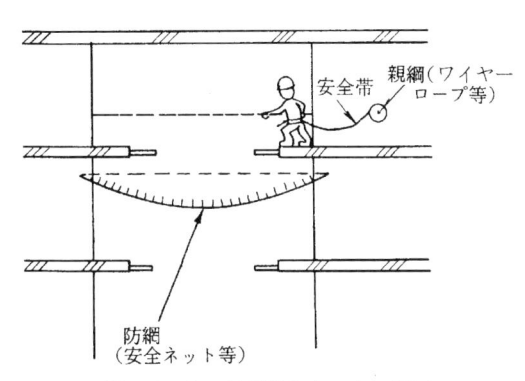

図 3.2.13　水平養生ネットの例-1

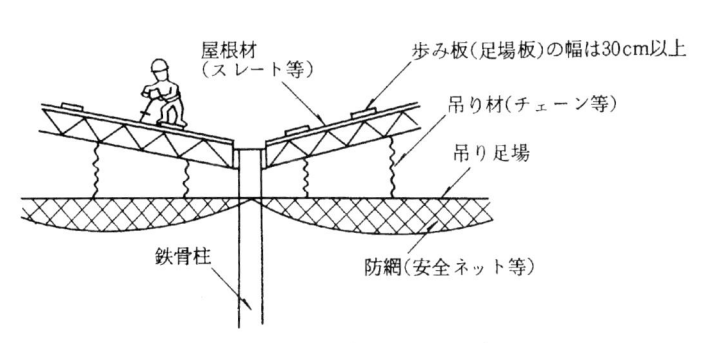

図 3.2.14　水平養生ネットの例-2

図 3.2.15　移動式足場の例

図 3.2.16　安全帯使用例

図 3.2.17　脚立

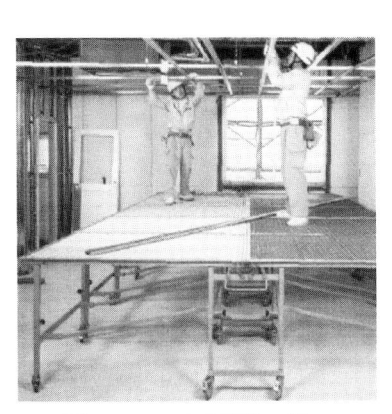

図 3.2.18　室内足場の例-1

34　3章　準備工事

図 3.2.19　室内足場の例-2

図 3.2.20　高所作業車の例

3　乗入れ構台

図 3.2.21　乗入れ構台

図 3.2.22　仮設階段の例

4　揚重機

図 3.2.23　移動式油圧クレーン

図 3.2.24　移動式クローラクレーン

図 3.2.25　大型クライミングクレーンの例-1

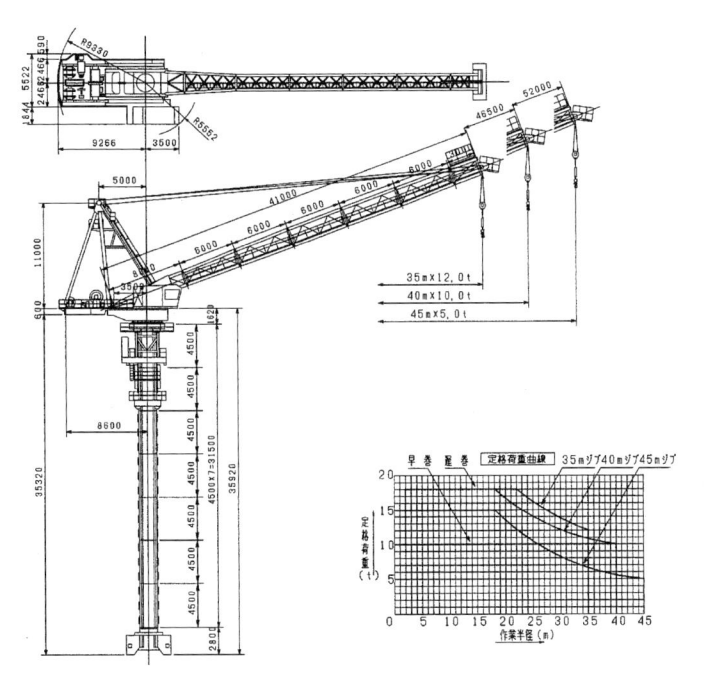

図 3.2.26 大型クライミングクレーンの例-2

図 3.2.27 人荷用 EV の例

図 3.2.28 張出しステージの例

(a) ゴンドラ作業状況
(b) ゴンドラの支持方法

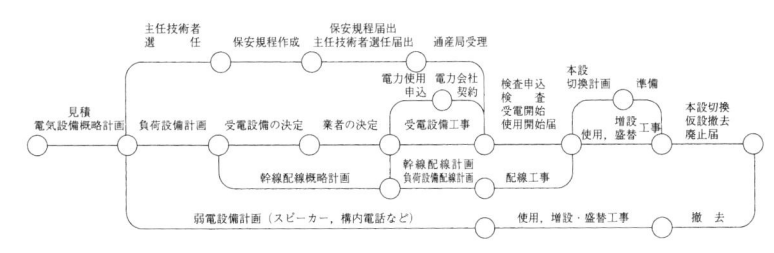

図 3.2.29 屋上ゴンドラの例

5 仮設電気給排水

表 3.2.1 工事用電気設備計画図一覧表[3.2.1]

NO	図面名称	内 容
1	総合仮設計画図	全体仮設計画図
2	工事工程表	—
3	工事用使用機械工程表	使用機械工程表
4	現場付近案内図および使用区域図	所在地，敷地図，電源引込み地点
5	引込み図	装柱図，責任分界点，引込み方法，受電設備
6	電力使用工程表	月別設備容量，トランス容量，契約電力，使用電力量
7	受電設備単線結線図	受電機器の規格と結線
8	幹線系統図	幹線系統，分電盤の型式，個数および位置
9	幹線配線図	幹線配線，分電盤位置，配線方法
10	屋外配線図	屋外動力と照明配線
11	動力設備配線図	屋内動力配線，機械設備の配線
12	電灯設備配線図	屋内電灯配線，コンセント設備

図 3.2.30 電気関連作業[3.2.1]

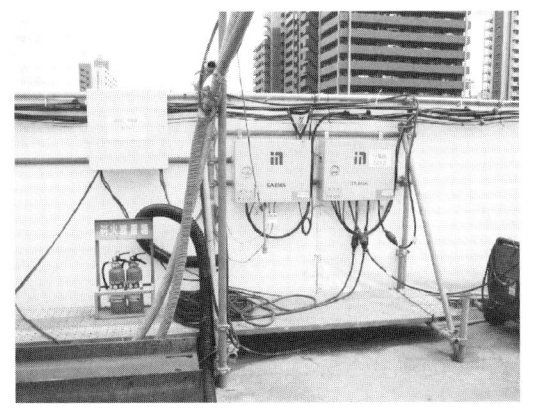

図 3.2.31 分電盤

図 3.2.32　キュービクル

図 3.2.33　仮設照明

表 3.2.2　工事用電気設備の用途

動力用電気設備	タワークレーン, リフト, 工事用エレベーター, 簡易揚重機, 溶接機, ホイスト, コンプレッサー, 鉄筋加工機, バイブレータ, 本設設備の仮送電, 等
照明用電気設備	・工事事務所, 詰所などの仮設建物内照明用 ・工事事務所, 詰所などの仮設建物内コンセント（エアコン（3相200V）などは動力用設備から供給する場合もある） ・屋外作業用水銀灯, 投光器 ・建物内作業用照明　他

表 3.2.3　電気設備利用率

建築工程 \ 建築延床面積（m²）	0〜10,000	10,000〜30,000	30,000〜70,000	70,000〜
土工事	0.1	0.1	0.13	0.14
鉄骨工事	0.09	0.09	0.12	0.15
躯体工事	0.1	0.12	0.14	0.17
仕上工事	0.13	0.15	0.17	0.19

表 3.2.4　電気需要率および負荷率の概略値[3.2.1]

機器	係数	備考
タワークレーン・リフト・水中ポンプの汎用機械	0.50 ↓ 0.70	長期間, 機械の種類・台数の多い場合 短期間, 機械の種類・台数の少ない場合
全自動溶接機	0.75 ↓ 1.00	使用台数が多い場合
アーク溶接機	0.20 ↓ 1.00	使用溶接機台数により 　　1台　　1.0 　2〜3台　　0.7 　4〜9台　　0.5 10〜19台　　0.4 20〜50台　　0.3
電動工具 照明器具	0.70 ↓ 1.00	コンセントから使用する電動工具 蛍光灯・投光器・電灯など

表 3.2.5　生活用水および工事用水使用量[3.2.1]

多量に水を使用する杭・山留め工事用水は, 掘削速度・貯水槽（貯水能力）・機械台数などによって異なるがおおよその目安としては下記のとおり.

	掘削に使用する水量
・リバースサーキュレーション工法	30 m³/時
・アースドリル工法	10 m³/時
・地下連続壁工法	10 m³/時
・ウェルポイント工法	25 m³/時
コンクリート, モルタルについては混練量によって決まる.	
・コンクリート	100〜200 l/m³
・モルタル	200〜800 l/m³

事務所, 宿舎関係の飲料水・雑用水の1日1人あたりの使用量

	飲料水	雑用水	計
事務所	30	10〜20	40〜50 l/人日
詰所	40〜50	110〜150	50〜200 l/人日
特別に多量の水を使用しない場合は			250 l/人日

表 3.2.6　建築工事における排水

排水の種類	内容
i　汚水	便所よりの汚物, 汚水.
ii　雑排水	台所, 浴室, 洗面所などの排水および機械の冷却排水.
iii　雨水, 湧水	降雨水や地下工事に伴う湧水で, 汚れていない水.
iv　特殊排水	特殊排水とは, 油・酸・アルカリ・泥分などを多量に含んだ不要水のことであり, 建築工事では, 杭, 地下連続壁工事における不要水, および現場簡易バッチャープラント, 生コン車を洗った後の不要アルカリ水が該当する. この不要水を直接下水管に流すと配管や処理施設をいため, 保守・管理に支障を来す. このため, 中和, 希釈などの処理を除害処理設備で行う必要があり, これを行えば雑排水として扱われる. 特殊排水は, その内容により種々の規制を受けるので, 地方自治体の公害担当部門との打合せを行う. また, その工事場所の環境により制約を受けるので, その条件について調べる.

4章　地下工事

4.1　土工事・山留め工事

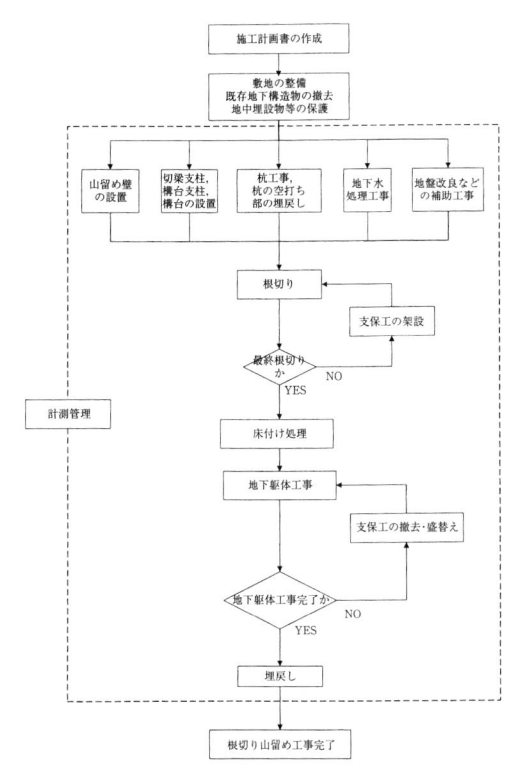

図4.1.1　根切り山留めの基本計画フロー[4.1.1)]

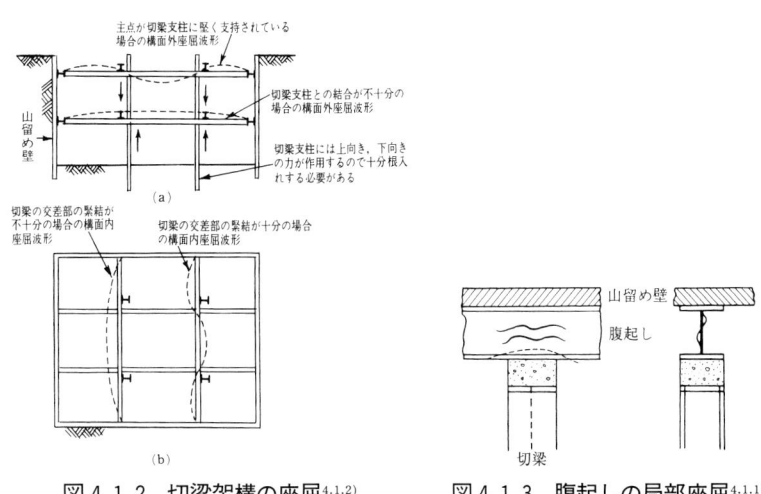

図4.1.2　切梁架構の座屈[4.1.2)]

図4.1.3　腹起しの局部座屈[4.1.1)]

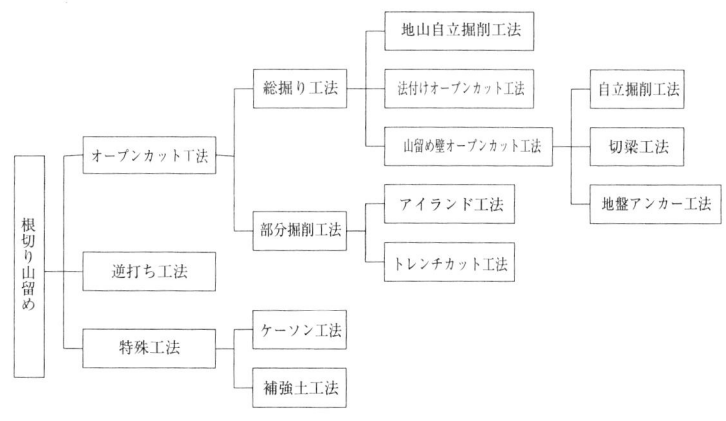

図4.1.4　根切り山留め工法の種類と分類[4.1.1)]

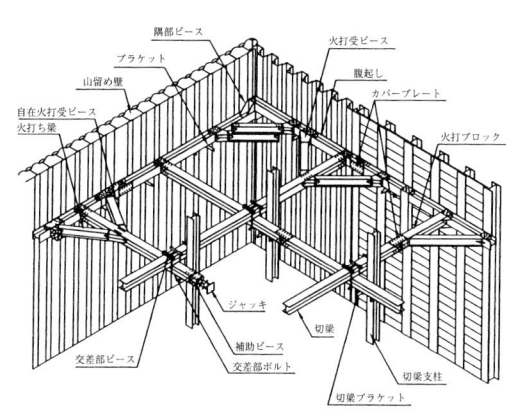

図4.1.5　鋼製支保工による山留め架構概念図[4.1.1)]

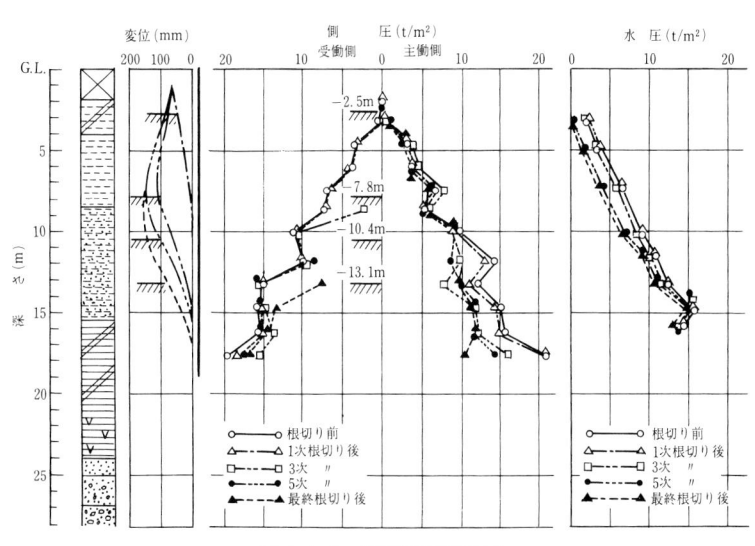

図4.1.6　側圧計算例[4.1.3)]

図 4.1.7　山留め壁の種類と分類[4.1.1]

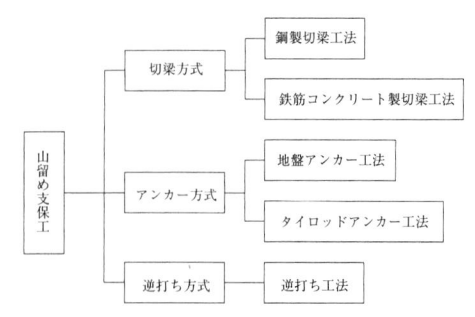

図 4.1.8　山留め支保工の種類と分類[4.1.1]

表 4.1.1　根切り山留め工法の種類と特徴-1[4.1.1]

工法の種類と概念図	工法の概要と特徴	適用性と留意事項
地山自立掘削工法	・山留め壁を設けないで、所定の深さまで根切りする方法	・根切り深さは、土の自立できる深さまで ・土の表面の風化などに注意する
法付けオープンカット工法	・周辺に安全な勾配の法面を設け、その安定を保ちながら根切りする方法 ・山留め支保工が不要となるため、下部躯体施工の作業性が良い ・法面を形成するので、掘削土量・埋戻し土量が多くなる	・敷地に法面を形成するためのスペースが必要 ・比較的大きな根切り平面で浅い根切り工事に適する ・法先の洗掘現象に注意 ・法面の安定、養生に対する検討が必要
山留め壁オープンカット工法（自立掘削工法）	・根切り部周囲に山留め壁を設け、根入れ部の受働抵抗と山留め壁の剛性に期待して根切りを進める工法 ・山留め支保工が不要となるため、根切りなどの作業性が良い ・山留め壁が変形しやすい	・地盤条件が良好な場合でも根切り深さは浅い場合に限られる ・山留め壁の根入れ長を十分に確保する必要がある ・山留め壁根入れ部分の地盤を緩めないことが肝要
山留め壁オープンカット工法（切梁工法）	・山留め壁に作用する側圧を、切梁・腹起しなどの山留め支保工でバランスさせて支持し、根切りを進める工法 ・施工実績が多く、信頼性が高い ・切梁の種類としては鋼製切梁と鉄筋コンクリート製切梁がある	・地盤条件や根切り深さにあまり制限されず、ほとんどの場合採用が可能 ・根切り平面が不整形の場合、大スパンの場合、敷地に大きな高低差がある場合には採用が難しい ・部材の継手が多くなるので、緩みに注意する

表 4.1.2　根切り山留め工法の種類と特徴-2[4.1.1]

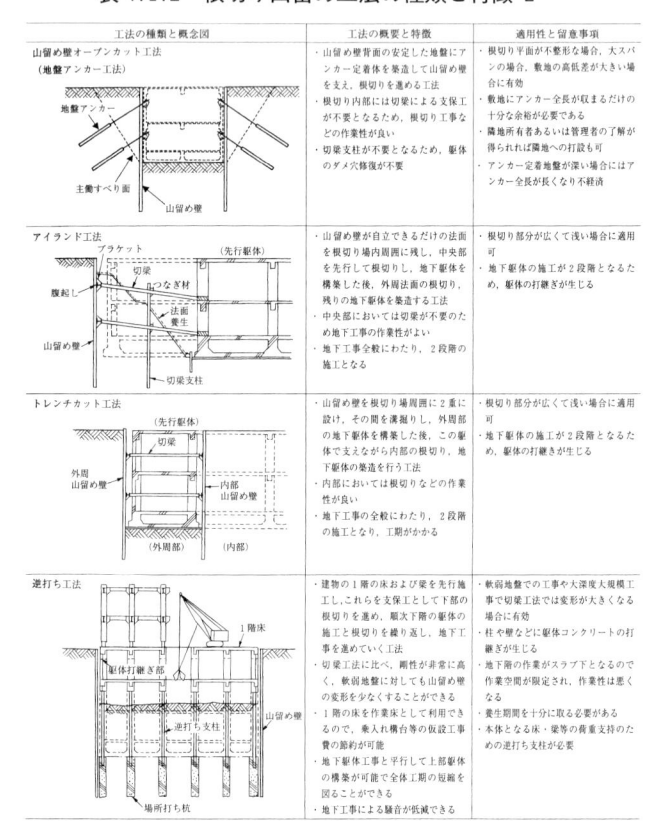

工法の種類と概念図	工法の概要と特徴	適用性と留意事項
山留め壁オープンカット工法（地盤アンカー工法）	・山留め壁背面の安定した地盤にアンカー定着体を築造して山留め壁を支え、根切り内部には切梁による支保工が不要となるため、根切り工事などの作業性が良い ・切梁支保工が不要となるため、躯体のダメ穴修復が不要	・根切り平面が不整形な場合、大スパンの場合、敷地の高低差が大きい場合に有効 ・敷地内にアンカー全長が収まるだけの十分な余裕が必要である ・隣地所有者あるいは管理者の了解が得られれば隣地への打設も可 ・アンカー定着地盤が深い場合にはアンカー全長が長くなり不経済
アイランド工法	・山留め壁が自立できるだけの法面を根切り場内周囲に残し、中央部を先行して根切りし、地下躯体を構築した後、外周法面の根切り、残りの地下躯体を築造する工法 ・中央部においては切梁が不要のため地下工事の作業性がよい ・地下工事全般にわたり、2段階の施工となる	・根切り部分が広くて浅い場合に適用可 ・地下躯体の施工が2段階となるため、躯体の打継ぎが生じる
トレンチカット工法	・山留め壁を根切り場周囲に2重に設け、その間を溝掘りし、外周部の地下躯体を構築した後、この躯体で支えながら内部の根切り、地下躯体の構築を行う工法 ・内部においては根切りなどの作業性が良い ・地下工事の全般にわたり、2段階の施工となり、工期がかかる	・根切り部分が広くて浅い場合に適用可 ・地下躯体の施工が2段階となるため、躯体の打継ぎが生じる
逆打ち工法	・建物の1階の床および梁を先行施工し、これらを支保工として下部の根切りを進め、順次下階の躯体の施工と根切りを繰り返し、地下工事を進めていく工法 ・切梁工法に比べ、剛性が非常に高く、軟弱地盤に対しても山留め壁の変形を少なくすることができる ・1階の床を作業床として利用できるので、乗入れ構台等の仮設工事費の節約が可能 ・地下躯体工事と平行して上部躯体の構築が可能で全工期の短縮を図ることができる ・地下工事による騒音が低減できる	・軟弱地盤での工事や大深度大規模工事で切梁工法では変形が大きくなる場合に有効 ・柱や壁などに躯体コンクリートの打継ぎが生じる ・下階の作業がスラブ下となるので作業空間が限定され、作業性は悪くなる ・養生期間を十分に取る必要がある ・本体となる床・梁等の荷重支持のための逆打ち支保工が必要

表 4.1.3　与条件に対する根切り山留め工法選定基準の目安[4.1.1]

工法の種類	工事規模					施工条件		敷地条件				地盤条件		周辺環境	
	根切り深さ		平面規模・形状			工期	工費	周辺スペース		高低差		軟弱地盤	地下水位が高い	周辺沈下	騒音振動
	浅い	深い	狭い	広い	不整形			有	無	有	無				
地山自立掘削工法	◎	△	○	○	○	◎	◎	○	△	△	○	△	△	△	○
法付けオープンカット工法	◎	△	○	◎	○	○	◎	△	◎	△	○	△	△	△	○
山留め壁オープンカット工法 自立掘削工法	◎	△	○	○	○	◎	◎	○	○	△	○	△	△	○	○
山留め壁オープンカット工法 切梁工法	◎	◎	○	○	○	◎	○	◎	○	◎	○	○	○	○	○
山留め壁オープンカット工法 地盤アンカー工法	◎	◎	○	○	◎	○	○	◎	○	◎	○	○	○	○	○
アイランド工法	○	○	○	◎	○	○	○	◎	○	○	○	○	○	○	○
トレンチカット工法	○	○	○	◎	○	○	○	◎	○	○	○	○	○	○	○
逆打ち工法	△	◎	○	○	○	◎	○	◎	○	○	○	◎	○	◎	◎

◎：有利，○：普通，△：不利

表4.1.4 与条件に対する山留め壁選定基準の目安[4.1.1]

与条件\山留め壁の種類	地盤条件			工事規模				周辺環境			工期	工費
	軟弱な地盤	砂礫地盤	地下水位が高い地盤	根切り深さ		平面規模		騒音・振動	地盤沈下	排泥処理		
				浅い	深い	狭い	広い					
親杭横矢板壁	△	◎	△	◎	△	◎	◎	○	△	◎	◎	◎
鋼矢板壁	◎	○	◎	◎	○	◎	○	○	○	◎	◎	◎
鋼管矢板壁	◎	○	◎	△	◎	○	◎	○	○	◎	○	○
ソイルセメント壁	◎	○	◎	○	◎	○	◎	◎	○	△	○	○
RC地中壁	◎	○	◎	△	◎	△	◎	◎	◎	△	△	△

◎：有利，○：普通，△：不利

表4.1.5 山留め壁の種類と特徴[4.1.1]

壁の種類と概念図	概要と特徴	適用性と留意事項
透水壁 — 親杭横矢板壁	・H形鋼等の親杭を一定の間隔で地中に打ち込み、掘削に伴って親杭間に木材もしくはコンクリート製の横矢板を挿入して築造する山留め壁 ・根入れ部分については連続性がなく、受働抵抗面積が小さい ・遮水性がないので地下水位の高い地盤では地下水処理を併用する必要がある	・小規模～中規模工事 ・地下水位の低い良質地盤には有効 ・山留めの壁としては最も安価 ・軟弱地盤への適用はほとんど実績なし ・地下水位の高い細砂層やシルト層のように根切りしてから横矢板を入れるまでの間に崩れてしまうような地盤への適用は不可
止水壁 — 鋼矢板壁	・U形等の断面形状の鋼矢板を継手部を噛み合わせながら連続して地中に打ち込んで築造する山留め壁 ・遮水性を有する ・掘削底面以下の根入れ部分についても連続性が保たれる	・小規模～大規模工事 ・掘削深さの目安としては15m程度まで ・地下水位の高い地盤や軟弱地盤にも適用化 ・遮水性のある山留め壁としては最も安価 ・継手部分に遊びがあるため、断面性能の低下を考慮する必要がある
鋼管矢板壁	・継手を有する鋼管矢板を互いに噛み合わせて連続して築造する山留め壁 ・鋼矢板に比べ、壁体の剛性が比較的大きく、鋼管内への中詰コンクリートを施すことによりさらに剛性を大きくすることが可能 ・鋼矢板よりも遮水性に優れる	・大規模工事 ・15mを超えるような大深度掘削への適応性が高い ・適応地盤の範囲は広いが、玉石、転石地盤には適用不可 ・工費は比較的高い
ソイルセメント壁	・単軸あるいは多軸の掘削攪拌機などを用いて原位置土とセメント系懸濁液を混合攪拌した後に芯材を挿入し、壁体を連続して築造する山留め壁 ・一般的には60～80%の廃泥が発生する ・必要に応じて、ソイルセメント部分のみを長く伸ばすことが可能	・中規模～大規模工事 ・地下水位の高い砂層地盤、砂礫地盤、軟弱地盤と適用範囲は広い ・地盤種別により、ソイルセメントの材料品質に差が生じるのでその品質管理が必要 ・柱列タイプでは接合部の遮水性に注意が必要
場所打ち鉄筋コンクリート地中壁	・安定液を用いて壁面の安定を保ちながら壁状の溝を専用の掘削機により掘削し、その溝に鉄筋籠を挿入後、コンクリートを打設し、壁体を連続して築造する山留め壁 ・壁の剛性が大きく、遮水性が高い ・本体構造物の一部として利用可能	・大規模工事 ・大深度掘削への適応性が高い ・地下水位の高い砂層地盤・砂礫地盤、軟弱地盤と適応地盤の範囲が広い ・エレメント接合部の遮水性に注意が必要 ・工費は比較的高い

表4.1.6 山留め支保工の種類と特徴[4.1.1]

支保工の形式と種類		特徴	留意事項
切梁方式	鋼製切梁工法	・支保工の形式としては実績が多く、信頼性も高い ・通常は H形鋼のボルト穴が加工されたリース材が使用される ・転用が可能で、比較的安価 ・プレロード導入が任意	・部材の継手が多く、鉄筋コンクリート製に比べ切梁の変形が大きい ・複雑な平面形状や80mを超える大スパンでの適用は難しい ・温度応力が大きい
	鉄筋コンクリート製切梁工法	・切梁、腹起しの断面性能が自由に選択でき平面形状にも拘束されない ・平面的剛性が大きく大きな軸力を支えられ、安全性が高い ・複雑な平面形状や大スパンでも適用可 ・切梁間隔を広く取ることができる	・ゆるみ、遊びによる変形がなく、鋼製に比べ、切梁の変形は小さい ・強度発現までの養生日数が必要 ・解体撤去に手間暇がかかる ・転用がきかない ・補強は困難 ・一般工法ではない
アンカー方式	地盤アンカー工法	・地盤との定着体部、アンカー自由長部および山留め壁と結合するアンカー頭部で構成される ・あらかじめプレストレスを導入する必要がある ・必要に応じて除去式アンカーを用いることができる ・どのような平面規模・形状に対しても適用可	・山留め壁に鉛直力が作用する ・全数について設計耐力の確認が必要 ・工期の短縮が図れる ・軟弱地盤への適用は不可 ・地下水の流れが速い場合(3m/min程度)には不適 ・被圧水が高い場合には施工に注意
	タイロッドアンカー工法	・タイロッドの控えアンカーとしては杭またはコンクリート製の梁やブロックなどが用いられる ・自立高さが小さい場合や山留め壁頭部の変形を抑制したい場合に有効	・頭部にはH形鋼などによる頬つなぎが必要 ・山留め壁外周部に控えアンカーを設けるだけの敷地の余裕が必要
逆打ち方式	逆打ち工法	※表4.1.2 逆打ち工法の欄を参照	

表4.1.7 地下水処理の方法[4.1.1]

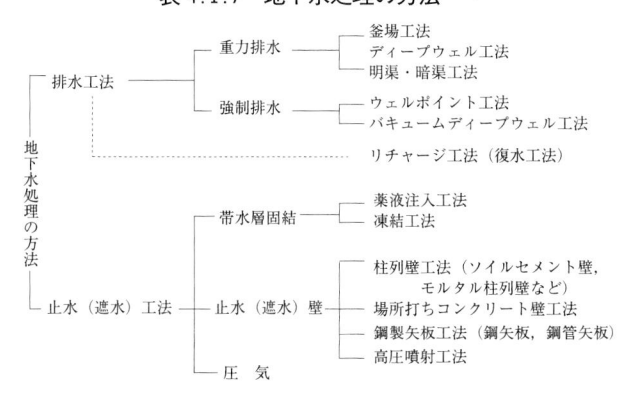

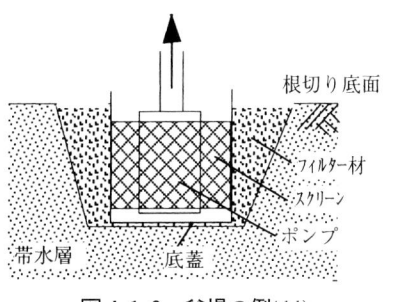

```
地下水処理の方法
├─ 排水工法
│   ├─ 重力排水 ── 釜場工法
│   │              ディープウェル工法
│   │              明渠・暗渠工法
│   ├─ 強制排水 ── ウェルポイント工法
│   │              バキュームディープウェル工法
│   └─ リチャージ工法(復水工法)
└─ 止水(遮水)工法
    ├─ 帯水層固結 ── 薬液注入工法
    │                凍結工法
    ├─ 止水(遮水)壁 ── 柱列壁工法(ソイルセメント壁,モルタル柱列壁など)
    │                  場所打ちコンクリート壁工法
    │                  鋼製矢板工法(鋼矢板, 鋼管矢板)
    │                  高圧噴射工法
    └─ 圧気
```

図4.1.9 釜場の例[4.1.1]

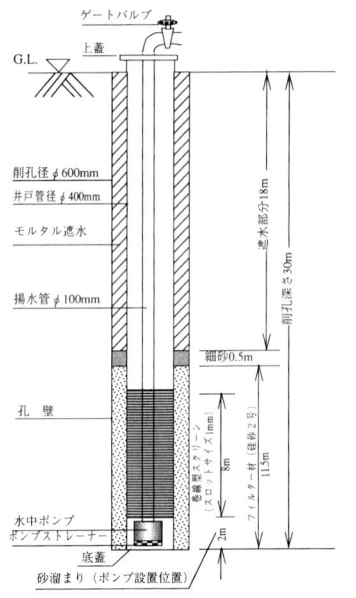

図 4.1.10 ディープウェルの標準的な構造例[4.1.1]

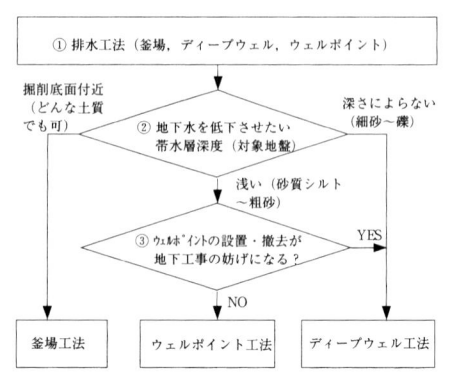

図 4.1.11 排水工法選定の概略フロー[4.1.1]

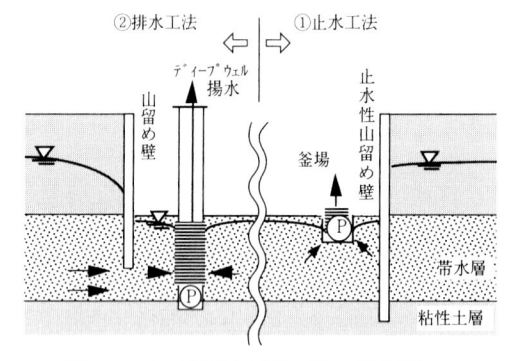

図 4.1.12 地下水処理工法の概念図[4.1.1]

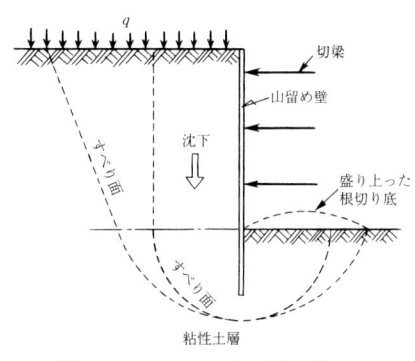

図 4.1.13 ヒービング現象[4.1.1]

軟弱な粘性土において，根切り底面に周辺の地盤が回り込んで盛り上がる現象．

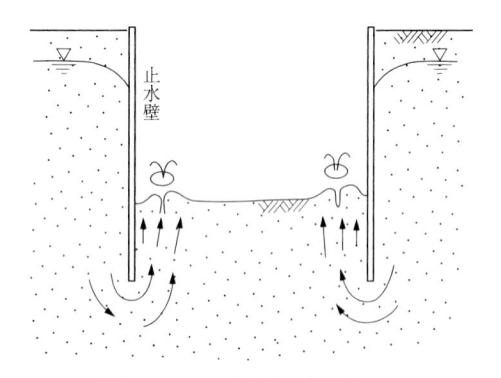

図 4.1.14 ボイリング現象[4.1.1]

砂質土のように透水性の大きな地盤において根切り面と，背面側の水位差により，砂粒子が水中で浮遊する現象．

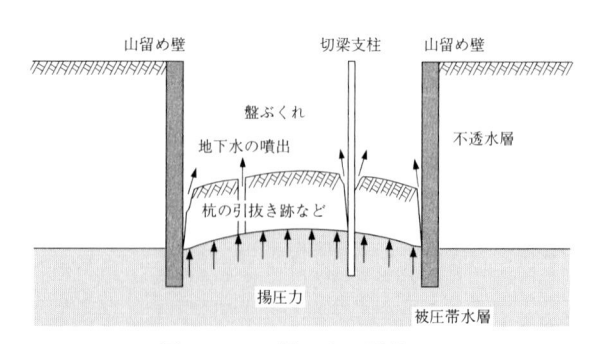

図 4.1.15 盤ぶくれ現象[4.1.1]

根切り面下に難帯水層があり，その下に被圧帯水層が存在し，被圧地下水の揚圧力が土被りより大きい場合に根切り底面が持ち上がる現象．

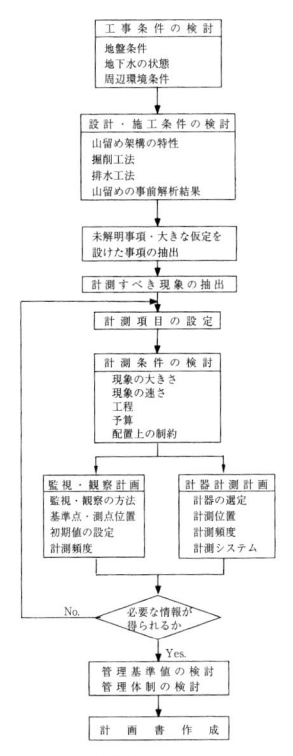

図 4.1.16　計測計画のフロー[4.1.1]

表 4.1.8　主な計測の対象と使用機器[4.1.1]

対象	項目	使用機器
山留め壁	山留め壁に作用する側圧と水圧	・壁面土圧計 ・壁面間隙水圧計
山留め壁	山留め壁変形	・挿入式傾斜計 ・固定式傾斜計 ・浮式変位計 ・(トランシット)
山留め壁	山留め壁に応力	・歪計 ・鉄筋計
山留め壁	RC地中壁コンクリート打設時温度	・電気式温度計
山留め架構 切梁腹起し支柱	切梁軸力	・歪計 ・(油圧計)
山留め架構 切梁腹起し支柱	地盤アンカー軸力	・センターホール形ロードセル
山留め架構 切梁腹起し支柱	腹起し応力	・歪計 ・鉄筋計
山留め架構 切梁腹起し支柱	腹起したわみ	・(水糸) ・(トランシット)
山留め架構 切梁腹起し支柱	支柱応力	・歪計
山留め架構 切梁腹起し支柱	支柱の沈下・浮上り	・(レベル)
山留め架構 切梁腹起し支柱	切梁温度	・温度計
根切り底	根切り底地盤の浮上り	・地層別沈下計 ・(二重管式沈下計)
根切り底	地下水	・観測井 ・間隙水圧計
周辺の地盤と構造物	沈下	・(レベル) ・(二重管式沈下計)
周辺の地盤と構造物	側方変位	・挿入式傾斜計 ・(トランシット)
周辺の地盤と構造物	地下水	・観測井 ・間隙水圧計
周辺の地盤と構造物	沈下	・(レベル) ・(二重管式沈下計) ・水盛管式沈下計
周辺の地盤と構造物	傾斜	・固定式傾斜計 ・(水準器) ・(下振り)
周辺の地盤と構造物	亀裂	・(スケール)

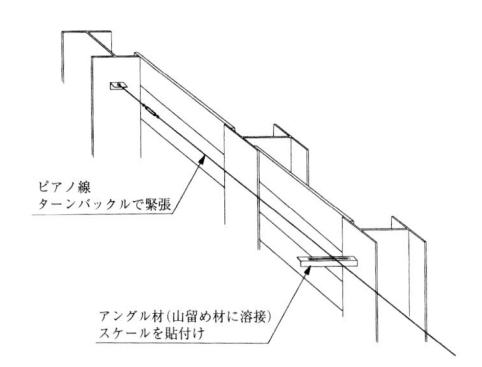

［注］カッコ内は監視・観察で使用する主な機器

図 4.1.17　ピアノ線を用いた山留め壁の変位計測[4.1.1]

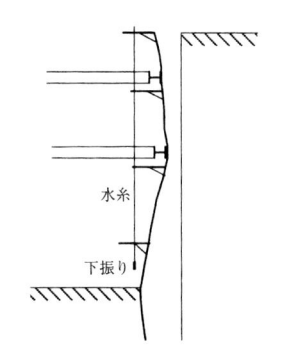

図 4.1.18　下振りによる山留め壁の変位計測[4.1.1]

表 4.1.9　限界値の例[4.1.1]

	対象物	限界値
山留め架構	山留め壁の応力 山留め壁の変形 切梁軸力 腹起し応力	山留めの許容応力度 設計クリアランス 山留めの許容応力度 山留めの許容応力度
周辺	周辺地盤沈下 周辺埋設物 　ガス管 　上水管 　下水管 　通信等のケーブル 地下鉄 周辺構造物	傾斜 1/200（道路等管理者がいる場合協議し決定） 有害な影響を与えない値を管理者と協議し決定

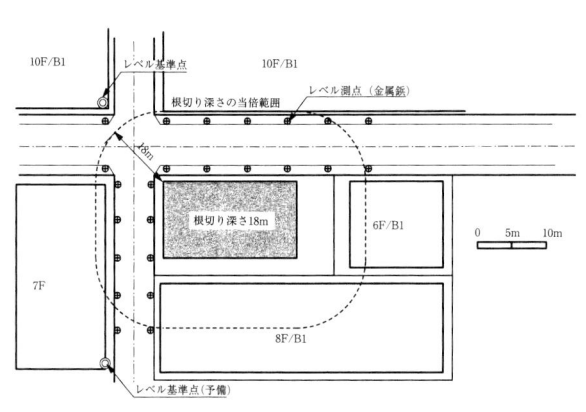

図 4.1.19　周辺地盤沈下計測計画例[4.1.1]

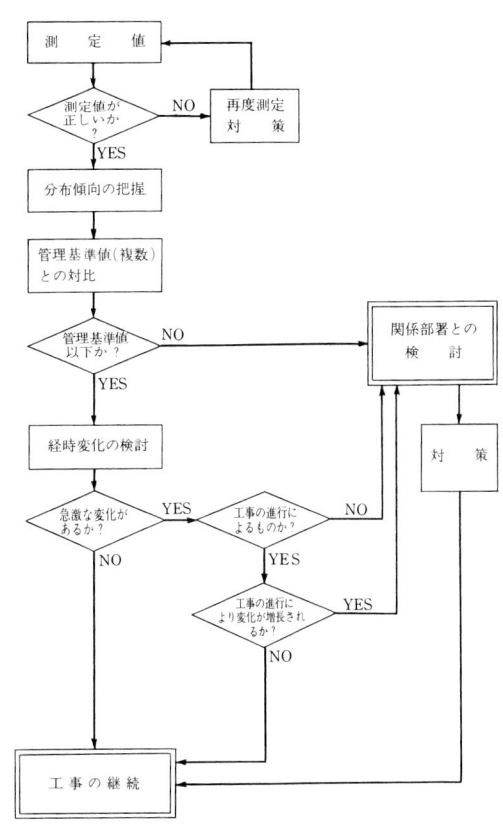

図 4.1.20　測定値の検討フロー例[4.1.1]

図 4.1.21　擁壁の種類[4.1.4]

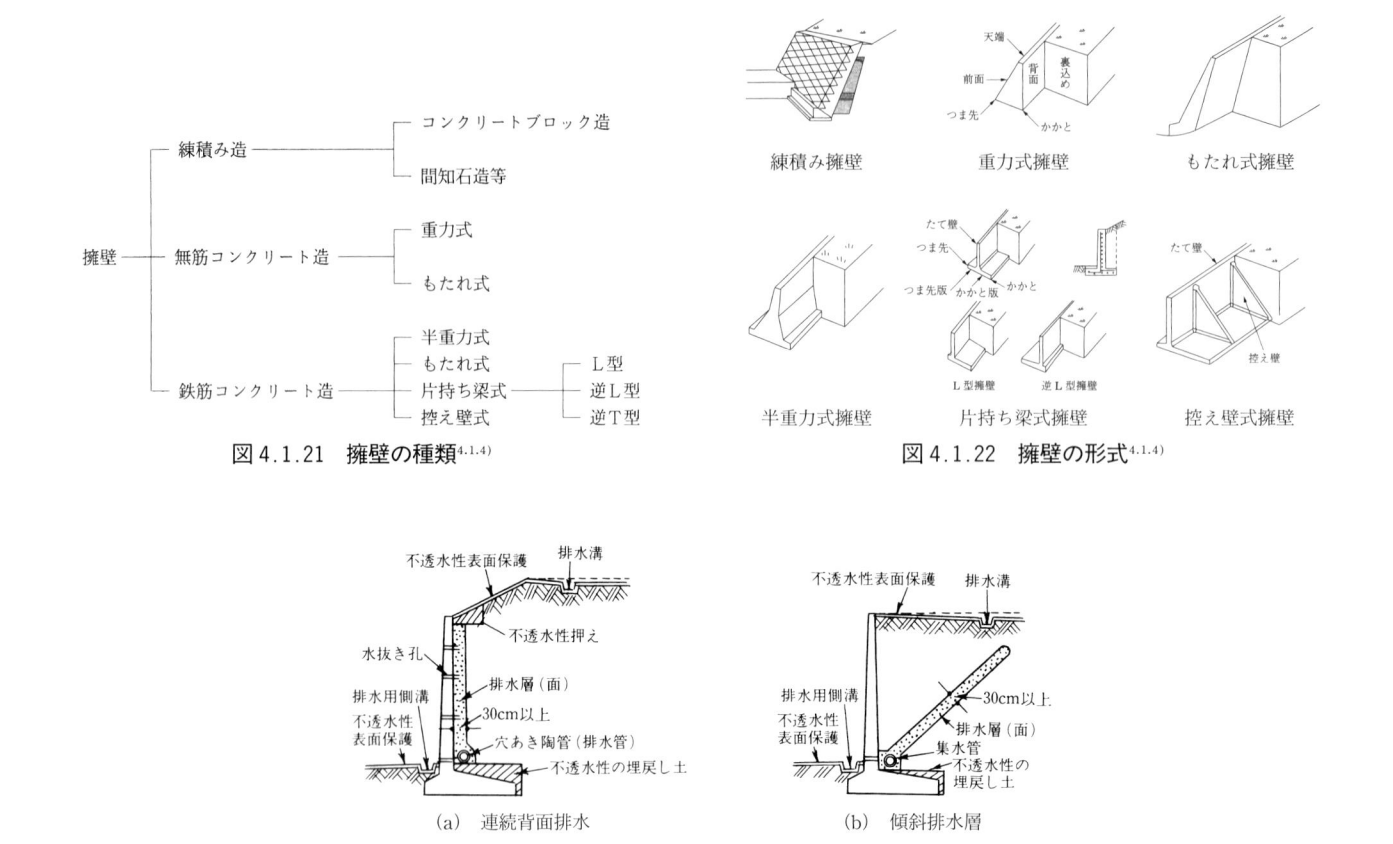

図 4.1.22　擁壁の形式[4.1.4]

図 4.1.23　擁壁の排水例[4.1.2]

4.2　地業および基礎スラブ工事

　建物荷重を支持地盤に伝達させるもの．基礎形式には，建物荷重を直接基礎底面地盤に伝達させて支持する直接基礎と，杭を施工し下部の支持地盤に伝達させて支持する杭基礎に大別される．これらの工事を総称し，地業工事および基礎スラブ工事と称する．地業工事には，杭工事（既製杭工事，場所打ちコンクリート杭工事），地盤改良工事，砂・砂利地業工事，捨コンクリート地業工事がある．

1　直 接 基 礎
・砂・砂利地業工事

　土工事で発生した地盤のゆるみの影響を緩和，捨コンクリートの下地をつくる．直接基礎を除いて打設コンクリートが固まるまでの自重の支持を目的に行う工事．砂・砂利地業，割石地業，地肌地業がある．

砂・砂利地業の例

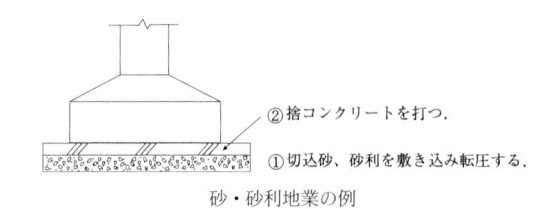

図 4.2.1　地業工事の施工例[4.2.1]

2 杭 基 礎

杭工事は，杭工法により，既製杭と場所打ちコンクリート杭に大別される．

(1) 既製杭工事

工場で製造された杭（既製コンクリート杭，鋼杭など）を建設現場に搬入し，杭の杭打ち機により地盤中に杭体を設置する．

・既製杭の種類

　杭材料および杭の施工法により分類される．杭材料による分類→既製コンクリート杭，鋼杭
　　　　　　　　　　　　　　　　　　　　　　　杭工法による分類→打込み工法，埋込み工法，圧入工法

・杭材による既製杭の分類

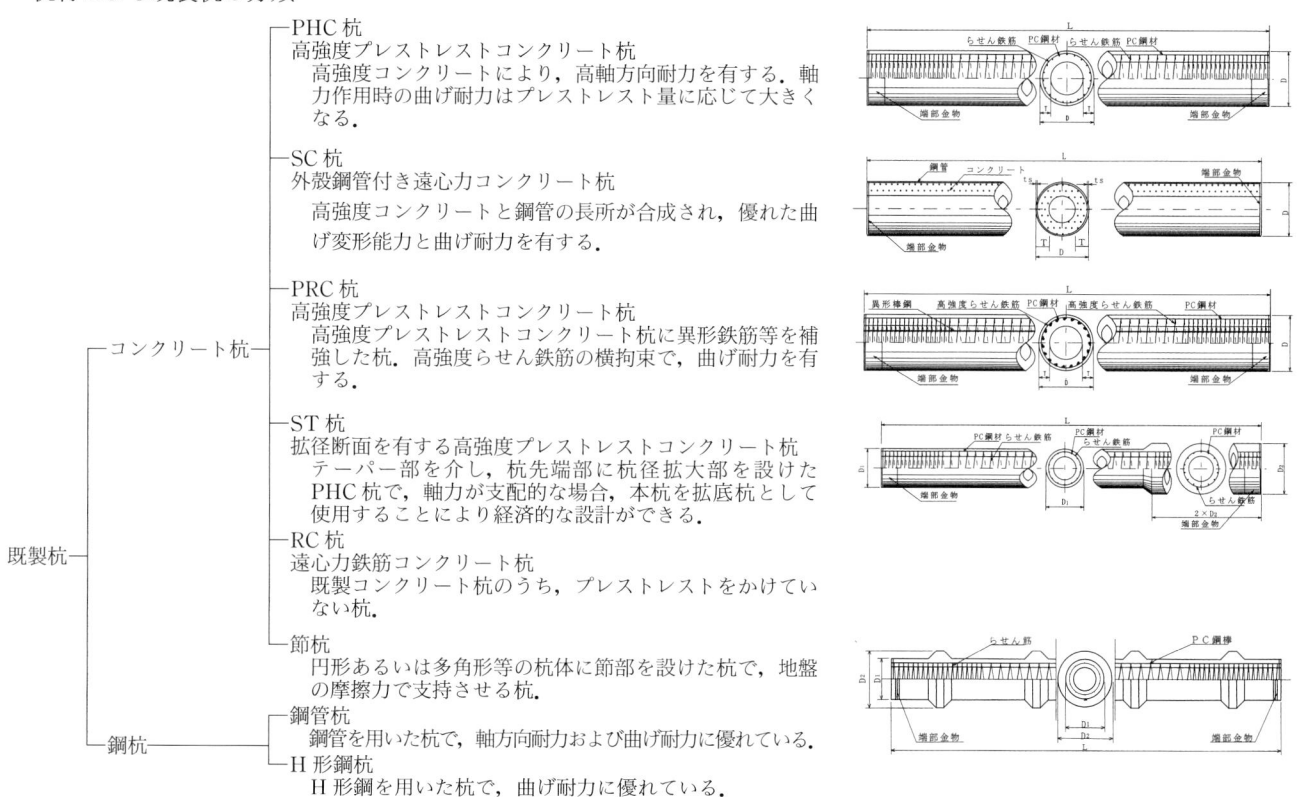

既製杭
- コンクリート杭
  - PHC杭
    高強度プレストレストコンクリート杭
    　高強度コンクリートにより，高軸方向耐力を有する．軸力作用時の曲げ耐力はプレストレス量に応じて大きくなる．
  - SC杭
    外殻鋼管付き遠心力コンクリート杭
    　高強度コンクリートと鋼管の長所が合成され，優れた曲げ変形能力と曲げ耐力を有する．
  - PRC杭
    高強度プレストレストコンクリート杭
    　高強度プレストレストコンクリート杭に異形鉄筋等を補強した杭．高強度らせん鉄筋の横拘束で，曲げ耐力を有する．
  - ST杭
    拡径断面を有する高強度プレストレストコンクリート杭
    　テーパー部を介し，杭先端部に杭径拡大部を設けたPHC杭で，軸力が支配的な場合，本杭を拡底杭として使用することにより経済的な設計ができる．
  - RC杭
    遠心力鉄筋コンクリート杭
    　既製コンクリート杭のうち，プレストレスをかけていない杭．
  - 節杭
    　円形あるいは多角形等の杭体に節部を設けた杭で，地盤の摩擦力で支持させる杭．
- 鋼杭
  - 鋼管杭
    　鋼管を用いた杭で，軸方向耐力および曲げ耐力に優れている．
  - H形鋼杭
    　H形鋼を用いた杭で，曲げ耐力に優れている．

図4.2.2　既製杭の杭材料による種類と特徴[4.2.2)]

・杭工法による既製杭工法の分類と特徴

表4.2.1　既製杭工法の選定表[4.2.2)]

杭工法			硬質地盤	軟弱地盤	長尺杭	経済性	騒音・振動	発生土	特徴・その他
打込み工法	打撃（直打ち）工法		△	○	△	◎	△	◎	振動，騒音から施工現場が限定される．杭の品質管理が困難．
	プレボーリング併用打撃工法								
埋込み工法	プレボーリング工法	セメントミルク工法（プレボーリング根固め工法）	△	○	△	○	○	△	地盤条件，施工条件により工法が限定されたり，施工時間がかかる．
		プレボーリング拡大根固め工法 特定埋込み工法※							
		プレボーリング最終打撃工法							
	中掘り工法	中掘り拡大根固め工法 特定埋込み工法※	○	○	○	△	○	△	
		中掘り根固め工法							
		中掘り打撃工法							
圧入工法	押込み工法 特定埋込み工法※		△	○	△	△	○	○	強固な礫地盤や，硬質岩盤での施工には注意を要する．
	回転貫入工法 特定埋込み工法※								

[注]※：表中の特定埋込み工法は，各工法で定められた適用範囲，施工手順に従い施工を行う．　　　　　　◎：最適　○：適　△：検討

44　4章　地下工事

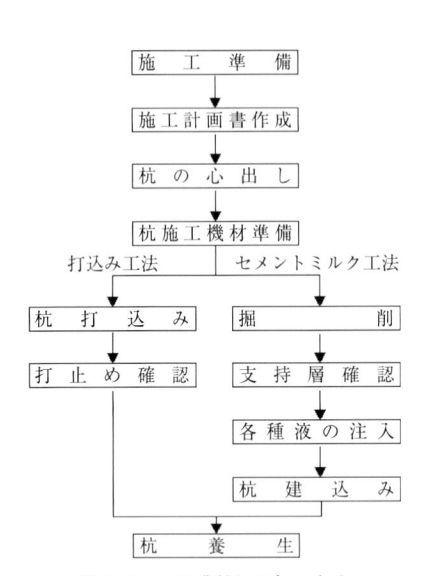

図4.2.3　既製杭工事の主な施工の流れ

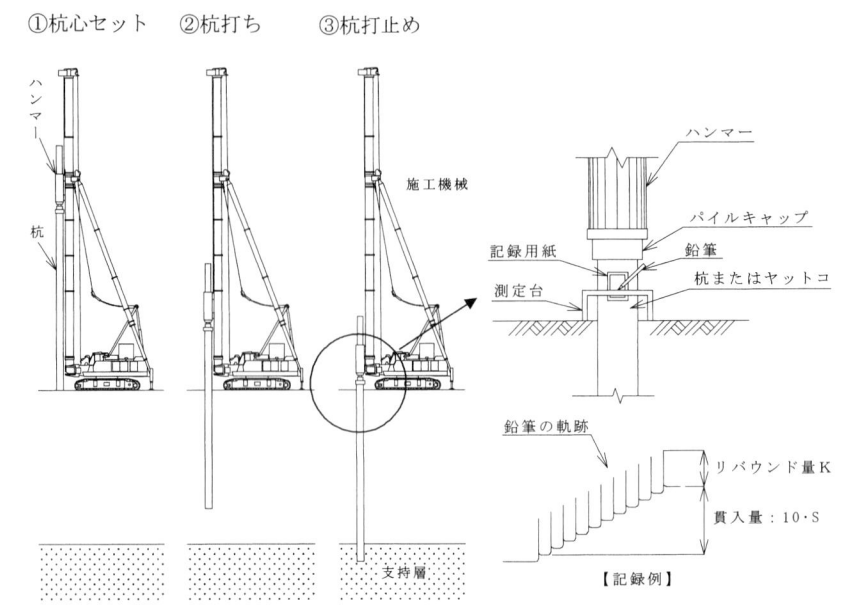

図4.2.4　打込み工法の主な施工設備と施工手順の例[4.2.2)]

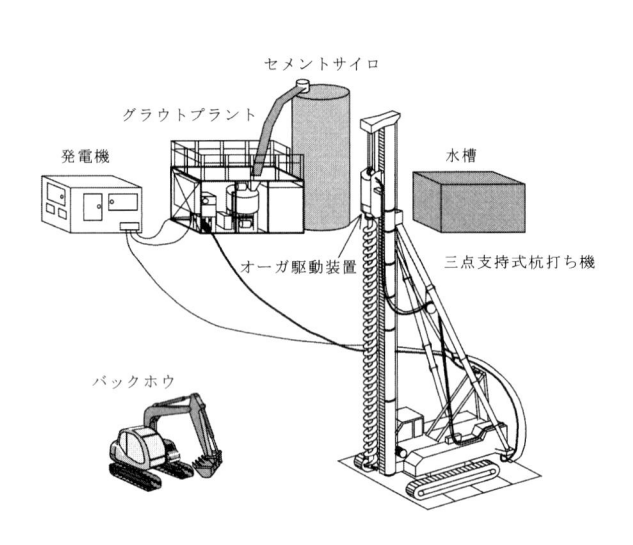

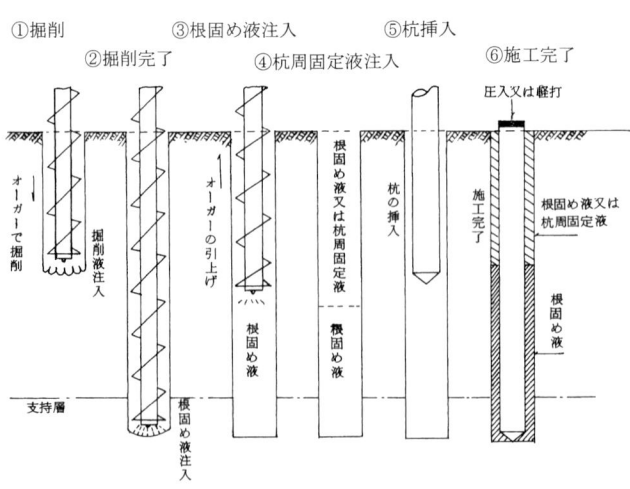

＊特定埋込み工法は，各工法の施工手順に従う．

図4.2.5　埋込み工法の主な施工設備と施工手順の例（セメントミルク工法）[4.2.2),4.2.3)]

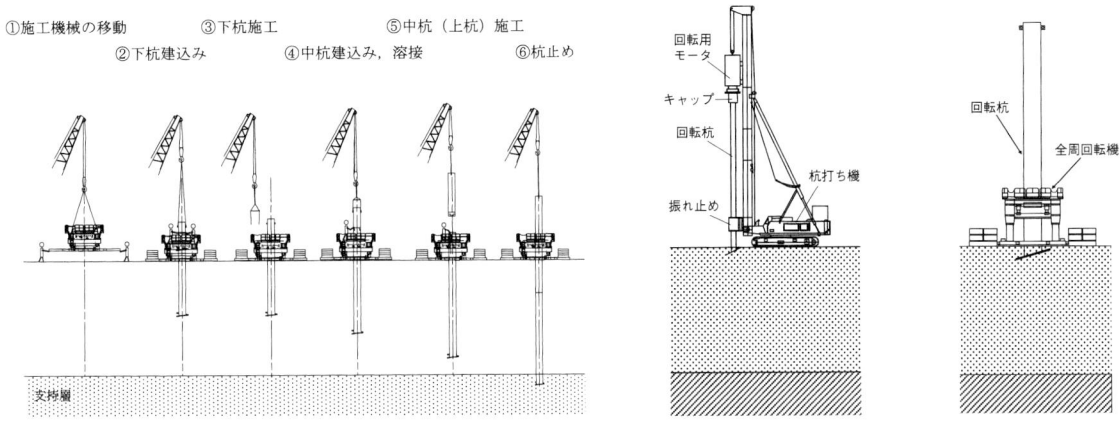

図 4.2.6　圧入工法の主な施工設備と施工手順の例[4.2.2)]

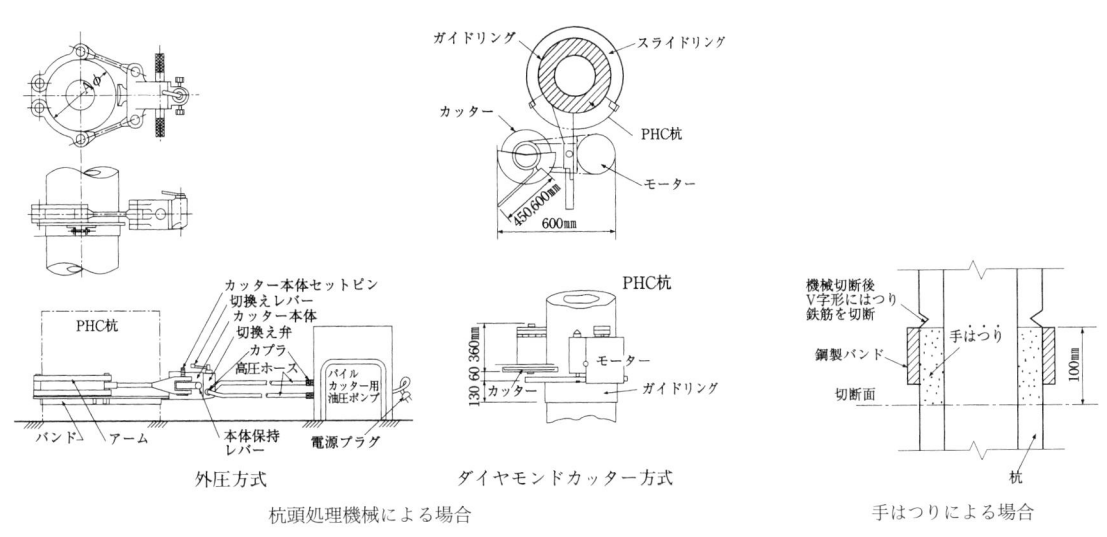

図 4.2.7　既製コンクリート杭の杭頭処理方法の例[4.2.1)]

（2）　場所打ちコンクリート杭工事

建設現場で地盤に杭施工機械により杭孔の削孔を行い，造成された孔中に鉄筋かごを設置した後，コンクリートを打設し杭を施工する．

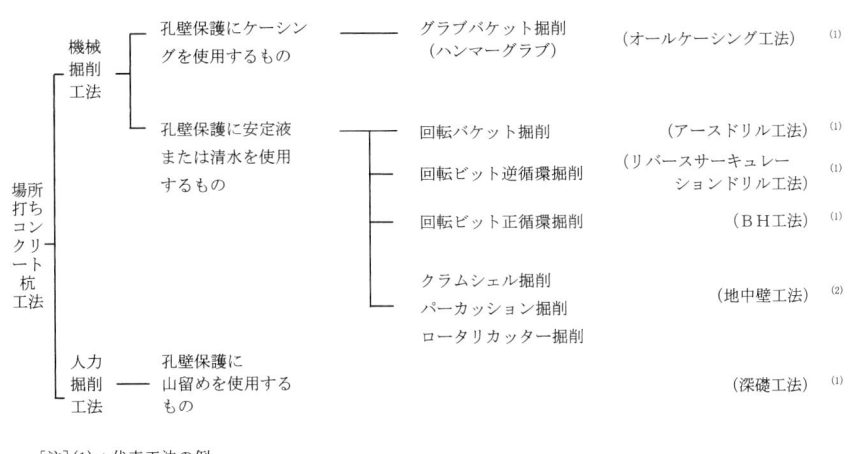

図 4.2.8　場所打ちコンクリート杭工法の分類[4.2.2)]

表4.2.2 場所打ちコンクリート杭工法の選定表[4.2.2)]

杭工法		硬質地盤	軟弱地盤	長尺杭	経済性	騒音・振動	発生土	特徴・その他
機械掘削工法	オールケーシング工法	◎	○	◎	△	○	△	施工精度，掘削性とも良いが，やや費用が割高となる．揺動式のものは以前はベノト工法とも呼ばれた．
	アースドリル工法	○	○	◎	○	○	△	工法により杭径や杭長に対応できるが，残土・安定液の処理が必要．
	リバースサーキュレーションドリル工法	○	○	◎	△	○	△	建築では，一般的に採用される工法で，拡底杭工法，鋼管を併用する工法が多数存在する．
	BH工法	△	○	△	△	○	△	
人力掘削工法	深礎工法	△	○	△	◎	◎	△	浅い支持層の場合採用される．掘削を人力で行うため，機器類や設備は簡便に済まされるが，労働環境に注意が必要である．地下水位を掘削深さ（床付け面）より下げておく必要がある．

◎：最適　○：適　△：検討

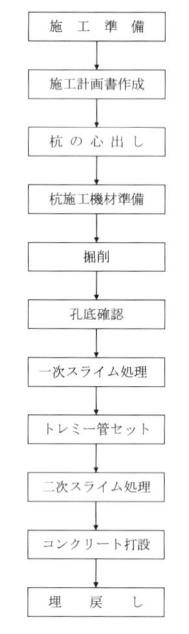

図4.2.9 場所打ちコンクリート杭工事の主な施工の流れ

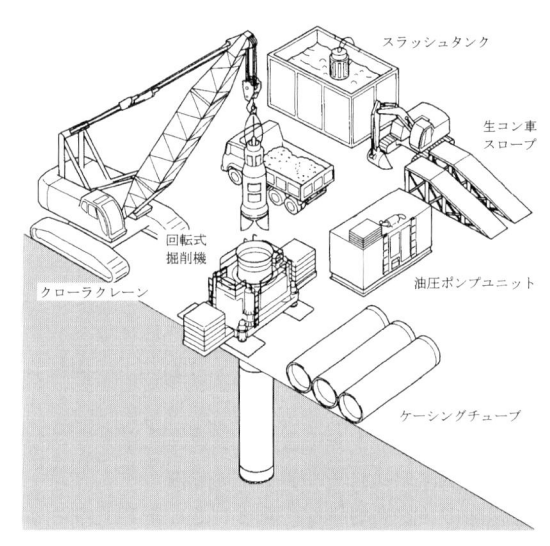

図4.2.10 オールケーシング工法の施工設備の構成例[4.2.4)]

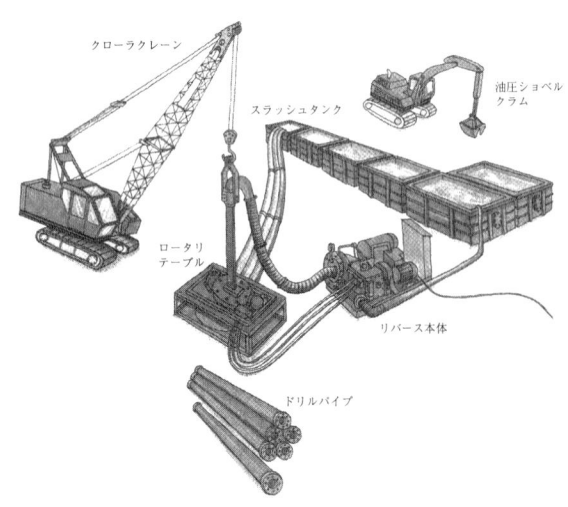

図4.2.11 リバースサーキュレーションドリル工法の施工設備の構成例[4.2.4)]

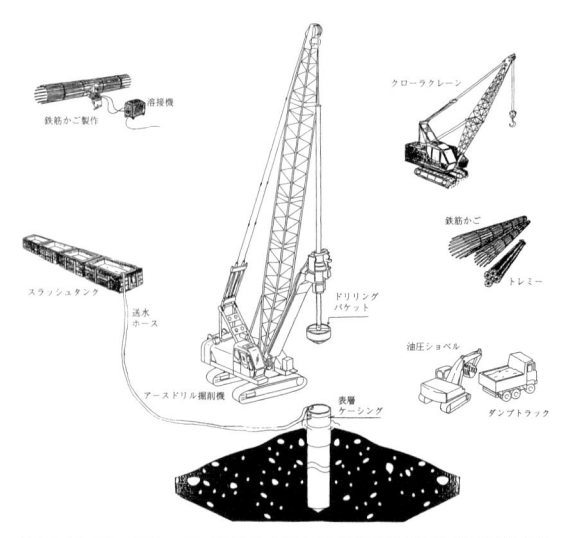

図4.2.12 アースドリル工法の施工設備の構成例[4.2.4)]

4.2 地業および基礎スラブ工事

・拡底杭工法

場所打ちコンクリート杭の杭先端部を拡径掘削し，杭先端支持力の増大を図る杭工法．

施工は，軸部の掘削と拡底部の掘削に分けて行われる．軸部掘削はオールケーシング工法，アースドリル工法，リバースサーキュレーション工法のいずれかで行われ，拡底部掘削はアースドリル工法，リバースサーキュレーションドリル工法のいずれかで行われる．

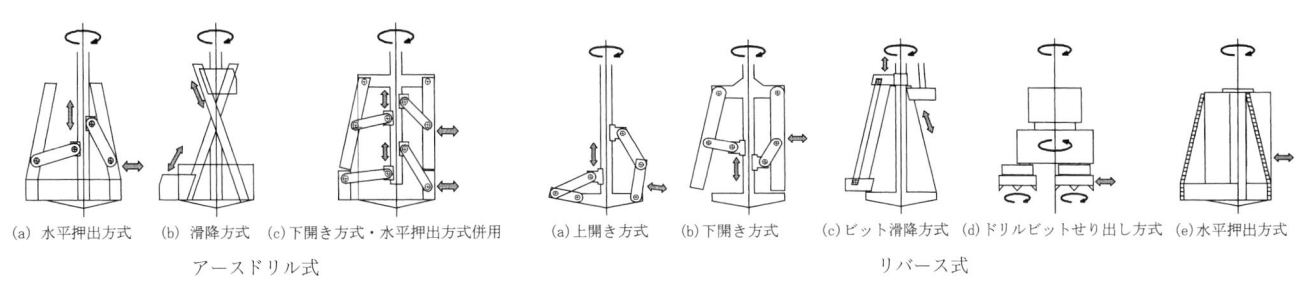

(a) 水平押出方式　(b) 滑降方式　(c) 下開き方式・水平押出方式併用
アースドリル式

(a) 上開き方式　(b) 下開き方式　(c) ビット滑降方式　(d) ドリルビットせり出し方式　(e) 水平押出方式
リバース式

図 4.2.13　拡底杭掘削バケットの例[4.2.2]

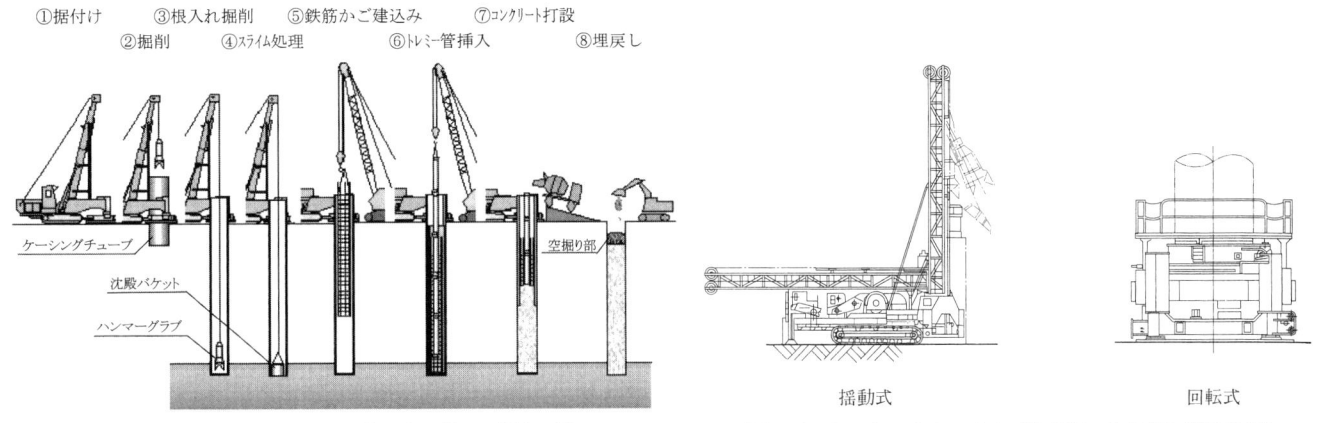

①据付け　③根入れ掘削　⑤鉄筋かご建込み　⑦コンクリート打設
②掘削　④スライム処理　⑥トレミー管挿入　⑧埋戻し

図 4.2.14　オールケーシング工法の施工手順の例[4.2.2]

揺動式　回転式

図 4.2.15　オールケーシング工法による施工機械[4.2.1]

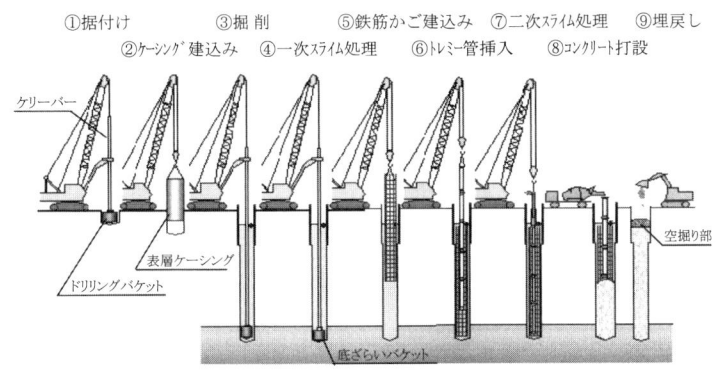

①据付け　③掘削　⑤鉄筋かご建込み　⑦二次スライム処理　⑨埋戻し
②ケーシング建込み　④一次スライム処理　⑥トレミー管挿入　⑧コンクリート打設

図 4.2.16　アースドリル工法の施工手順の例[4.2.2]

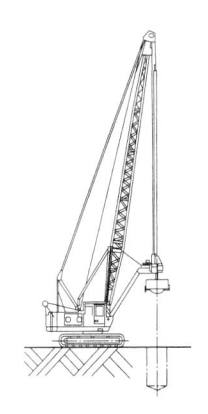

図 4.2.17　アースドリル工法による施工機械[4.2.1]

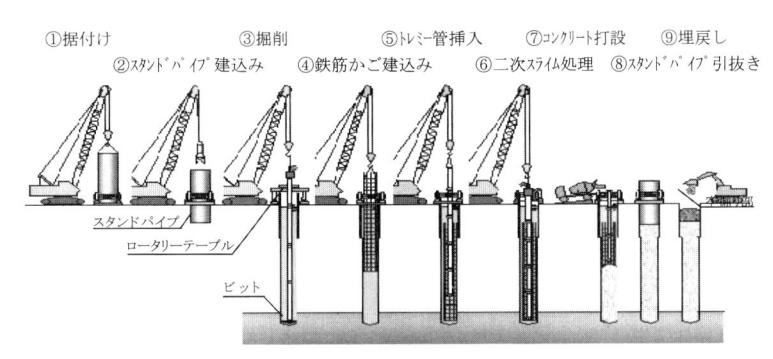

①据付け　③掘削　⑤トレミー管挿入　⑦コンクリート打設　⑨埋戻し
②スタンドパイプ建込み　④鉄筋かご建込み　⑥二次スライム処理　⑧スタンドパイプ引抜き

図 4.2.18　リバースサーキュレーションドリル工法の施工手順の例[4.2.2]

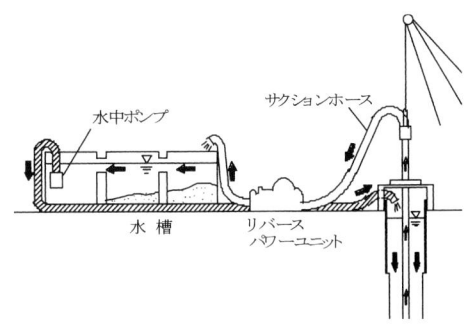

図 4.2.19　リバースサーキュレーションドリル工法による掘削方法[4.2.2]

48　4章　地下工事

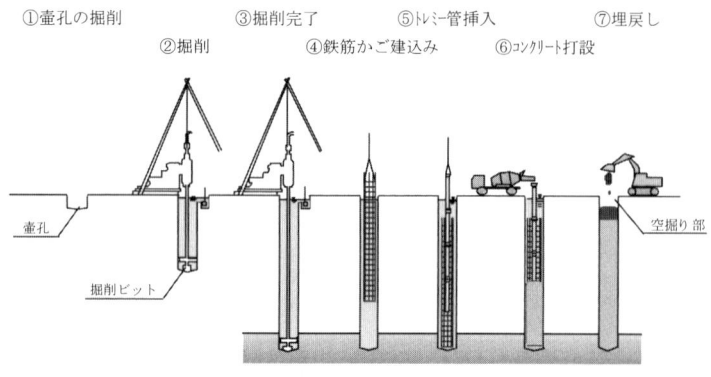

図4.2.20　BH工法の施工手順の例[4.2.2)]

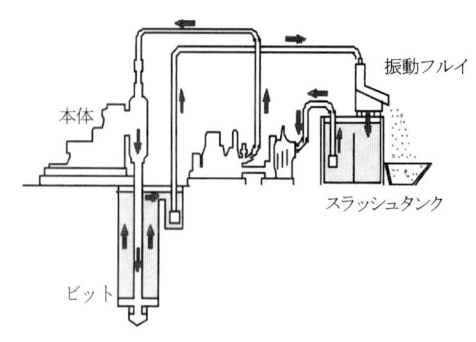

図4.2.21　BH工法による掘削方法[4.2.2)]

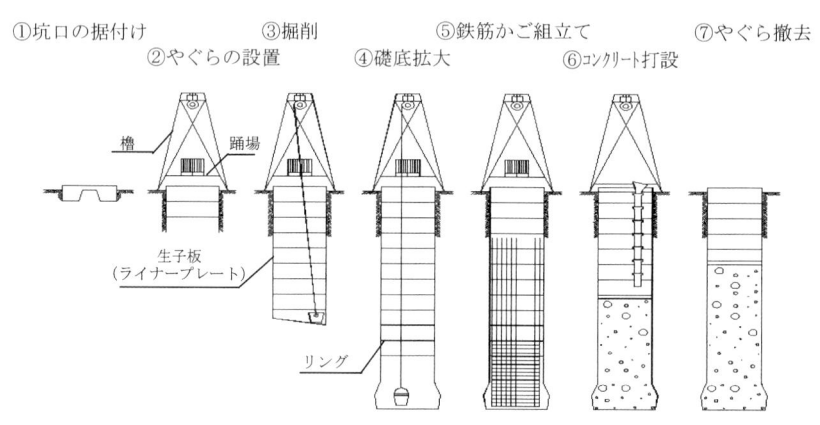

図4.2.22　深礎工法の施工手順の例[4.2.2)]

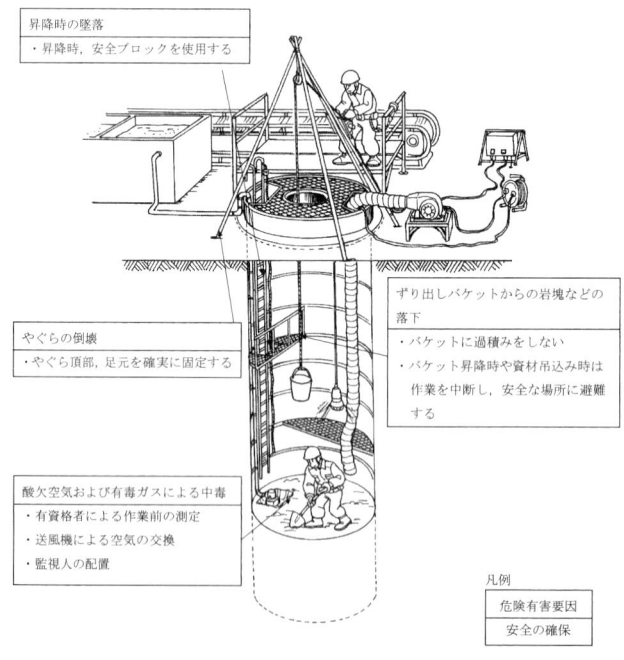

図4.2.23　深礎工法の施工設備の例[4.2.2)]

4.2 地業および基礎スラブ工事　49

・場所打ちコンクリート杭工事の施工管理
　安定液の管理（比重，粘性），孔壁測定（超音波孔壁測定）などにより施工品質を確保する．

管理項目	単位	ベントナイト系安定液		CMC系安定液		測定時期	使用機器および測定方法
		掘削中	コンクリート打込み前	掘削中	コンクリート打込み前		
比重		1.02～1.20		1.01～1.20		1日1回または1本に1回	重量測定法（ファンネル粘度計の安定液重量）．マッドバランス
ファンネル粘性Fv	sec	22～30		20～30		1日1回または1本に1回	ファンネル粘度計(500 mlの流出時間)
ろ過水量Fl	ml	20以下		30以下		CMC系安定液の場合1日1回または1本に1回	ろ過試験器 加圧力294kPaで30分
砂分	%	5以下	1以下	5以下	1以下		砂分計
pH		7～10.5		7～11.5		1日1回または1本に1回	pHメータ

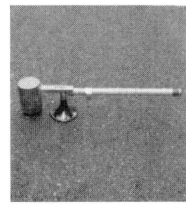

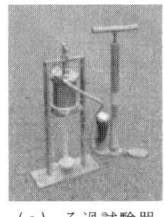

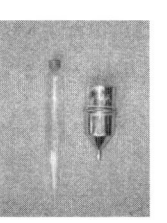

(a) マッドバランス　(b) ファンネル粘度計　(c) ろ過試験器　(d) 砂分計

図4.2.24　安定液の管理項目と管理基準値および安定液試験器の例[4.2.2)]

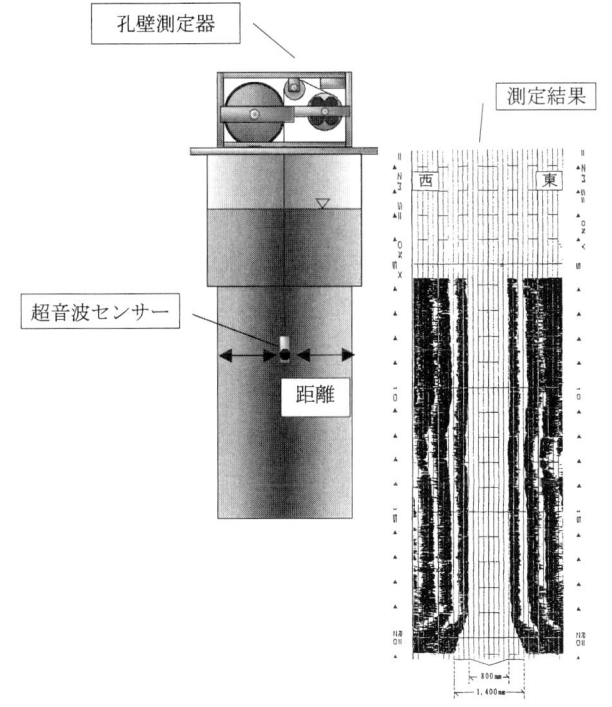

図4.2.25　超音波孔壁測定装置と孔壁測定の例[4.2.2)]

(3) 載荷試験

杭の支持力を確認するために実施する載荷試験で，鉛直載荷試験，水平載荷試験，引抜き試験がある．

表4.2.3　鉛直載荷試験の種類と特徴[4.2.2)]

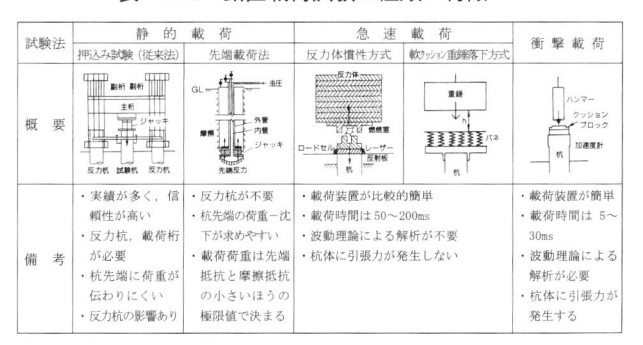

試験法	静的載荷		急速載荷		衝撃載荷
	押込み試験（従来法）	先端載荷法	反力体慣性方式	軟クッション重錘落下方式	
概要	（図）	（図）	（図）	（図）	（図）
備考	・実績が多く，信頼性が高い ・反力杭，載荷桁が必要 ・杭先端に荷重が伝わりにくい ・反力杭の影響あり	・反力杭が不要 ・杭先端の荷重一沈下が求めやすい ・載荷荷重は先端抵抗と摩擦抵抗の小さいほうの極限値で決まる	・載荷装置が比較的簡単 ・載荷時間は50～200ms ・波動理論による解析が不要 ・杭体に引張力が発生しない	・載荷装置が簡単 ・載荷時間は5～30ms ・波動理論による解析が必要 ・杭体に引張力が発生する	

4章 地下工事

(4) 地盤改良工事

・地盤改良の種類

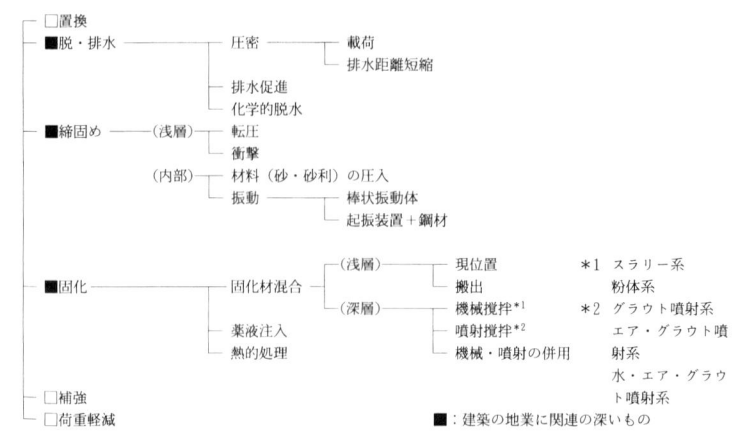

図4.2.26 地盤改良の改良原理による分類と具体的方法[4.2.5)]

・地盤改良工法の選定

地盤改良の目的，対象とする地盤条件に応じ適切な工法を選定する．

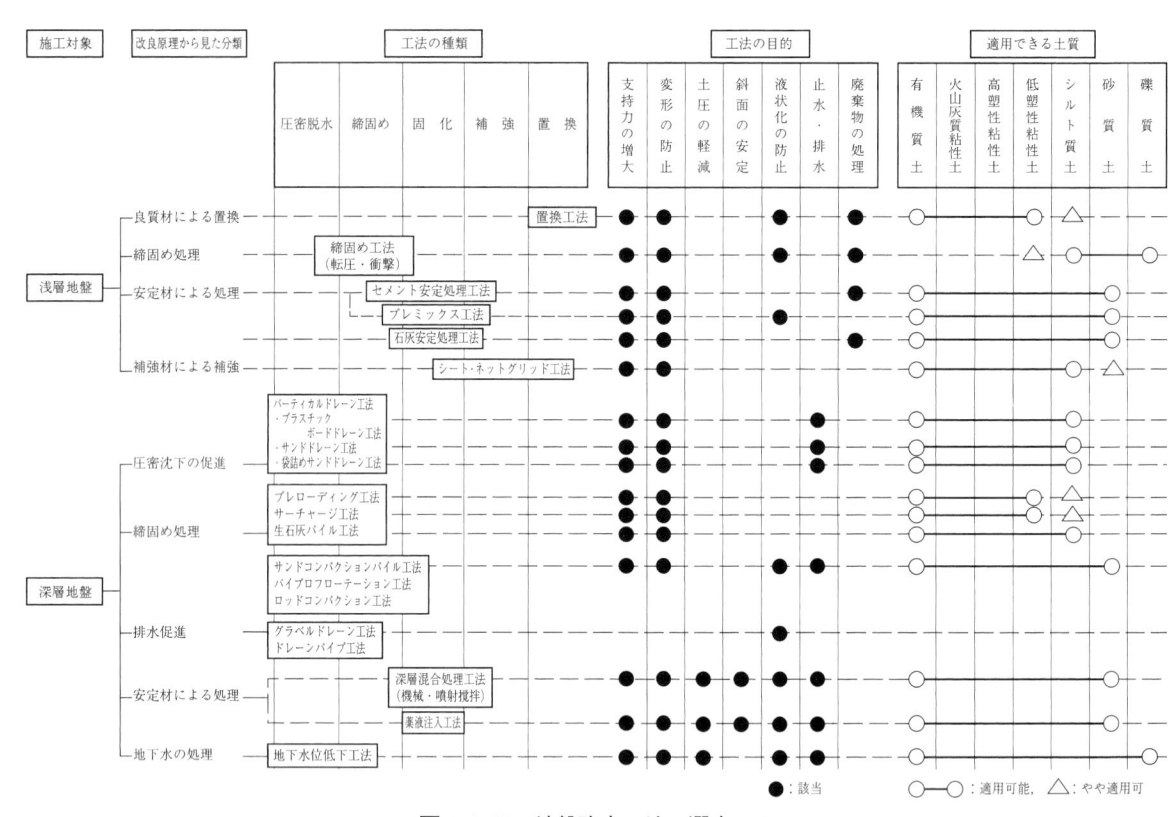

図4.2.27 地盤改良工法の選定[4.2.2)]

・浅層混合地盤改良工事

袋物を人力にて配置，解体し，レーキにて均一に敷き均す

フレコンバッグをクレーン車等で吊り，底の紐を引き材料を落下させ，レーキにて均一に敷き均す

固化材の散布・敷均し　　混合撹拌　　転圧

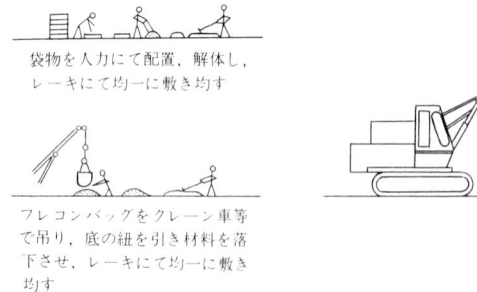

転圧はタイヤローラーなどを用いて行う．転圧は有効深さが40cm程度であり，一度の地盤改良深さをこれ以下にし，下方より順に改良を行う．

図4.2.28 浅層混合地盤改良工法の施工手順[4.2.2)]

4.2 地業および基礎スラブ工事　51

・深層混合地盤改良工事
　締固め工法（バイブロフローテーション工法）の施工手順

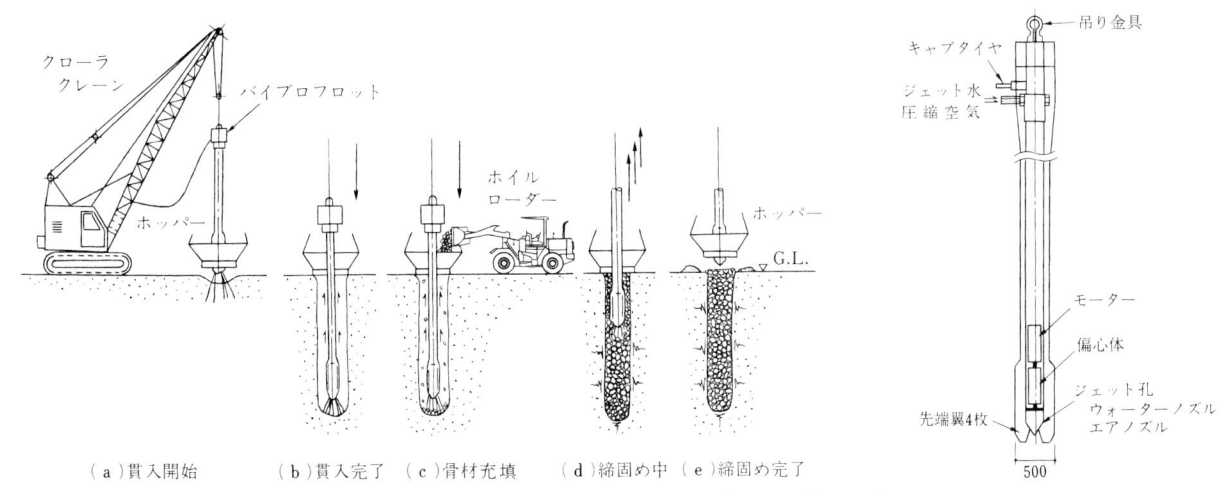

(a) 貫入開始　(b) 貫入完了　(c) 骨材充填　(d) 締固め中　(e) 締固め完了

図 4.2.29　締固め工法による深層地盤改良工法の施工手順[4.2.2)]

・固化工法（深層混合地盤改良工法）の施工手順

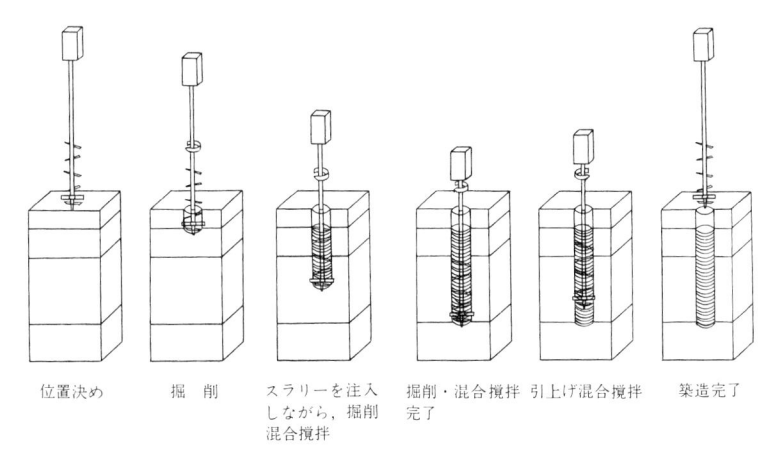

位置決め　掘削　スラリーを注入しながら，掘削混合撹拌　掘削・混合撹拌完了　引上げ混合撹拌　築造完了

噴射式固化改良の例

機械式固化改良工法の例

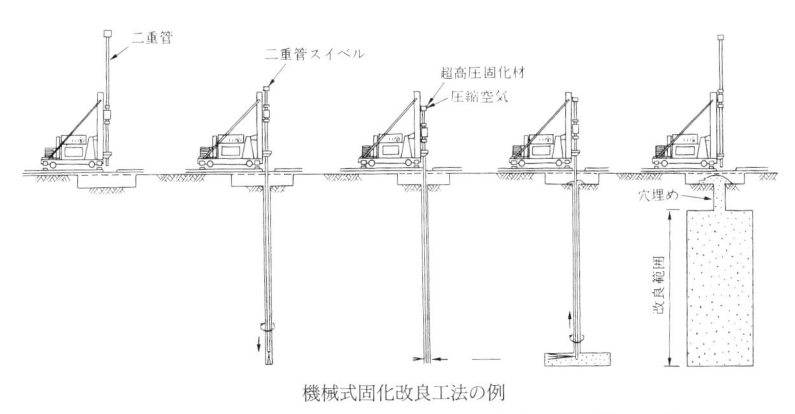

図 4.2.30　固化工法による深層混合地盤改良工法の施工手順[4.2.2)]

（5） 地耐力確認試験（地盤の平板載荷試験）

基礎底面地盤の地耐力確認のために実施する．地盤の載荷試験．

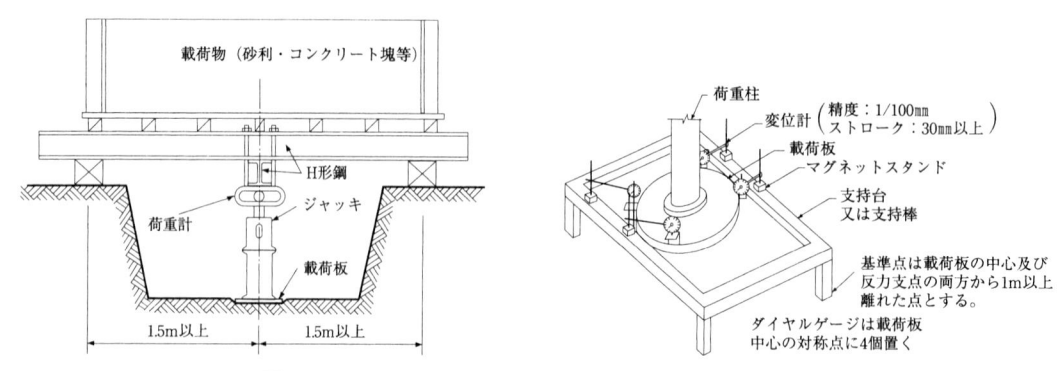

図4.2.31 平板載荷試験による地耐力確認試験の例[4.2.1]

5章　躯体工事

5.1　木工事（戸建住宅）

1　軸組工事

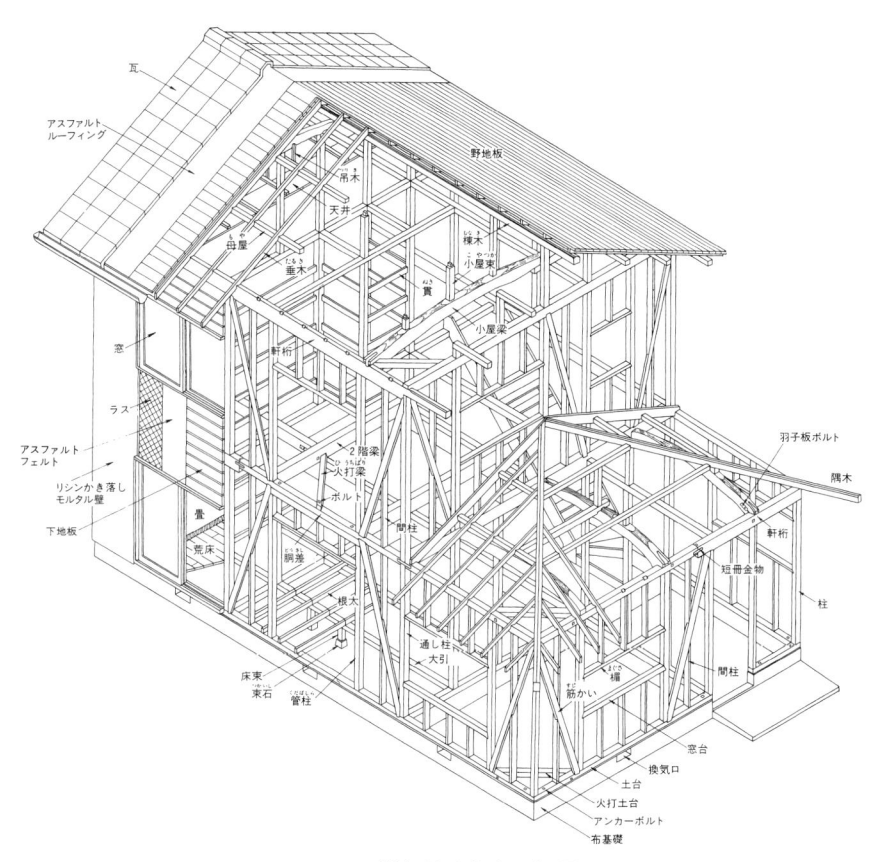

図5.1.1　軸組構法住宅の概要[5.1.1)]

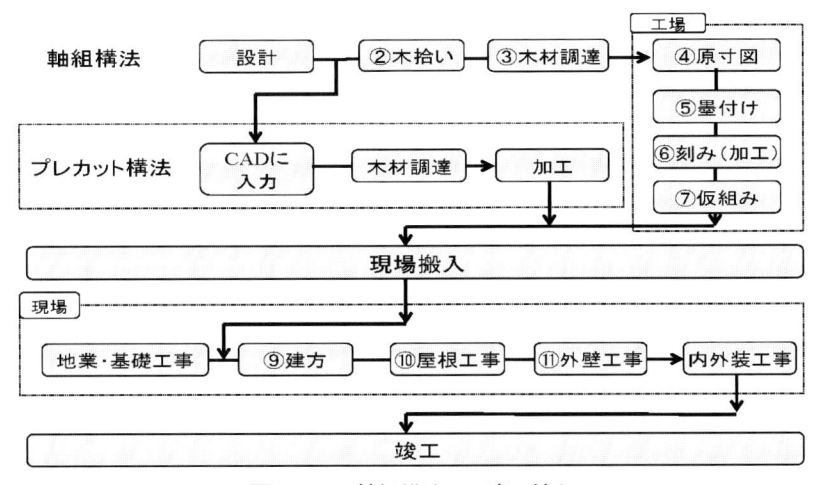

図5.1.2　軸組構法の工事の流れ

54　5章　躯体工事

（1）設　計

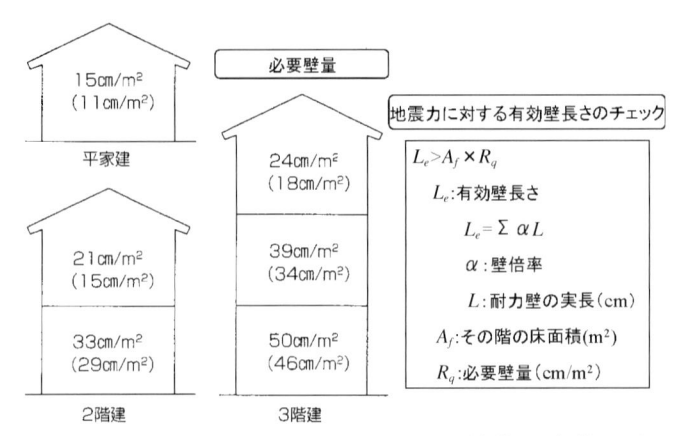

図5.1.3　地震力に対する壁量のチェック（令第46条第4項）

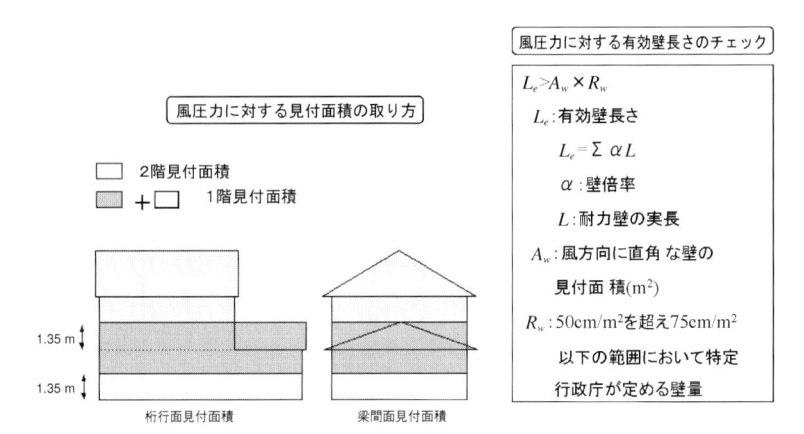

図5.1.4　風圧力に対する壁量のチェック（令第46条第4項）

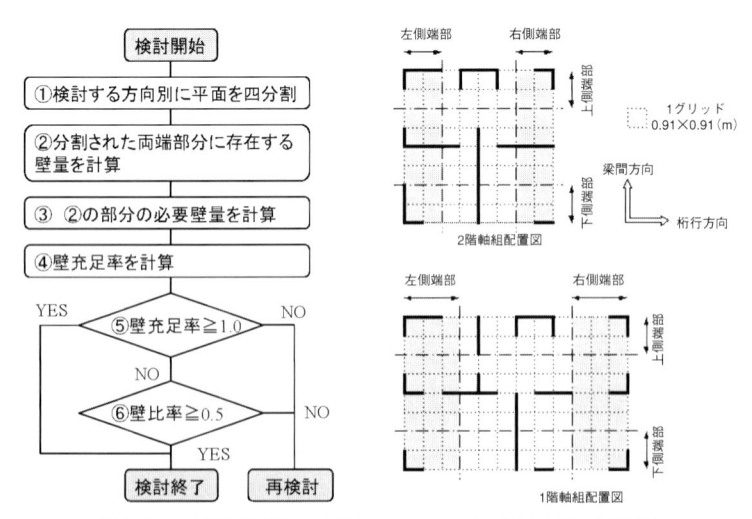

図5.1.5　軸組配置のバランスチェック（告示第1352号）

(2) 木拾い

表5.1.1　木拾い表

No.	名　　称	樹種	等級	寸法 長 m	寸法 幅 mm	寸法 厚 mm	数量	単位	材積 m³	備考
1-1	土台	ひば	1等	4.00	120	120	12	本	0.6912	
2	土台	ひば	1等	3.00	120	120	7	本	0.3024	
3	打土台	ひば	1等	1.00	105	105	8	本	0.0882	
·										
·										
2-1	通柱	ひのき	無節	6.00	120	120	6	本	0.5184	
2	管柱	ひのき	無節	4.00	120	120	18	本	1.0368	
3	管柱	ひのき	特1	3.00	105	105	42	本	1.3892	
·										
·										
3-1	大引	ひのき	1等	2.00	120	60	16	本	0.2304	
2	根太	すぎ	1等	4.00	55	45	60	本	0.594	
3	荒床板	すぎ	1等	2.00	210	15	9	坪	0.0455	
·										
·										
7-1	敷居，鴨居	ひのき	無節	2.00	120	30	18	本	0.1296	
2	縁甲板	まつ		4.00	105	15	3	坪	0.0455	
3	見切縁	すぎ	上小	2.00	45	40	12	本	0.0432	
·										
·						小計				

(3) 木材の調達

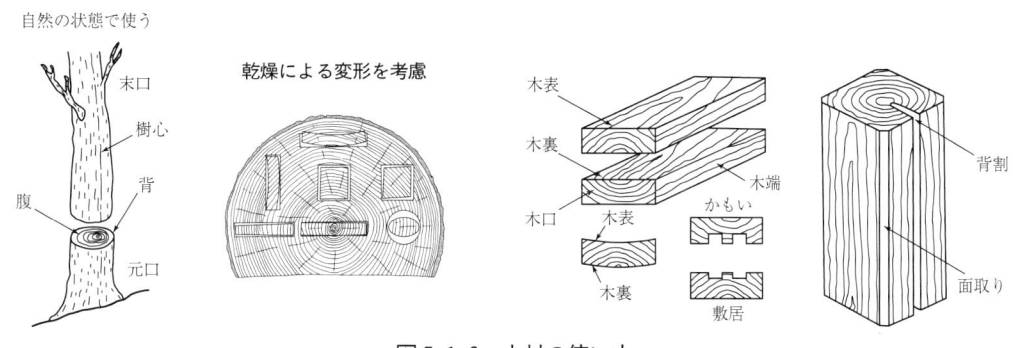

図5.1.6　木材の使い方

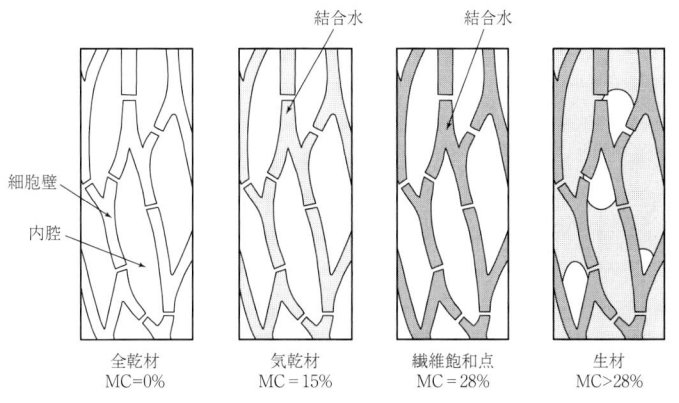

図5.1.7　木材の含水状態概念図

56　5章　躯体工事

（4）工場加工

屋根など複雑な形状の場合原寸図を作成し、型板に形状を映す

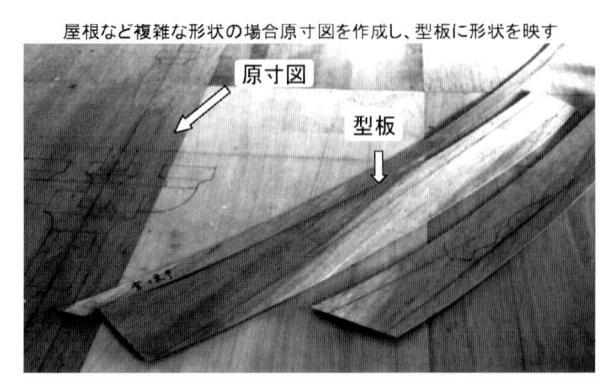

図5.1.8　原寸図

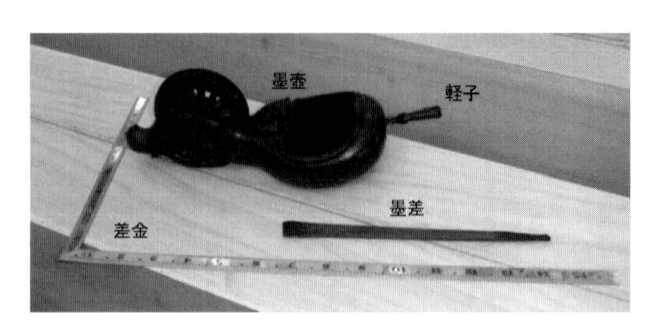

図5.1.9　墨付けに用いる道具

下ごしらえ（木造り）に使用する木工機械

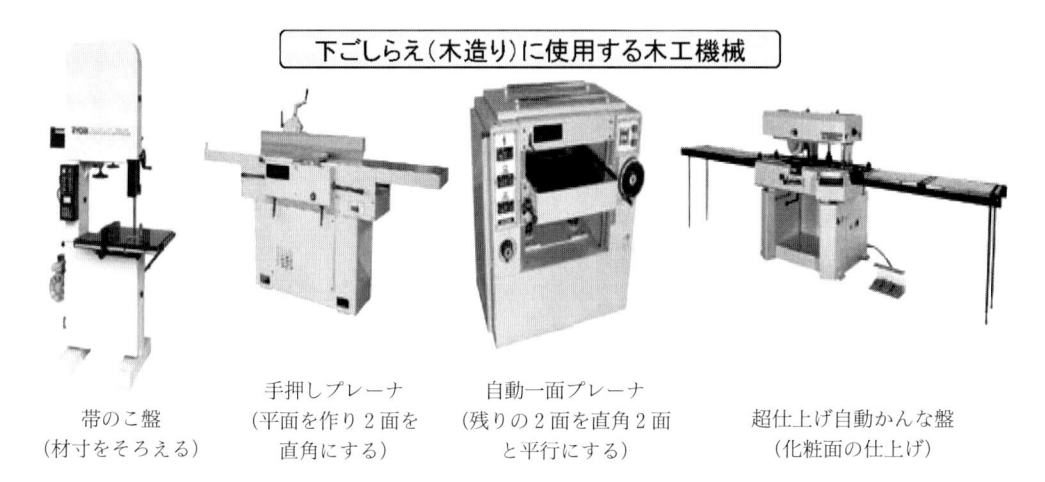

帯のこ盤
（材寸をそろえる）

手押しプレーナ
（平面を作り2面を
直角にする）

自動一面プレーナ
（残りの2面を直角2面
と平行にする）

超仕上げ自動かんな盤
（化粧面の仕上げ）

刻み（加工）に使用する木工機械

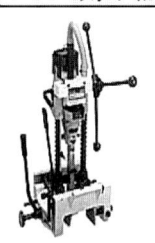

丸のこ　　角のみ　　電気かんな　　ほぞ切り

図5.1.10　刻み（加工）に用いられる機械[5.1.2)]

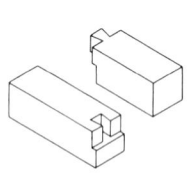

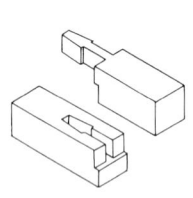

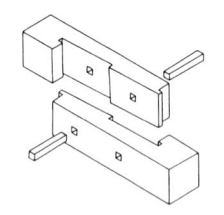

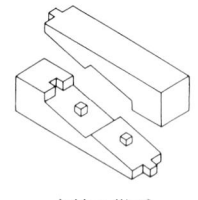

腰掛け蟻継ぎ　　腰掛け鎌継ぎ　　追掛け大栓継ぎ　　台持ち継ぎ

図5.1.11　継手（材と材をつなぐ）の例[5.1.1)]

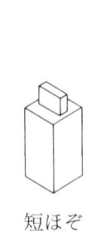

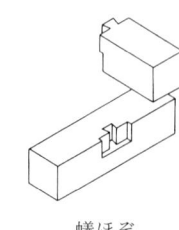

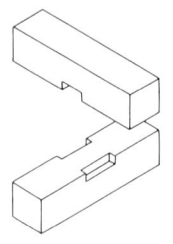

短ほぞ　長ほぞ　重ほぞ　蟻ほぞ　渡りほぞ

図5.1.12　仕口（材と材を角度をもってつなぐ）の例[5.1.1)]

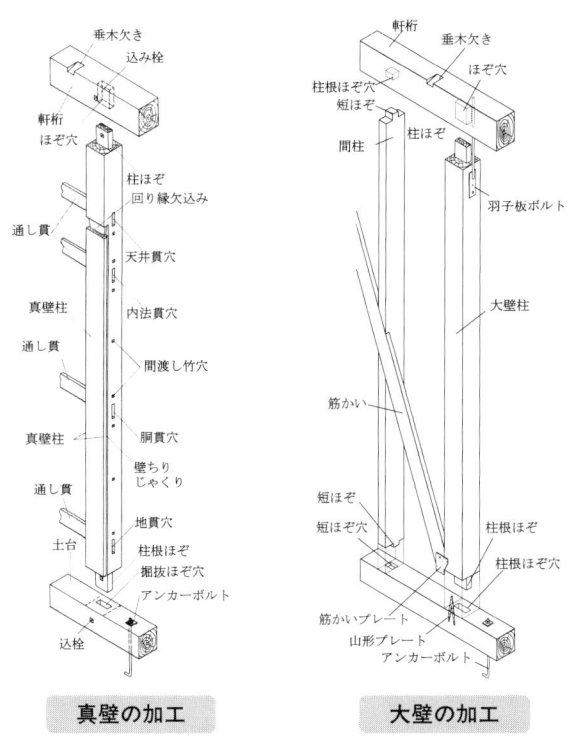

図 5.1.13　柱の刻み例

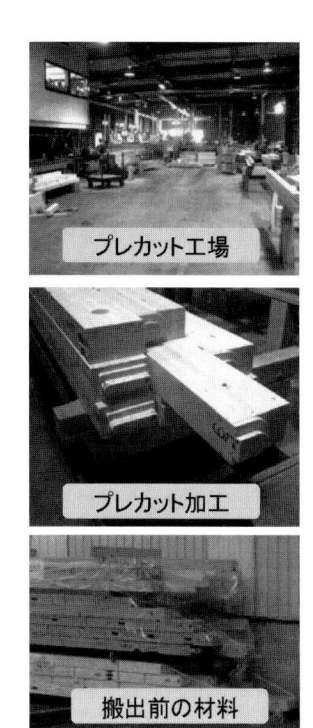

図 5.1.14　プレカット工場における刻み

図 5.1.15　仮組み

(5) 建方

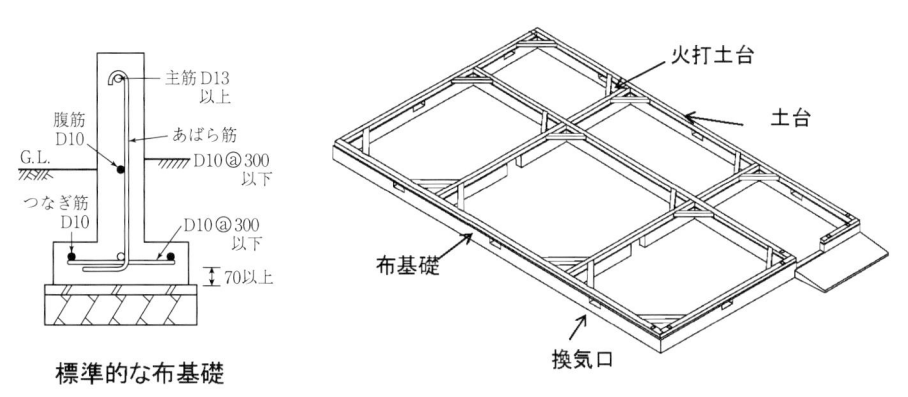

標準的な布基礎

図 5.1.16　布基礎と土台敷き

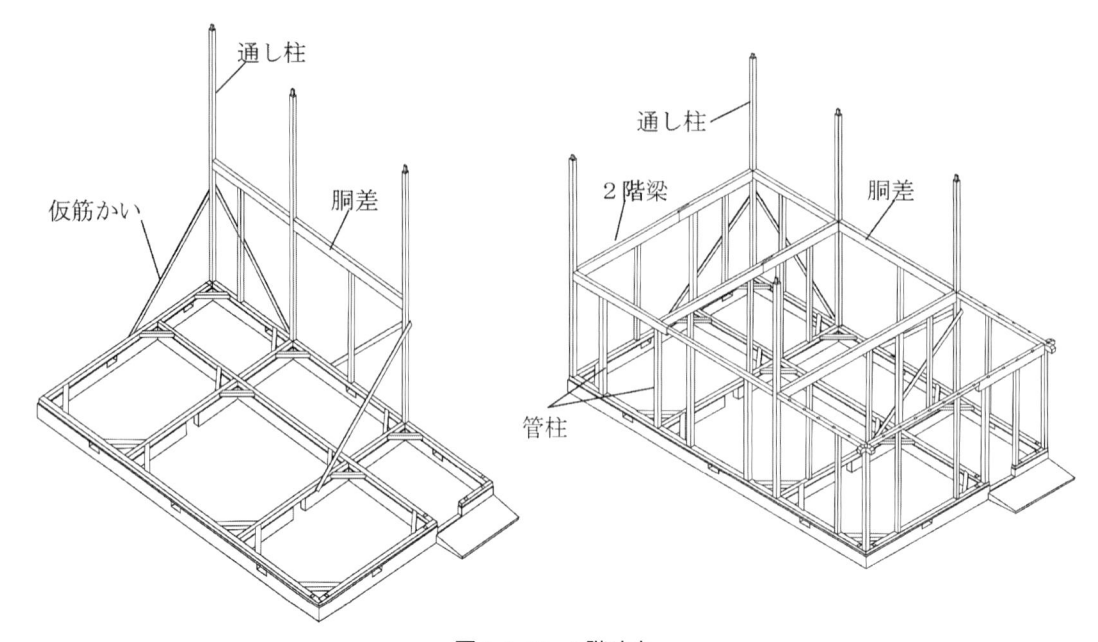

図 5.1.17　1階建方

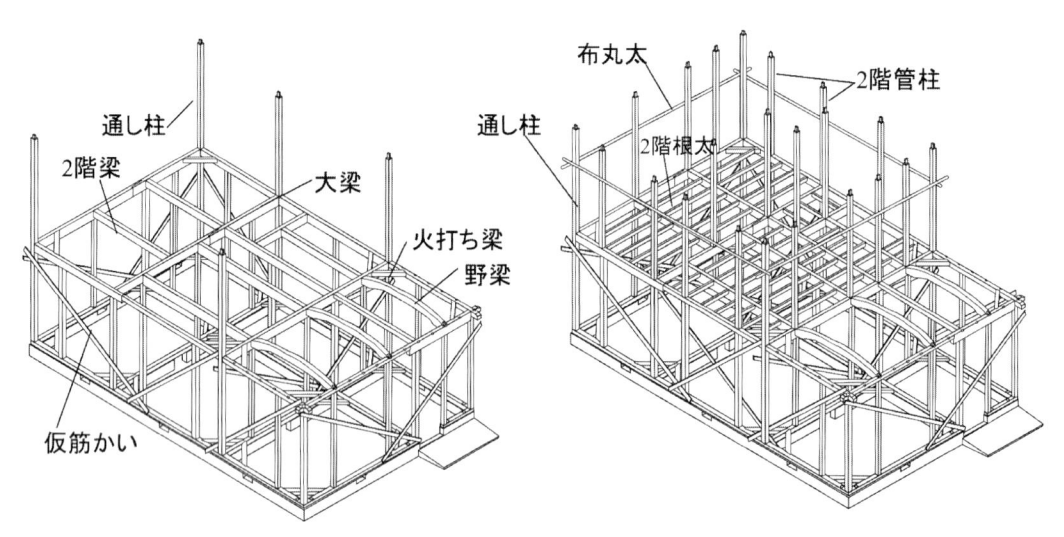

図 5.1.18　2階梁・柱の建方

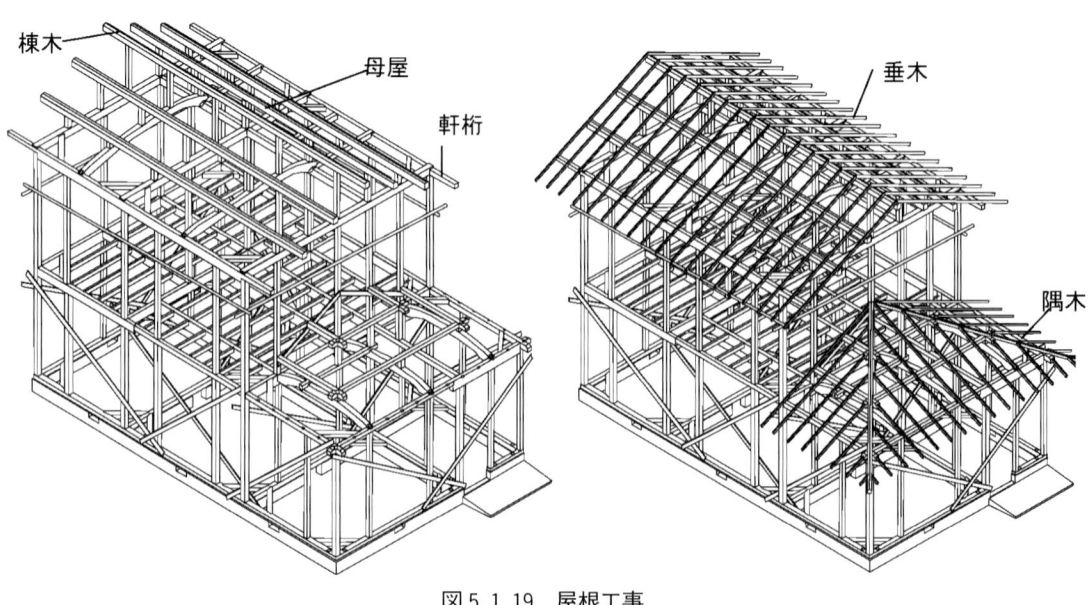

図 5.1.19　屋根工事

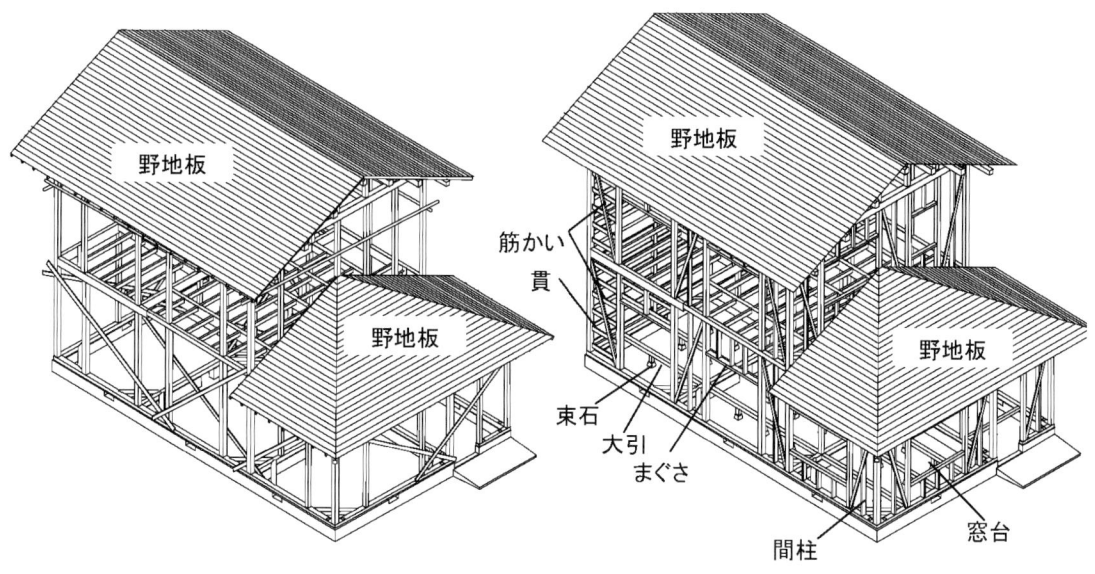

図 5.1.20　野地板張り・外壁工事

2　枠組壁工事

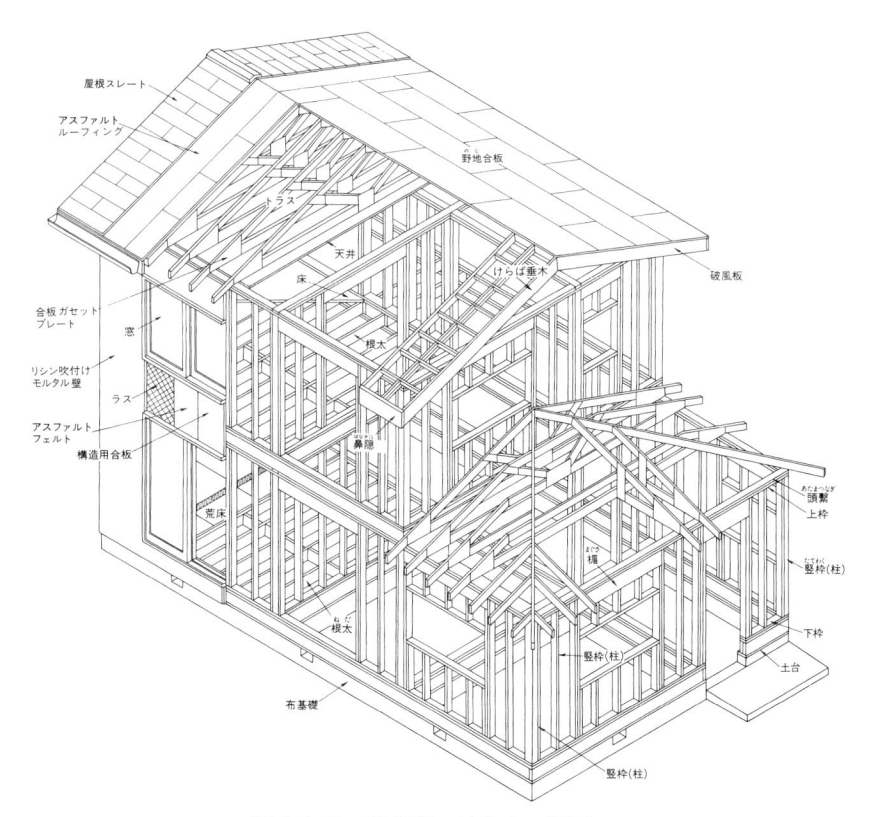

図 5.1.21　枠組壁工法住宅の概要[5.1.1)]

60　5章　躯体工事

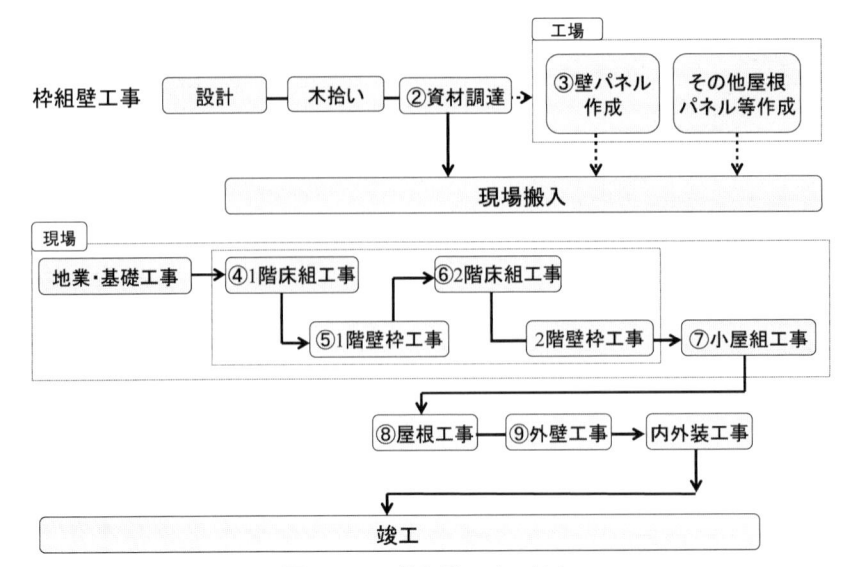

図 5.1.22　枠組壁工事の流れ

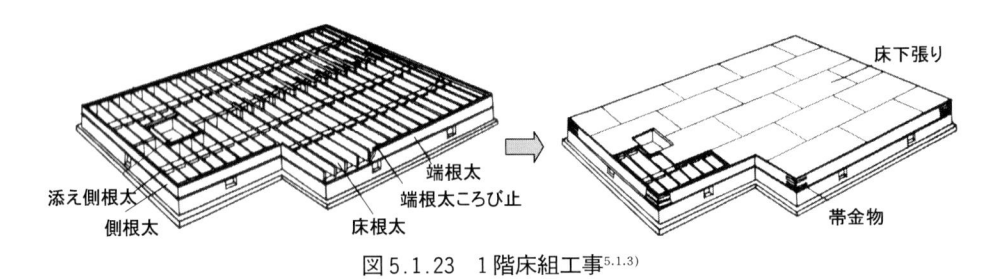

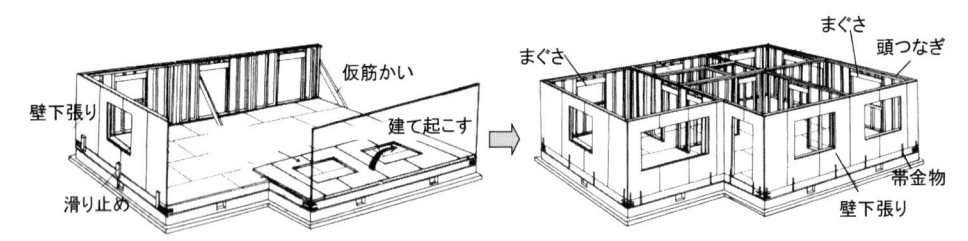

図 5.1.23　1階床組工事[5.1.3]

図 5.1.24　1階壁枠工事[5.1.3]

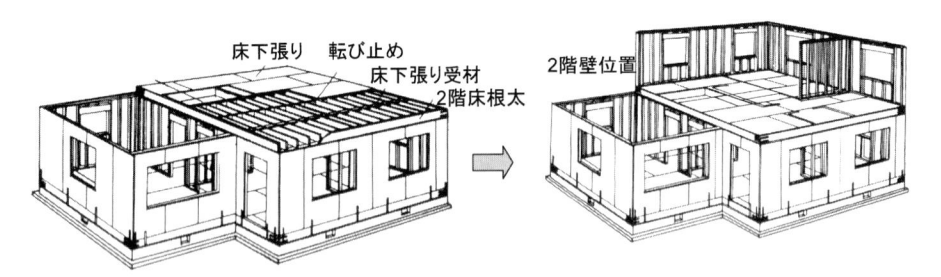

図 5.1.25　2階床・2階壁枠工事[5.1.3]

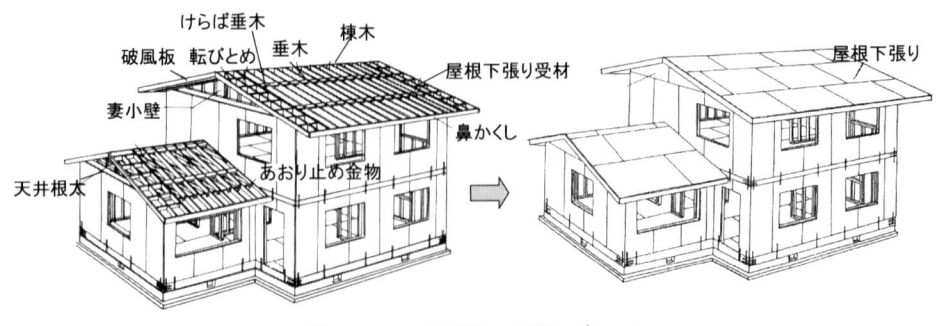

図 5.1.26　小屋組・屋根工事[5.1.3]

3 丸太組工事

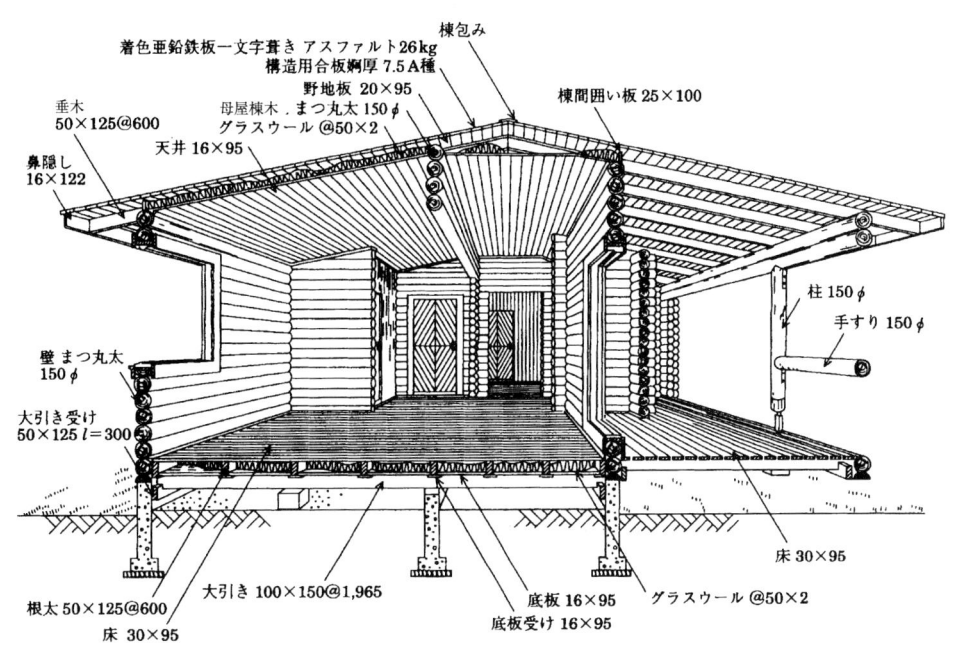

図 5.1.27 現代の丸太組構造（断面パース）（進晃フィンハウス）[5.1.3]

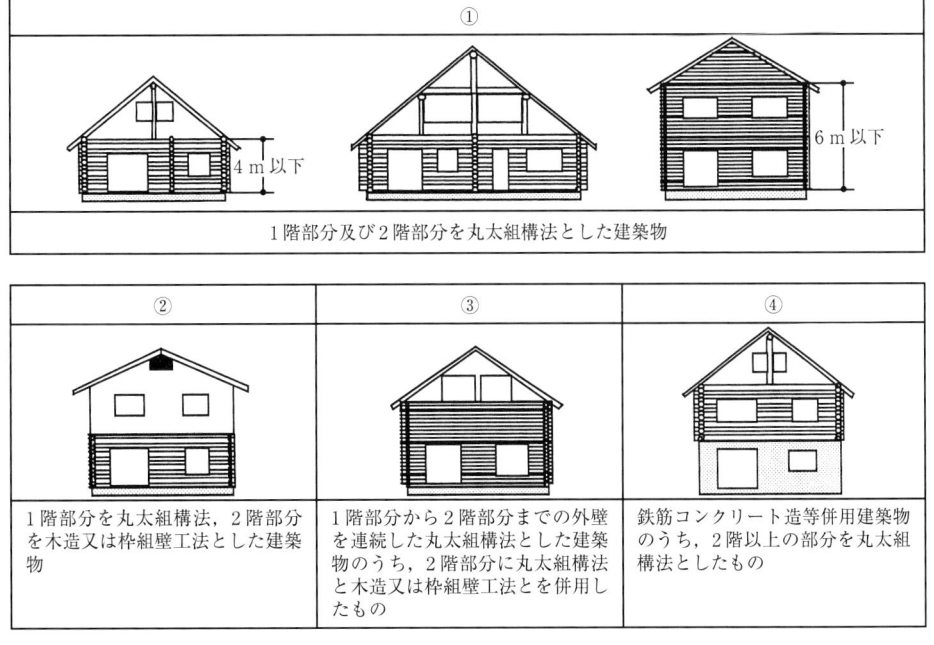

図 5.1.28 丸太組構法の建築物の適用範囲（告示第 411 号）

① 1階部分及び2階部分を丸太組構法とした建築物（4m以下／6m以下）

② 1階部分を丸太組構法，2階部分を木造又は枠組壁工法とした建築物

③ 1階部分から2階部分までの外壁を連続した丸太組構法とした建築物のうち，2階部分に丸太組構法と木造又は枠組壁工法とを併用したもの

④ 鉄筋コンクリート造等併用建築物のうち，2階以上の部分を丸太組構法としたもの

5.2 鉄骨工事

[1] 鉄骨工事の概要

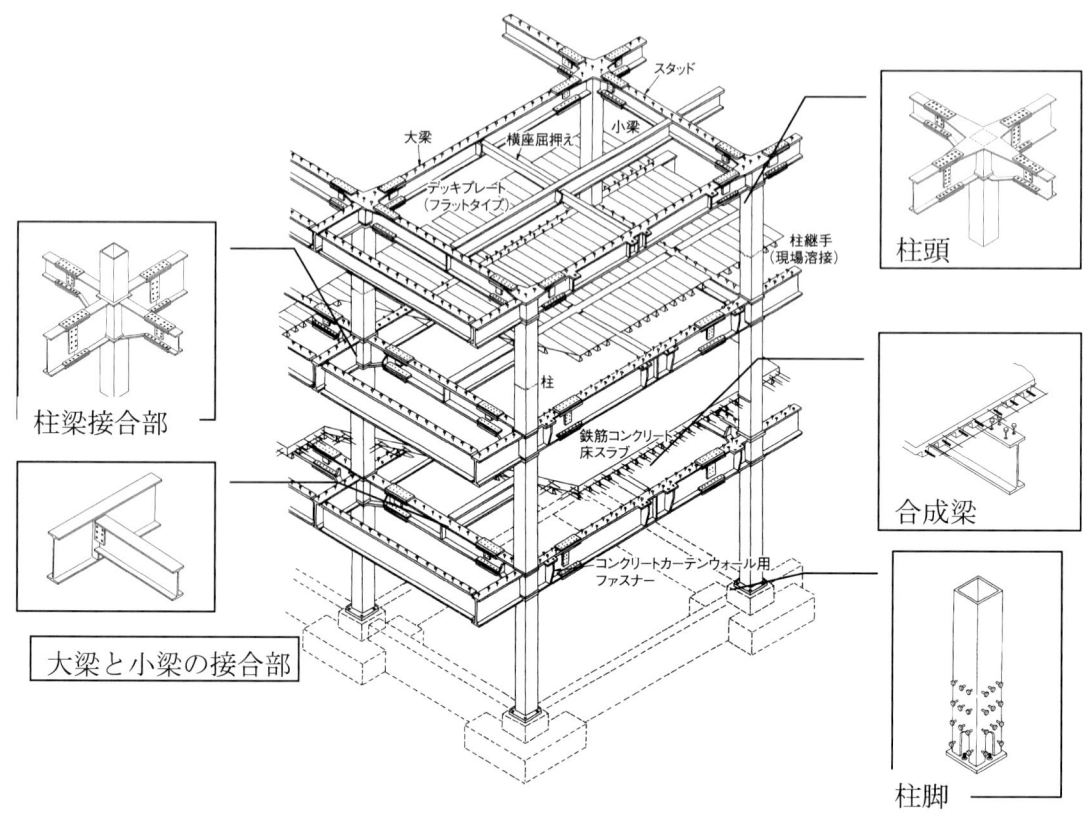

図 5.2.1 ラーメン鉄骨造の部材構成[5.2.1)]

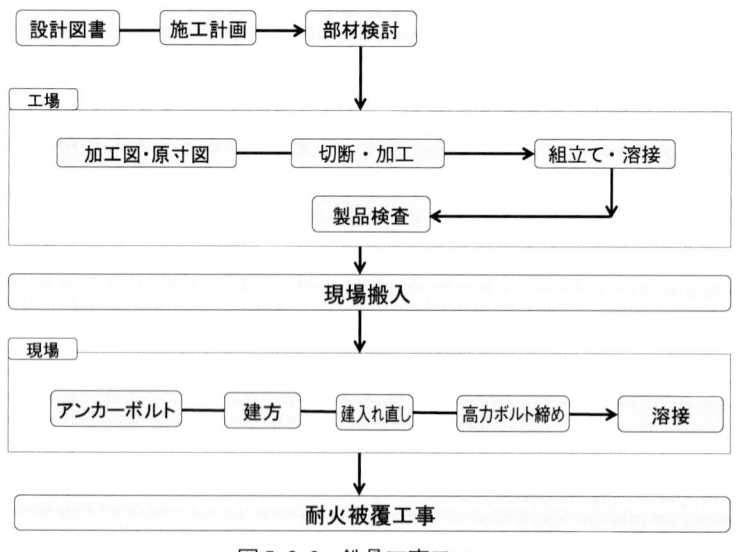

図 5.2.2 鉄骨工事フロー

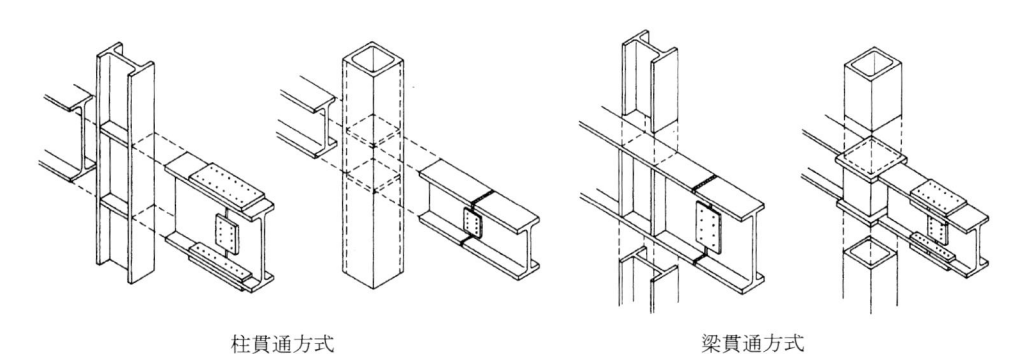

柱貫通方式　　　　　　　　梁貫通方式
図5.2.3　ブラケット方式による柱・梁の仕口

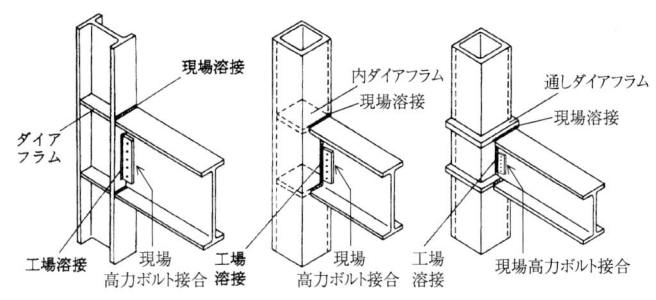

図5.2.4　梁フランジを工事現場溶接する柱・梁の仕口

2 鋼材の形状

等辺山形鋼　　Ｉ形鋼　　Ｈ形鋼　　鋼管　　角形鋼管

図5.2.5　鋼材の形状[5.2.1]

3 接合方法

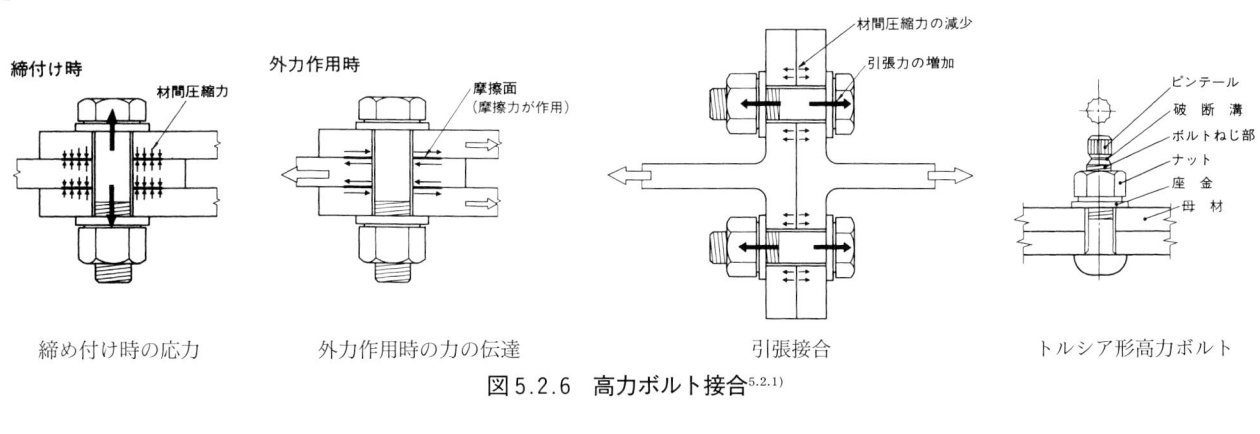

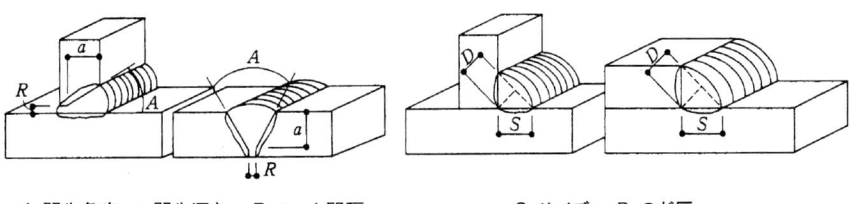

締め付け時の応力　　外力作用時の力の伝達　　引張接合　　トルシア形高力ボルト

図5.2.6　高力ボルト接合[5.2.1]

A:開先角度　a:開先深さ　R:ルート間隔　　　　S:サイズ　D:のど厚
（a）完全溶込み溶接　　　　　　　（b）隅肉溶接

図5.2.7　溶接接合の種類

表 5.2.1 溶接記号[5.2.1]

	実　形	図　示
V形グルーブ溶接 板厚 19 mm，開先深さ 16 mm，開先角度 60 度，ルート間隔 2 mm の場合		
レ形グルーブ溶接 T 継手，裏当て金使用，開先角度 45 度，ルート間隔 6.4 mm の場合		
連続隅肉溶接 両側サイズの異なる場合		

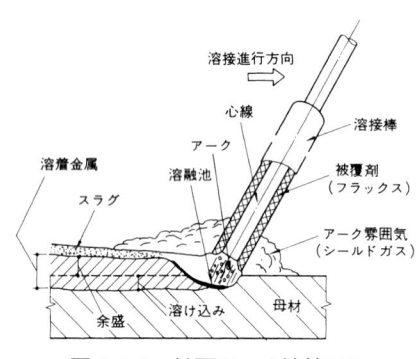

図 5.2.8　被覆アーク溶接[5.2.1]

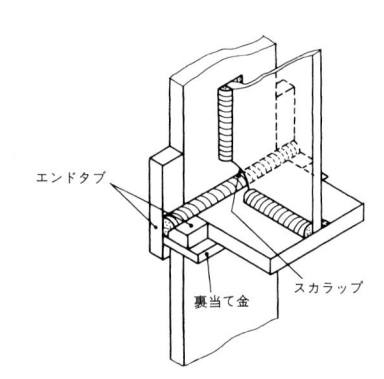

図 5.2.9　溶接欠陥の防止方法（エンドタブとスカラップ）[5.2.1]

4　現場作業
（1）作業組織

表 5.2.2　鉄骨工事の作業組織（タワークレーン 1 機あたり）

作業項目	職種	所要人数（名）		作業内容
運転・操作	オペレーター	交代含む	2	建方機械の操作・作業連絡
建方	鳶工	下部作業者 上部作業者	2 4	荷捌き，玉掛け 建方
合　番	鍛冶技能者	作業指揮者 下部作業者 上部作業者	1 1 1	図面照合，作業手順指揮 プレート取付け，仮締めボルトあずけ 鳶工との共同作業
建入れ直し	鳶工 大工	建入れ修正作業者 建入れ計測者	1 1	建入れ修正 墨出し，建入れ計測
足場・養生	鳶工	足場作業者	2〜3	足場取付け，盛替え，安全養生
高力ボルト締付け	鍛冶技能者	作業指揮者 ボルト作業者	1 10	ボルト入れ，一次締め，マーキング，本締め
溶　接	溶接技能者	溶接作業者 （溶接量に対応）		現場溶接

5.2 鉄骨工事

（2）輸送

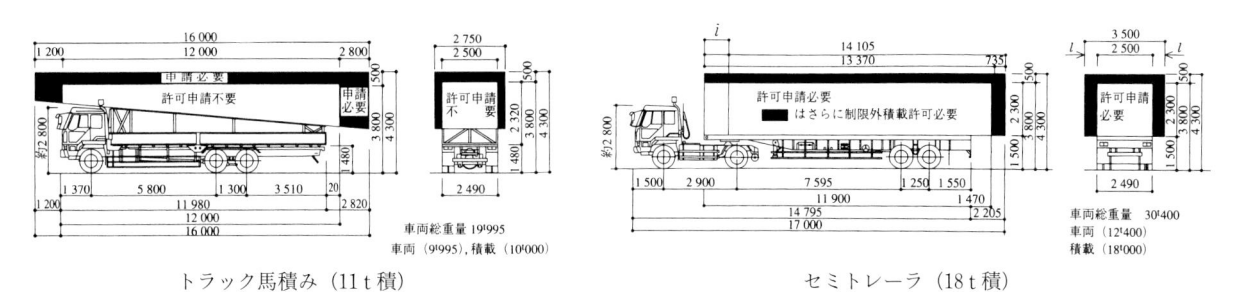

トラック馬積み（11 t 積）　　　　　　　　セミトレーラ（18 t 積）

図5.2.10　鉄骨部材の輸送可能範囲（車両制限令第3条）

（3）アンカーボルトの施工

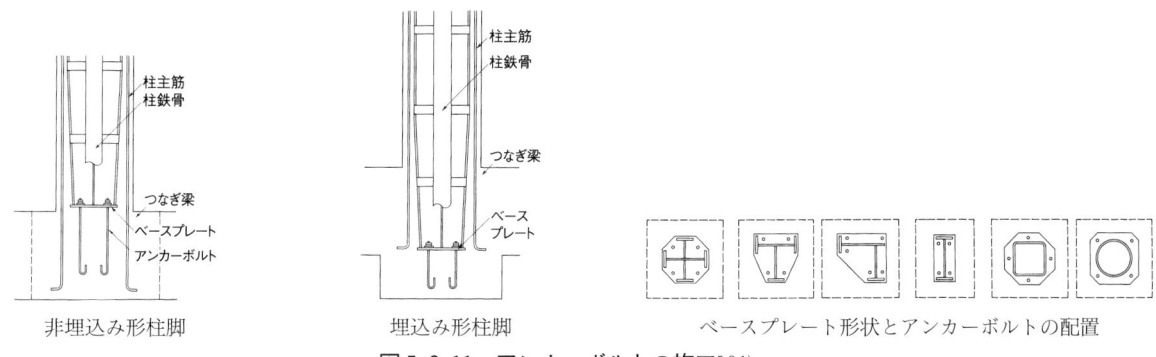

非埋込み形柱脚　　　埋込み形柱脚　　　ベースプレート形状とアンカーボルトの配置

図5.2.11　アンカーボルトの施工[5.2.1)]

（4）建方

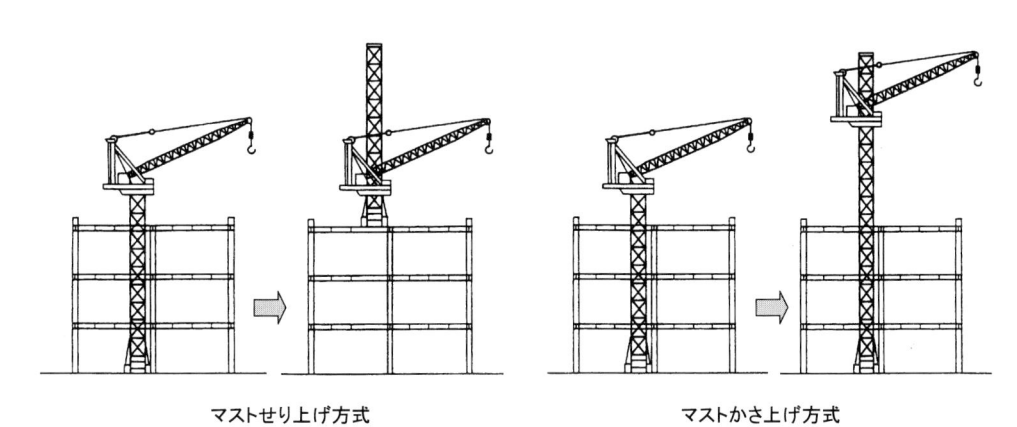

マストせり上げ方式　　　　　　　マストかさ上げ方式

図5.2.12　揚重・建方用のタワークレーン

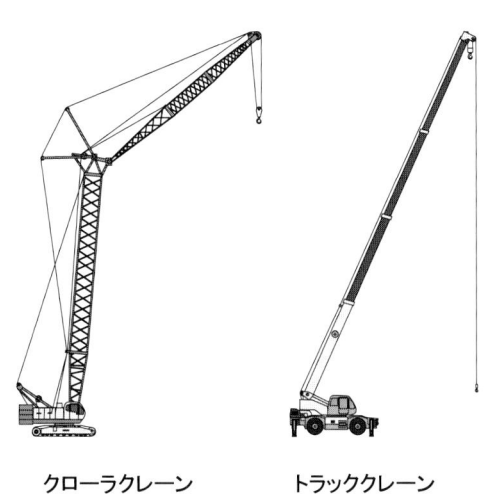

クローラクレーン　　トラッククレーン

図5.2.13　移動式クレーン

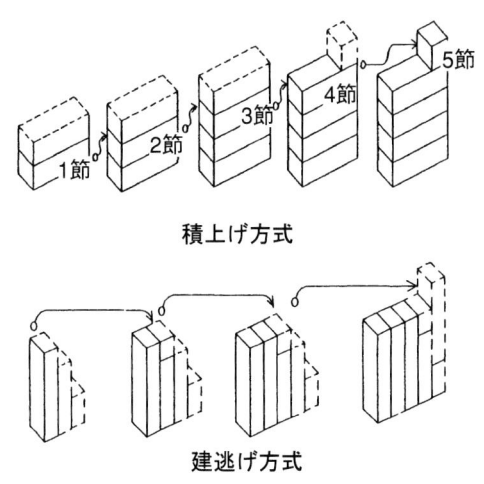

積上げ方式

建逃げ方式

図5.2.14　建方方式

66　5章　躯体工事

（5）建入れ直し

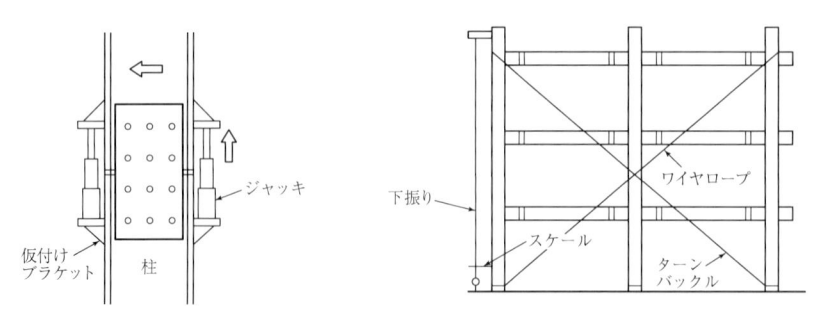

図5.2.15　建入れ直し

（6）鋼管充填コンクリート工事

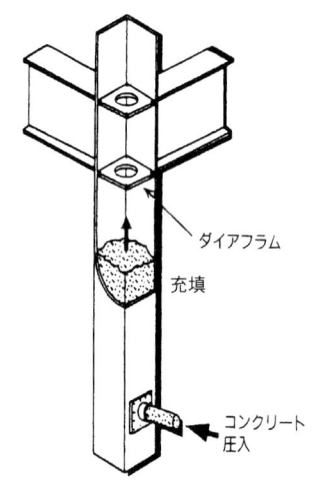

図5.2.16　鋼管充填コンクリートの施工概念図

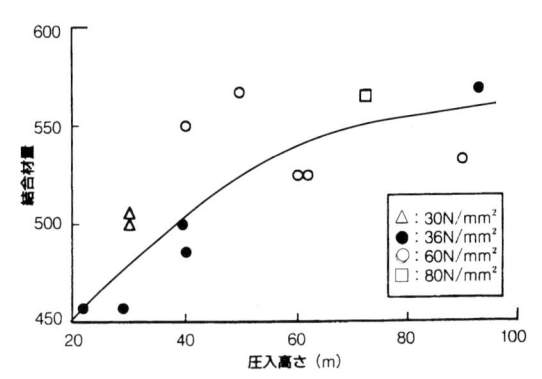

図5.2.17　鋼管充填施工に必要なコンクリートの結合材量

図5.2.18　圧入口遮断装置（スライドバルブ）の取付け状況

図5.2.19　コンクリートの圧入状況

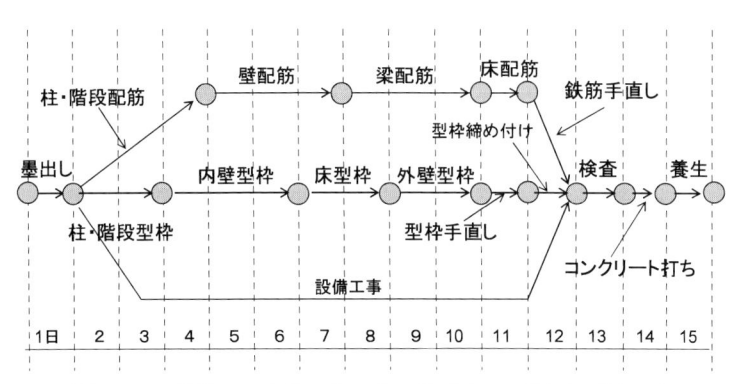

図 5.3.5 鉄筋コンクリート工事のサイクル工程（一体打ち）

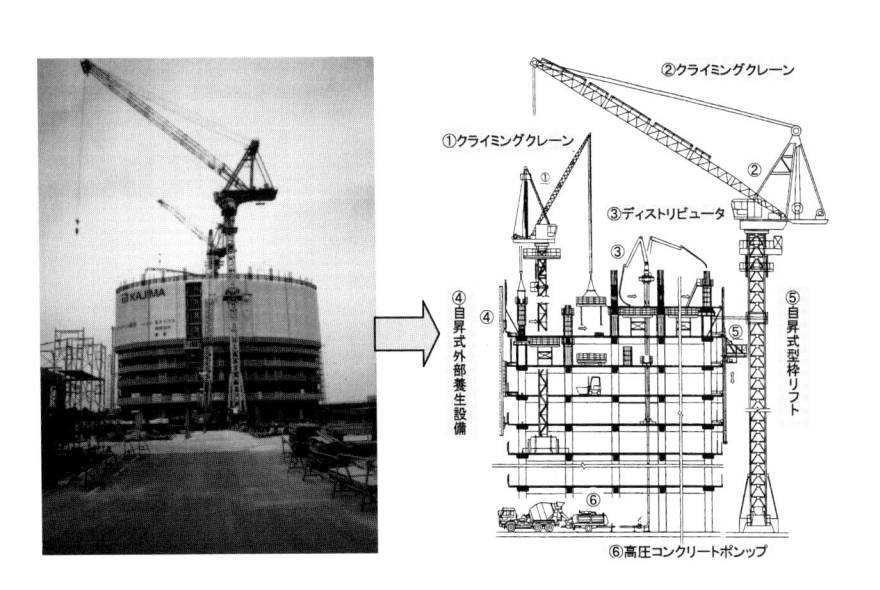

図 5.3.6 RC超高層集合住宅の施工システム[5.3.4]

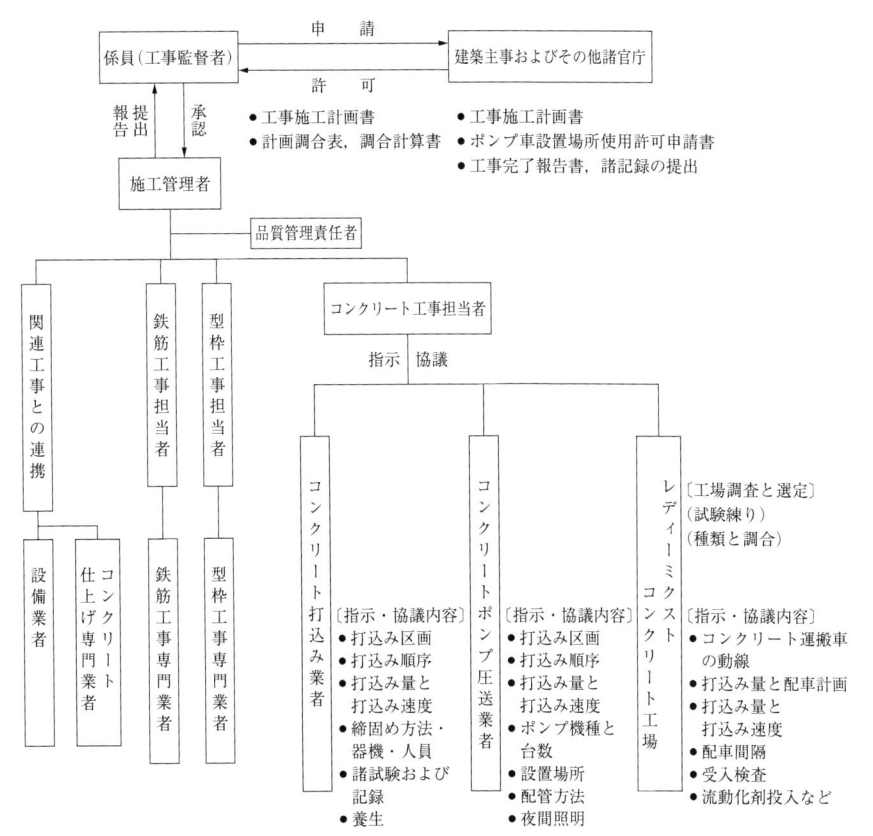

図 5.3.7 施工管理業務と組織の例[5.3.5]

図 5.3.11　柱・梁・壁配筋の名称[5.3.1)]

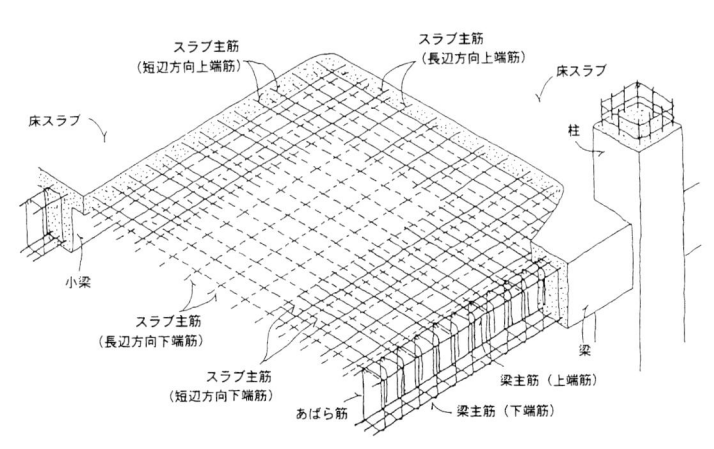

図 5.3.12　床スラブ配筋の名称[5.3.1)]

（3）かぶり厚さ・鉄筋間隔・鉄筋のあき

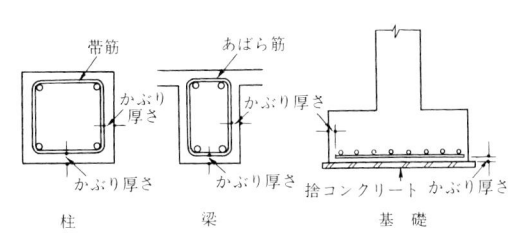

図 5.3.13　各種部材のかぶり厚さの概念[5.3.6)]

表 5.3.1　かぶり厚さ[5.3.6)]

部材の種類		設計かぶり厚さ（mm）				最小かぶり厚さ（mm）				建築基準法施行令かぶり厚さの規定
		短期	標準・長期		超長期		短期	標準・長期		超長期	
		屋内・屋外	屋内	屋外[(2)]	屋内	屋外[(2)]	屋内・屋外	屋内	屋外[(2)]	屋内	屋外[(2)]	
構造部材	柱・梁・耐力壁	40	40	50	40	50	30	30	40	30	40	3 cm 以上
	床スラブ・屋根スラブ	30	30	40	40	50	20	20	30	30	40	2 cm 以上
非構造部材	構造部材と同等の耐久性を要求する部材	30	30	40	40	50	20	20	30	30	40	2 cm 以上
	計画供用期間中に維持保全を行う部材[(1)]	30	30	40	(30)	(40)	20	20	30	(20)	(30)	2 cm 以上
直接土に接する柱・梁・壁・床および布基礎の立上り部		50					40					4 cm 以上
基礎		70					60					6 cm 以上

[注]　(1)　計画供用期間の級が超長期で計画供用期間中に維持保全を行う部材では，維持保全の周期に応じて定める．
　　　(2)　計画供用期間の級が標準および長期で，耐久性上有効な仕上げを施す場合は，屋外側では，最小かぶり厚さを 10 mm 減じることができる．

表 5.3.2 鉄筋間隔・鉄筋のあき[5.3.6)]

		あ き	間 隔
異形鉄筋		● 呼び名の数値の 1.5 倍 ● 粗骨材最大寸法の 1.25 倍 ● 25 mm 　のうち最も大きい数値	● 呼び名に用いた数値の 1.5 倍＋最外径 ● 粗骨材最大寸法の 1.25 倍＋最外径 ● 25 mm＋最外径 　のうち最も大きい数値
丸　鋼		● 鉄筋径の 1.5 倍 ● 粗骨材最大寸法の 1.25 倍 ● 25 mm 　のうち最も大きい数値	● 鉄筋径の 2.5 倍 ● 粗骨材最大寸法の 1.25 倍＋鉄筋径 ● 25 mm＋鉄筋径 　のうち最も大きい数値

[注] D：鉄筋の最外径，d：鉄筋径

(4) 鉄筋の加工形状

表 5.3.3 鉄筋の折曲げ形状・寸法[5.3.6)]

図	折曲げ角度	鉄筋の種類	鉄筋の径による区分	鉄筋の折曲げ内法直径 (D)
(180°, 135°, 90°の図)	180° 135° 90°	SR 235 SR 295 SD 295A SD 295B SD 345	16φ 以下 D 16 以下	$3d$ 以上
			19φ D 19～D 41	$4d$ 以上
		SD 390	D 41 以下	$5d$ 以上
	90°	SD 490	D 25 以下	
			D 29～D 41	$6d$ 以上

[注] (1) d は，丸鋼では径，異形鉄筋では呼び名に用いた数値とする．
(2) スパイラル筋の重ね継手部に 90° フックを用いる場合は，余長は $12d$ 以上とする．
(3) 片持ちスラブ先端，壁筋の自由端側の先端で 90° フックまたは 135° フックを用いる場合は，余長は $4d$ 以上とする
(4) スラブ筋，壁筋には，溶接金網を除いて丸鋼を使用しない．
(5) 折曲げ内法直径を上表の数値よりも小さくする場合は，事前に鉄筋の曲げ試験を行い支障ないことを確認した上で，工事監理者の承認を得ること．
(6) SD 490 の鉄筋を 90° を超える曲げ角度で折曲げ加工する場合は，事前に鉄筋の曲げ試験を行い支障ないことを確認した上で，工事監理者の承認を得ること．

(5) 鉄筋の定着・継手

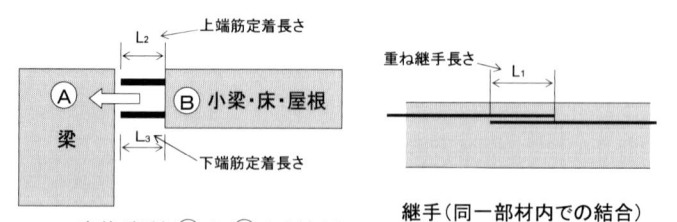

図 5.3.14 定着と継手の概念図

5.3 鉄筋コンクリート工事

表5.3.4 鉄筋の定着の長さ（L_2, L_3）[5.3.6]

種類	コンクリートの設計基準強度 F_c (N/mm²)	定着長さ 一般 直線定着 (L_2)	定着長さ 一般 フック付き定着 (L_{2h})	下端筋 直線定着 (L_3) 小梁	下端筋 直線定着 (L_3) スラブ	下端筋 フック付き定着 (L_{3h}) 小梁	下端筋 フック付き定着 (L_{3h}) スラブ
SD 295 A SD 295 B	18	40 d	30 d	20 d	10 d かつ 150 mm 以上	10 d	—
	21	35 d	25 d				
	24〜27	30 d	20 d				
	30〜36	30 d	20 d				
	39〜45	25 d	15 d				
	48〜60	25 d	15 d				
SD 345	18	40 d	30 d				
	21	35 d	25 d				
	24〜27	35 d	25 d				
	30〜36	30 d	20 d				
	39〜45	30 d	20 d				
	48〜60	25 d	15 d				
SD 390	21	40 d	30 d				
	24〜27	40 d	30 d				
	30〜36	35 d	25 d				
	39〜45	35 d	25 d				
	48〜60	30 d	20 d				
SD 490	24〜27	45 d	35 d				
	30〜36	40 d	30 d				
	39〜45	40 d	30 d				
	48〜60	35 d	25 d				

[注]（1）表中の d は，異形鉄筋の呼び名の数値を表し，丸鋼には適用しない．
（2）フック付き鉄筋の定着長さ L_{2h} は，定着起点から鉄筋の折曲げ開始点までの距離とし，折曲げ開始点以降のフック部は定着長さに含まない．
（3）フックの折曲げ内法直径 D および余長は，特記のない場合は表5.3.3による．
（4）軽量コンクリートを使用する場合の定着長さは特記による．特記がない場合は，$F_c \leq 36$ N/mm² の軽量コンクリートとSD 490以外の異形鉄筋を対象として，表5.3.5の数値に 5 d 以上加算した定着長さとし，工事監理者の承認を得ること．

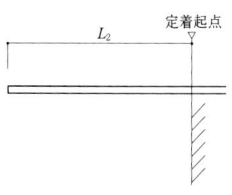

直線定着の長さ L_2

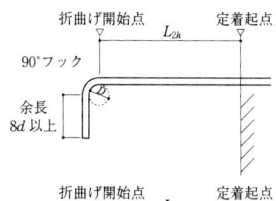

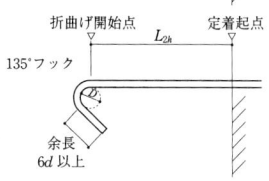

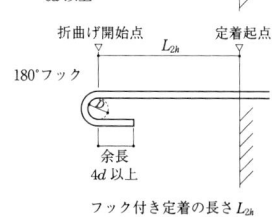

フック付き定着の長さ L_{2h}
（90°フック 余長 8d 以上）
（135°フック 余長 6d 以上）
（180°フック 余長 4d 以上）

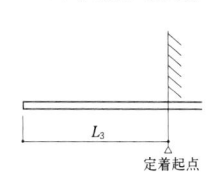

下端筋の直線定着長さ L_3

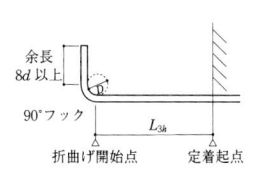

下端筋のフック付き定着長さ L_{3h}

表5.3.5 鉄筋の重ね継手長さ（L_1）[5.3.6]

種類	コンクリートの設計基準強度 F_c (N/mm²)	直線重ね継手 (L_1)	フック付き重ね継手 (L_{1h})
SD 295 A SD 295 B	18	45 d	35 d
	21	40 d	30 d
	24〜27	35 d	25 d
	30〜36	35 d	25 d
	39〜45	30 d	20 d
	48〜60	30 d	20 d
SD 345	18	50 d	35 d
	21	45 d	30 d
	24〜27	40 d	30 d
	30〜36	35 d	25 d
	39〜45	35 d	25 d
	48〜60	30 d	20 d
SD 390	21	50 d	35 d
	24〜27	45 d	30 d
	39〜45	40 d	30 d
	48〜60	35 d	25 d
SD 490	24〜27	55 d	40 d
	30〜36	50 d	35 d
	39〜45	45 d	35 d
	48〜60	40 d	30 d

[注]（1）表中の d は，異形鉄筋の呼び名の数値を表し，丸鋼には適用しない．
（2）直径の異なる鉄筋相互の重ね継手の長さは，細い方の d による．
（3）フック付き重ね継手の長さは，鉄筋の折曲げ開始点以降のフック部は継手長さに含まない．
（4）フック折曲げ内法直径 D および余長は，特記のない場合は表5.3.13による．
（5）軽量コンクリートを使用する場合の鉄筋重ね継手の長さは特記による．特記がない場合は，$F_c \leq 36$ N/mm² の軽量コンクリートとSD 490以外の異形鉄筋を対象として，表5.3.6の数値に 5 d 以上加算した継手の長さとし，工事監理者の承認を得ること．なお，鉄筋の下に300 mm以上の軽量コンクリートを打ち込む部材の上端部の重ね継手はフック付きとする．

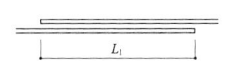

直線重ね継手の長さ L_1

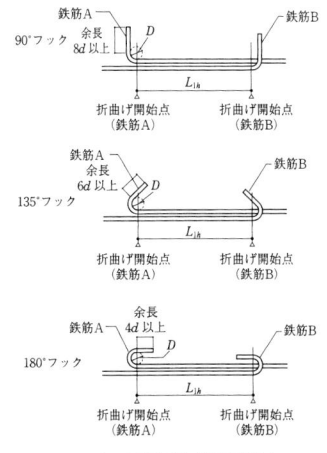

フック付き重ね継手の長さ L_{1h}
（90°フック 余長 8d 以上）
（135°フック 余長 6d 以上）
（180°フック 余長 4d 以上）

(6) 鉄筋継手

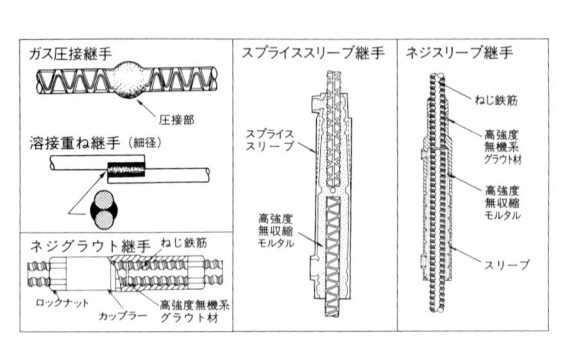

図 5.3.15　各種鉄筋継手[5.3.1] 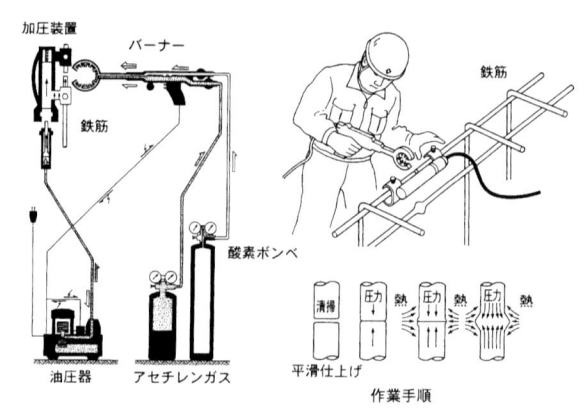　　　図 5.3.16　ガス圧接継手概念図[5.3.1]

(7) 各部配筋詳細

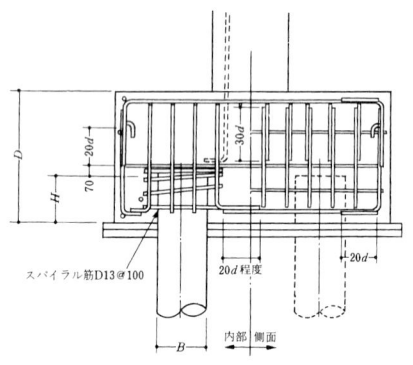

図 5.3.17　杭基礎の配筋（独立基礎）[5.3.7] 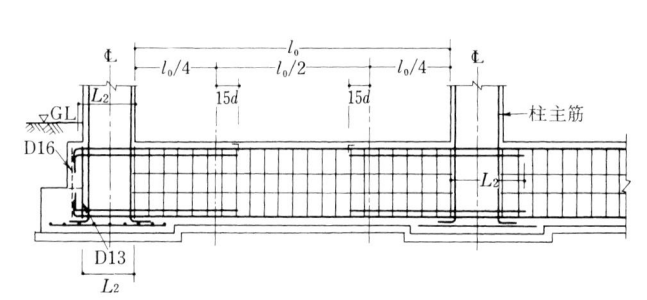　　　図 5.3.18　基礎梁の配筋（基礎梁の下より地反力を受けない場合）[5.3.7]

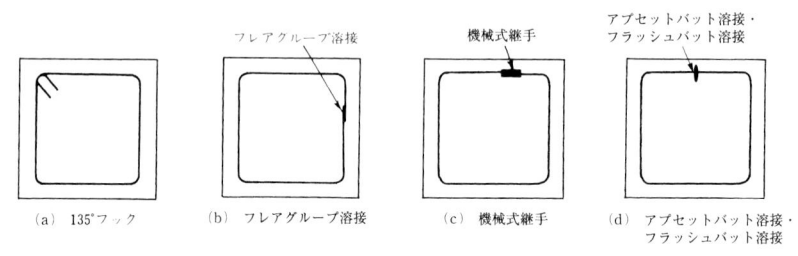

(a) 135°フック　(b) フレアグルーブ溶接　(c) 機械式継手　(d) アプセットバット溶接・フラッシュバット溶接

図 5.3.19　帯筋の一般形状[5.3.7]

表 5.3.6　帯筋間隔などに関する規定[5.3.7]

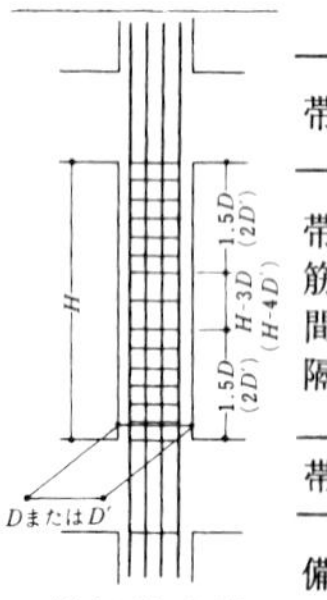

		RC規準(1999年版15条3.(3))		施行令第77条	
帯筋径		9ϕ または D10	13ϕ または D13以上	径6mm以上	
帯筋間隔	柱の上下 1.5D区間	100mm以下	200mm以下	柱の上下 2D'区間	10cm以下	最も細い主筋径の15倍以下
	1.5D以外の区間 (H-3D)	150mm以下	200mm以下	2D'以外の区間 (H-4D')	15cm以下	
帯筋比		0.2％以上		0.2％以上	
備考		末端135°フック，溶接などの閉鎖形の拘束帯筋			

H：内法高さ（柱の上下端）
D：柱の最大径
D'：柱の小径（施行令第77条二）

図 5.3.20 柱の配筋[5.3.7]

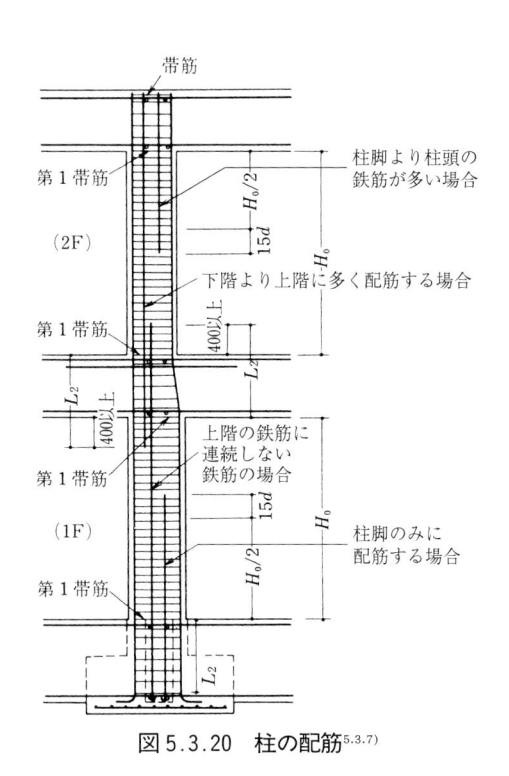

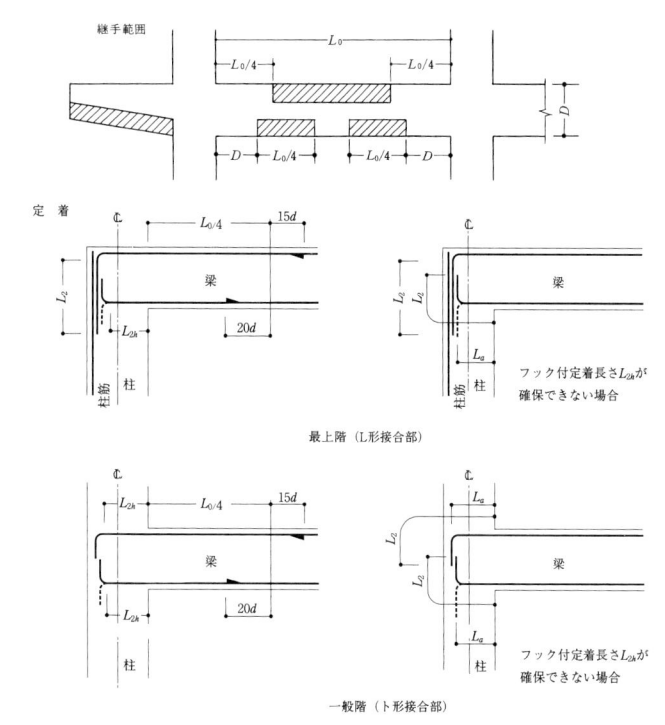

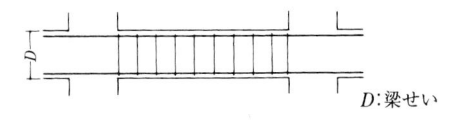

図 5.3.21 梁筋の継手の位置および定着[5.3.6]

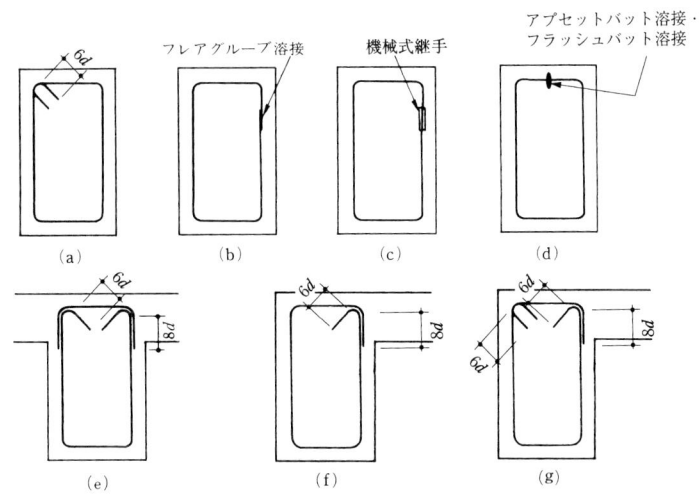

図 5.3.22 あばら筋の一般形状[5.3.7]

表 5.3.7 あばら筋間隔などに関する規定[5.3.7]

	RC 規準（1999年版15条2.(3)）		施行令第 78 条
あばら筋径	9ϕ または D 10	13ϕ または D 13 以上	
あばら筋間隔	$(1/2)D$ 以下かつ 250mm 以下	$(1/2)D$ 以下かつ 450mm 以下	梁のたけ(せい)Dの3/4以下
あばら筋比	0.2 % 以上		
備　　　考	末端は 135°以上に曲げて定着または相互に溶接		

D: 梁せい

76　5章　躯体工事

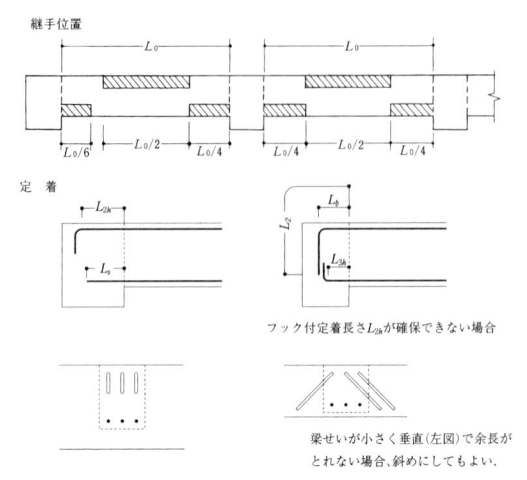

図 5.3.23　小梁筋の継手の位置および定着[5.3.7]

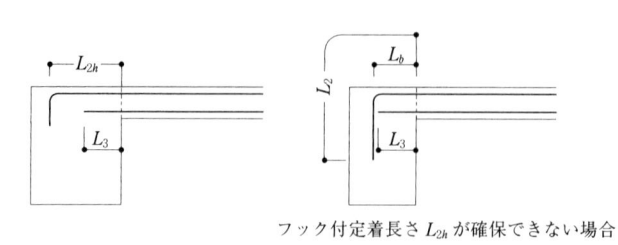

図 5.3.24　スラブ筋の定着[5.3.7]

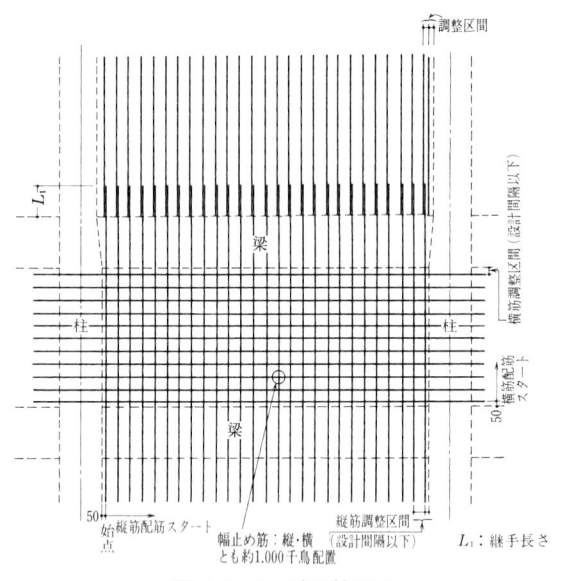

図 5.3.25　壁配筋[5.3.7]

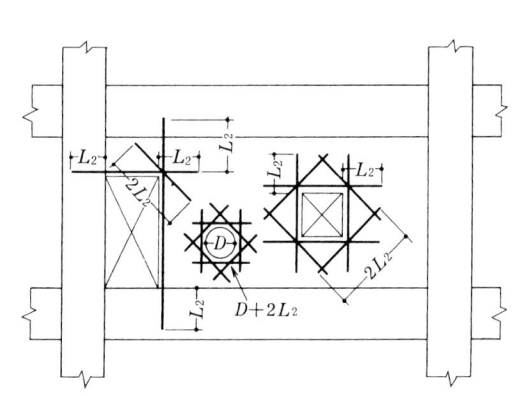

図 5.3.26　鉄筋による開口補強要領[5.3.7]

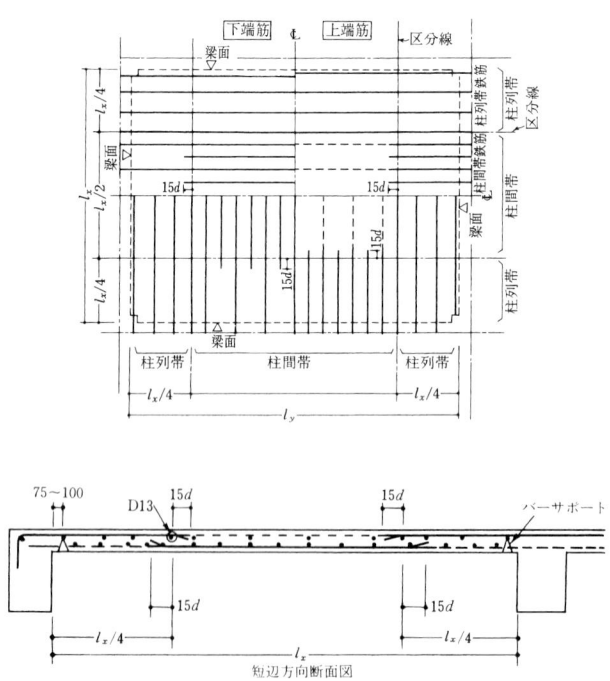

図 5.3.27　床スラブ配筋[5.3.7]

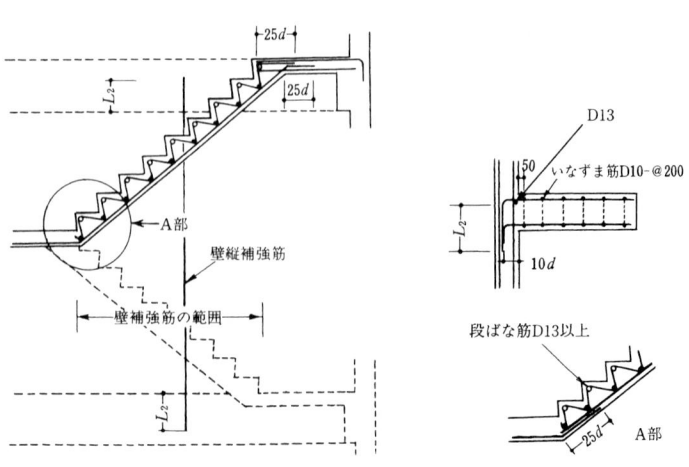

図 5.3.28　片持階段と受け壁の配筋[5.3.7]

(8) 鉄筋組立て方法

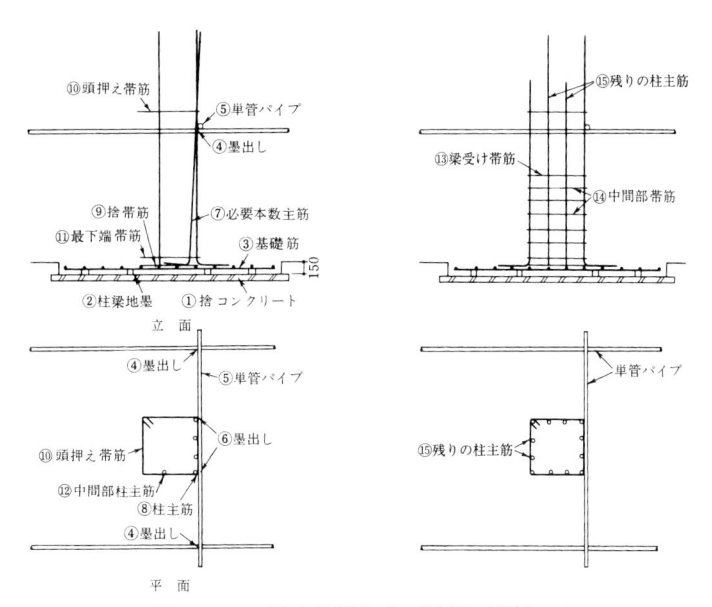

図 5.3.29 独立基礎および柱脚の配筋[5.3.7]

図 5.3.30 基礎梁の配筋[5.3.7]

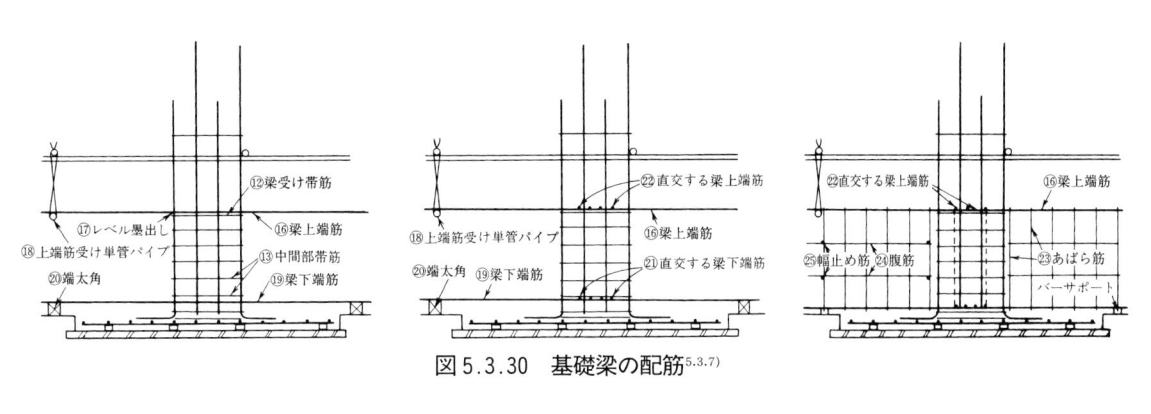

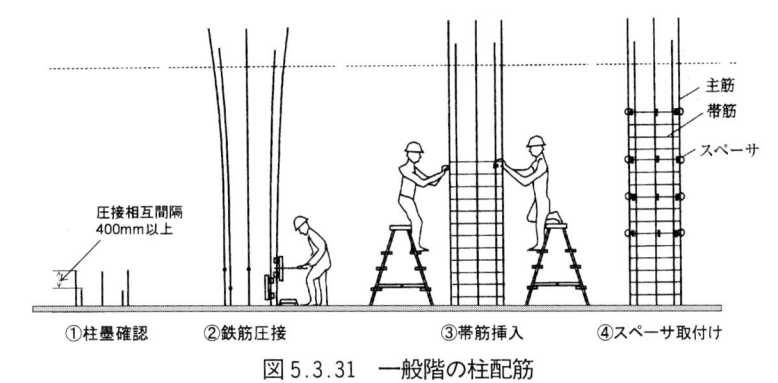

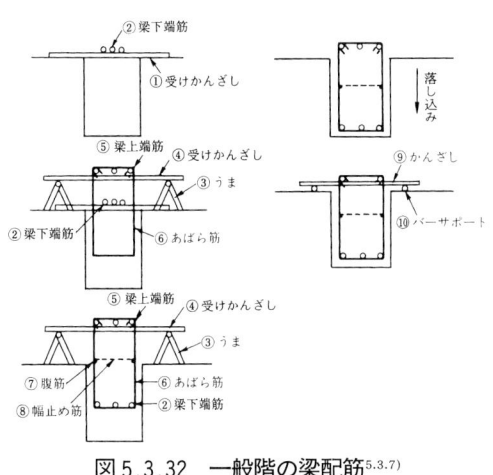

図 5.3.31 一般階の柱配筋

図 5.3.32 一般階の梁配筋[5.3.7]

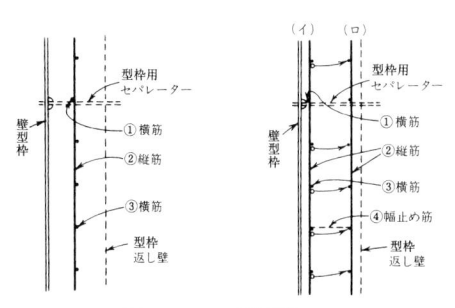

図 5.3.33 壁配筋[5.3.7]

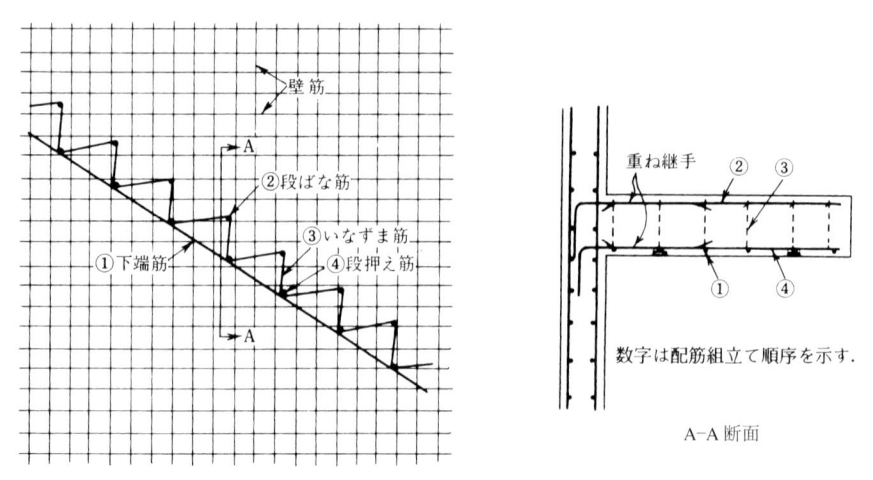

図 5.3.34 片持階段の配筋[5.3.7]

③ 型枠工事

(1) 型枠工事のフロー

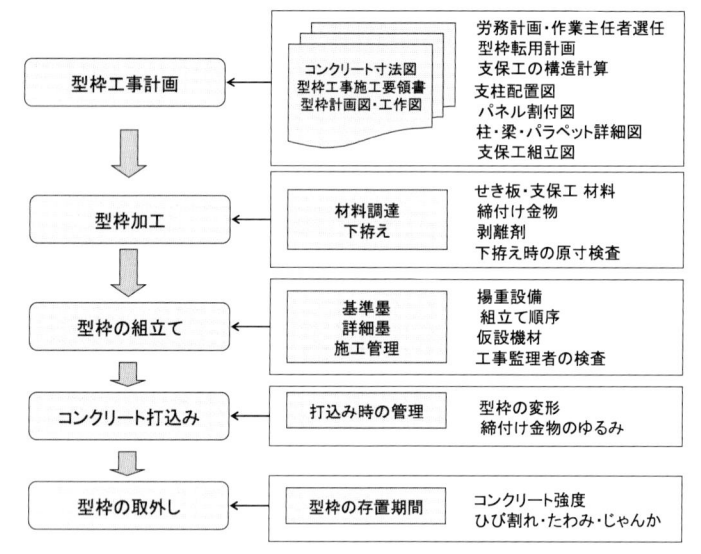

図 5.3.35 型枠工事のフローと留意点

(2) 型枠の構成

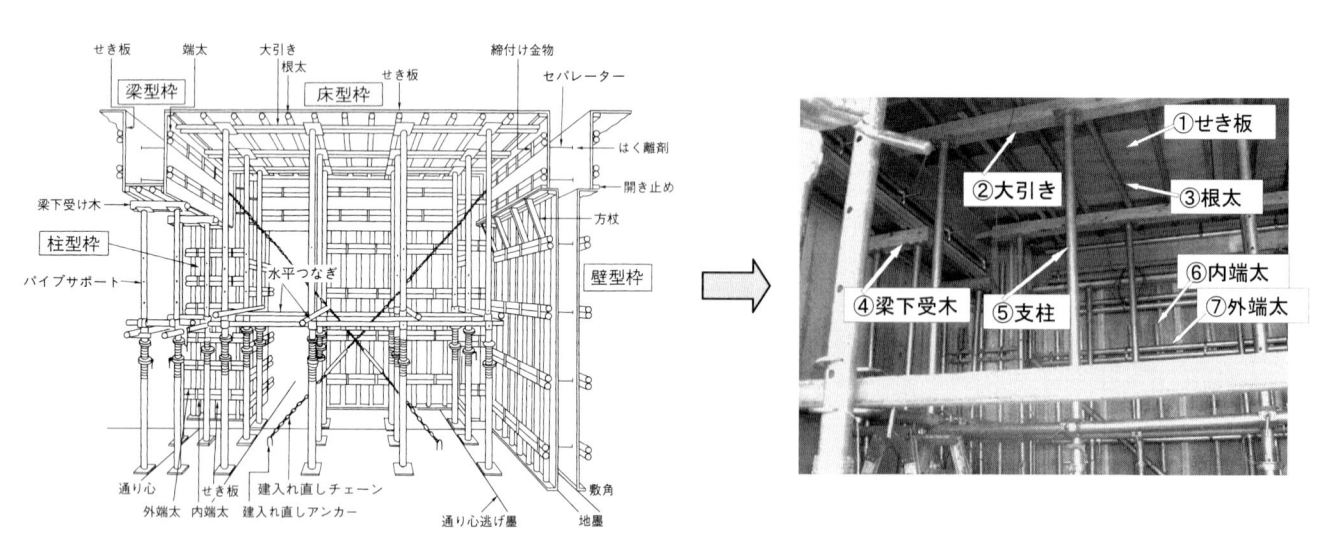

図 5.3.36 型枠の構成[5.3.1]

5.3 鉄筋コンクリート工事

（3）支保工の支持方法

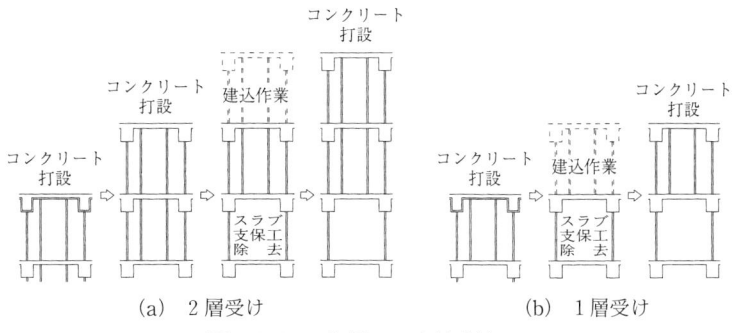

図5.3.37　支保工の支持方法[5.3.6)]

(a) 2層受け　　(b) 1層受け

（4）せき板の固定方法

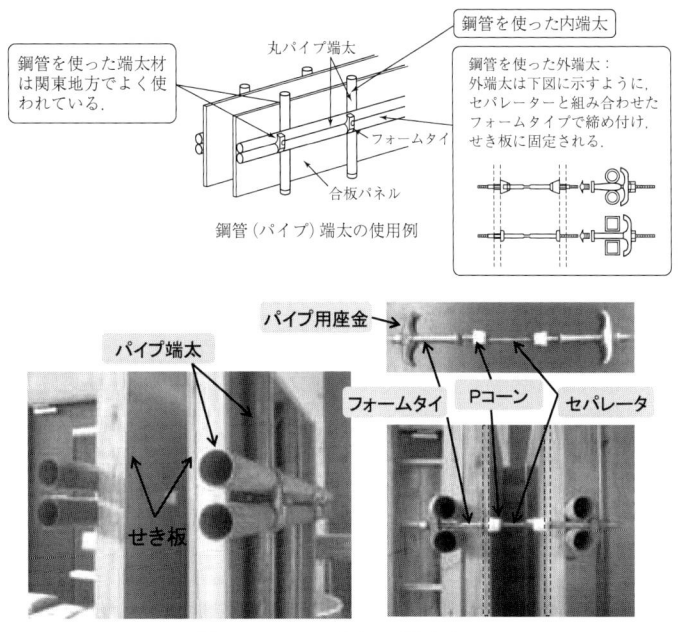

図5.3.38　せき板の固定方法

（5）型枠設計用コンクリートの側圧

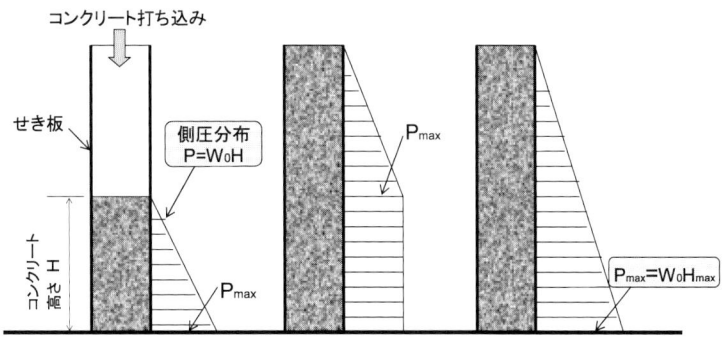

図5.3.39　型枠に作用する側圧の概念図

4 コンクリート工事

(1) コンクリートエ事のフロー

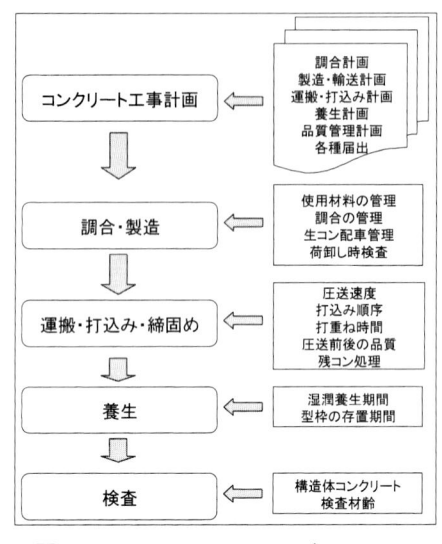

図5.3.40 コンクリート工事のフロー

表5.3.8 コンクリート工事の人員配置（ポンプ車1台あたり）

作業	作業内容	人数	備考
運搬	コンクリート圧送	1	圧送技能士
打込み	指揮	1	土工の職長
	筒先	2	圧送業者あるいは土工
	段取り，尻鍬	3	土工
	振動締固め（振動機3台）	4	土工
	たたきおよび型枠振動機	4	土工
	荒均し	2	土工あるいは左官工
仕上げ	床仕上げ，天端仕上げ	5	左官工
整理	生コン誘導および納入伝票整理	1	警備業者
相番	型枠保守	2	大工
	鉄筋保守	2	鉄筋工
	設備埋設管・ボックス・金物保守	1	設備業者

(2) コンクリートの調合・発注・製造

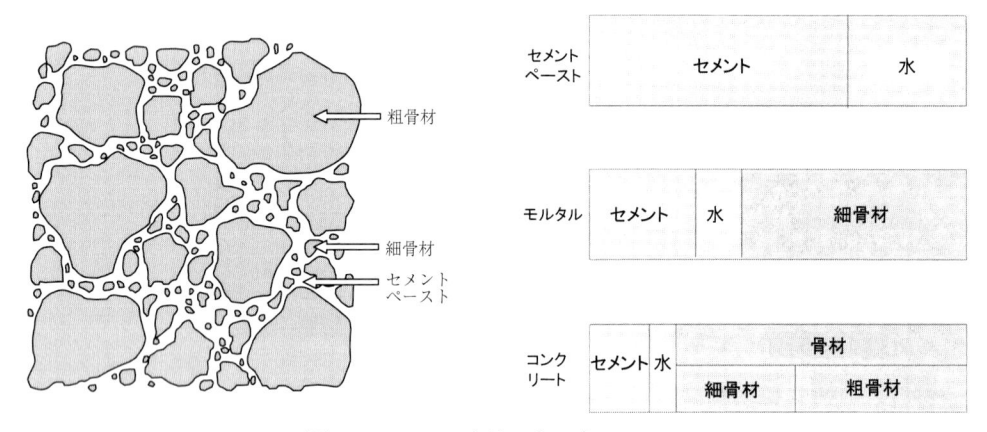

図5.3.41 コンクリート工事のフロー

表5.3.9 コンクリートの調合設計条件

性能区分	性能項目	調合要因 材料	調合要因 調合項目
構造安定性	・設計基準強度 ・気乾単位容積質量 ・ヤング係数 ・クリープ		・水セメント比 ・単位容積質量 ・空気量
耐久性	・耐久性設計基準強度 ・塩害抵抗性 ・中性化抵抗性 ・アルカリ骨材反応抵抗性 ・凍害抵抗性 ・耐火性	・セメント ・骨材 ・混和剤 ・混和材料 ・水	・水セメント比 ・空気量 ・単位水量 ・単位セメント量 ・塩化物イオン量 ・総アルカリ量
使用性	・水密性 ・遮音性 ・断熱性		・水セメント比 ・単位容積質量
施工性	・ワーカビリティー ・流動性 ・施工時所要強度		・スランプ ・空気量 ・水セメント比 ・細骨材率

5.3 鉄筋コンクリート工事　81

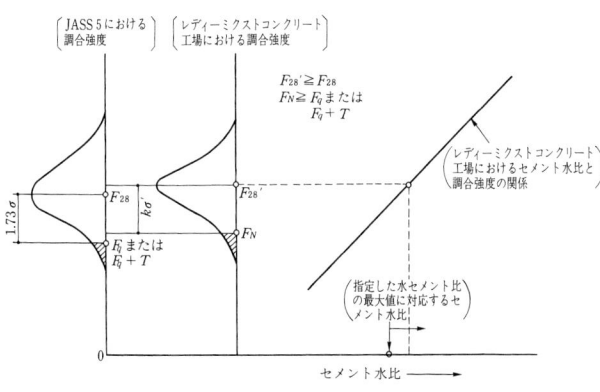

図 5.3.42　呼び強度の定め方（調合設計条件）[5.3.8]

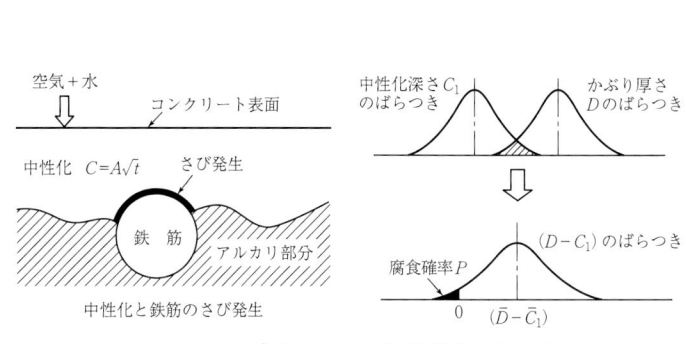

図 5.3.43　中性化による鉄筋腐食の概念図

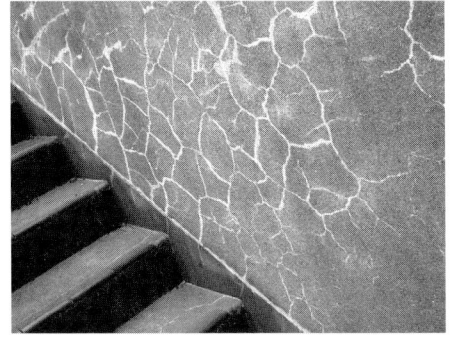

図 5.3.44　アルカリ骨材反応による劣化

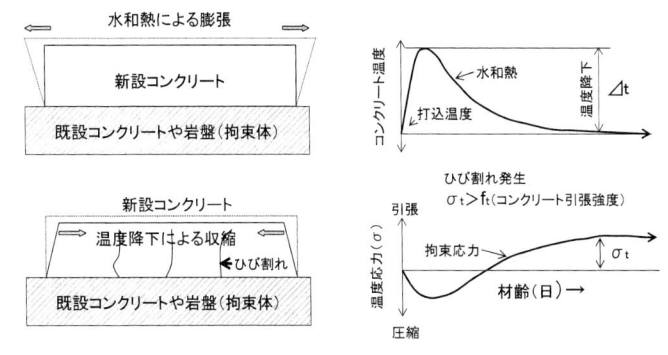

図 5.3.45　マスコンクリートひび割れ対策

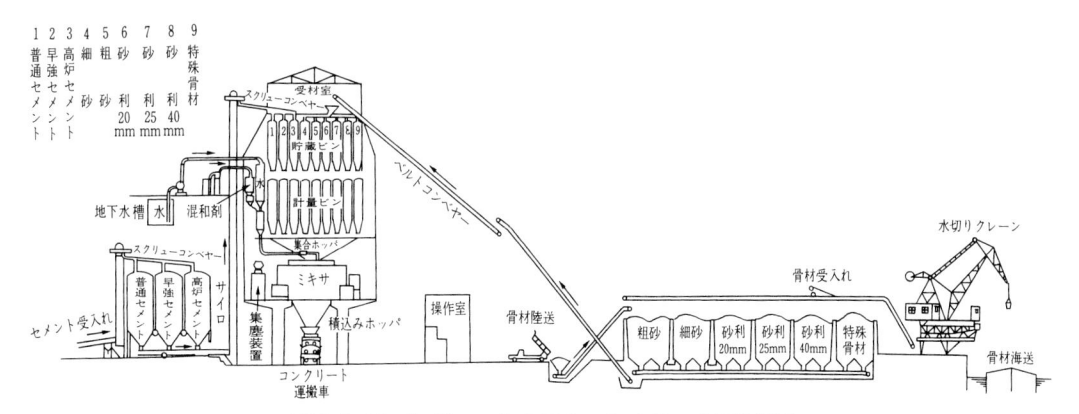

図 5.3.46　レディーミクストコンクリート工場[5.3.8]

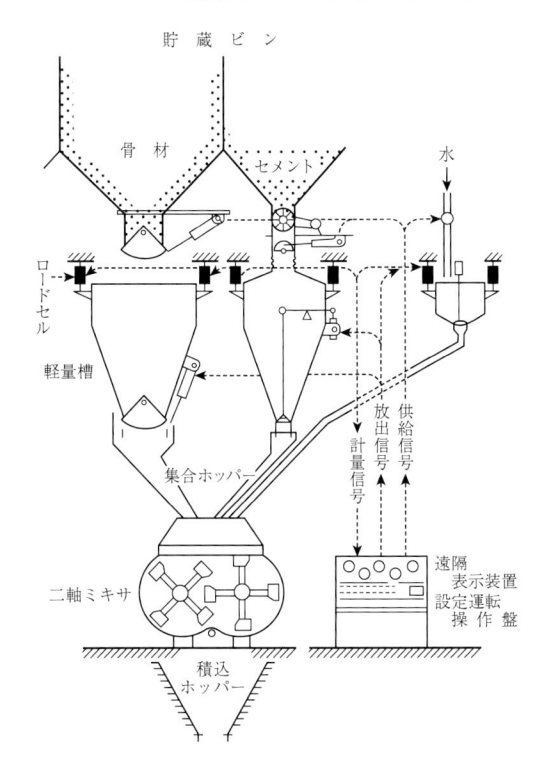

図 5.3.47　バッチングプラント

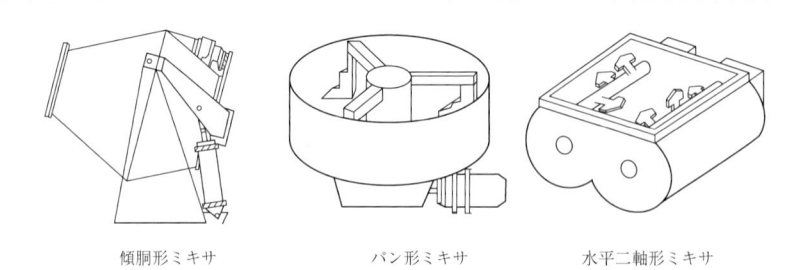

82　5章　躯体工事

傾胴形ミキサ　　　　パン形ミキサ　　　　水平二軸形ミキサ

傾胴型ミキサ　　　　パン型ミキサ　　　　水平二軸型ミキサ

図5.3.48　コンクリートミキサの種類

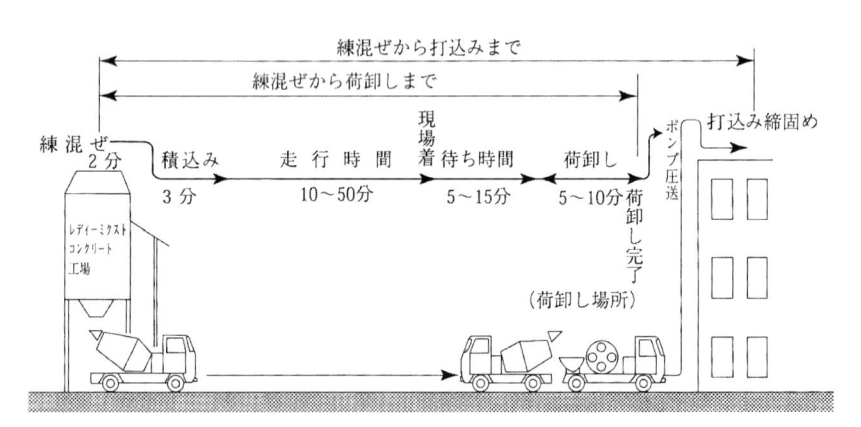

図5.3.49　レディーミクストコンクリートの運搬

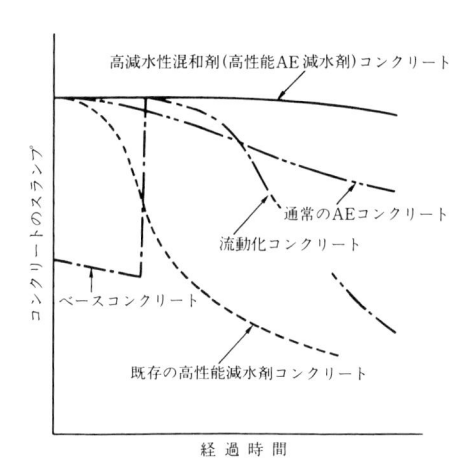

図5.3.50　混和剤の種類によるコンクリートの流動性の変化[5.3.9]

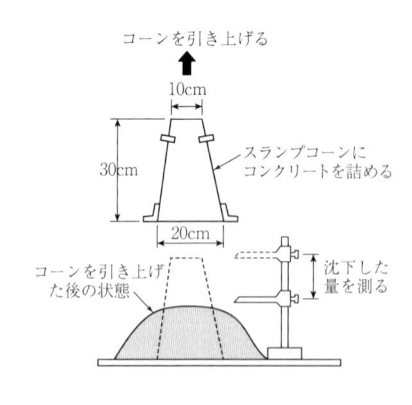

（スランプ・空気量試験）　　　（スランプ試験方法）　　　（圧縮強度試験）

図5.3.51　レディーミクストコンクリートの荷卸し時の品質検査

5.3 鉄筋コンクリート工事　83

（3）現場内の運搬

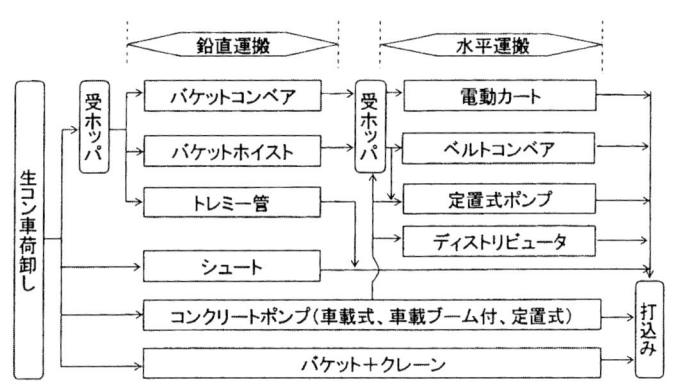

図 5.3.52　現場内運搬工法の組合せ

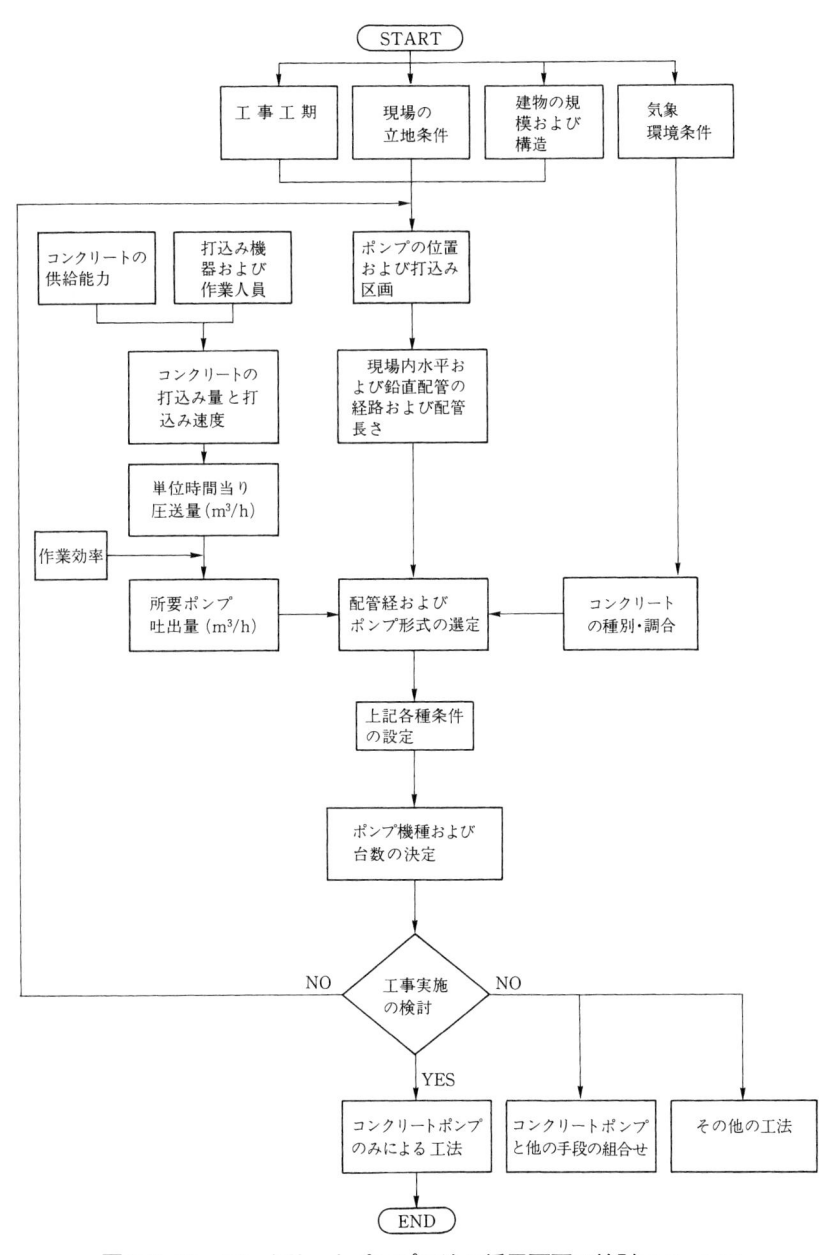

図 5.3.53　コンクリートポンプ工法の採用可否の検討フロー[5.3.5)]

84　5章　躯体工事

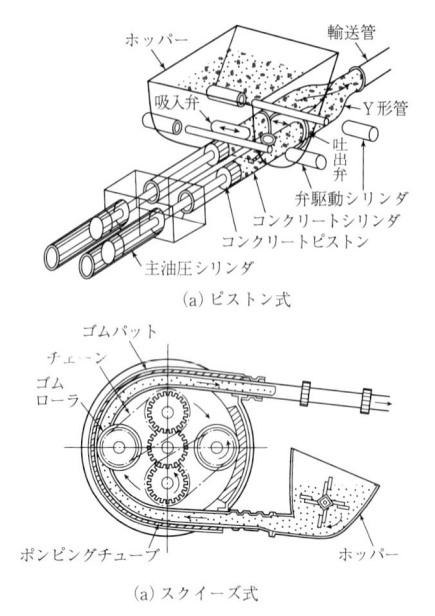

図5.3.54　コンクリートポンプの構造
(a) ピストン式
(a) スクイーズ式

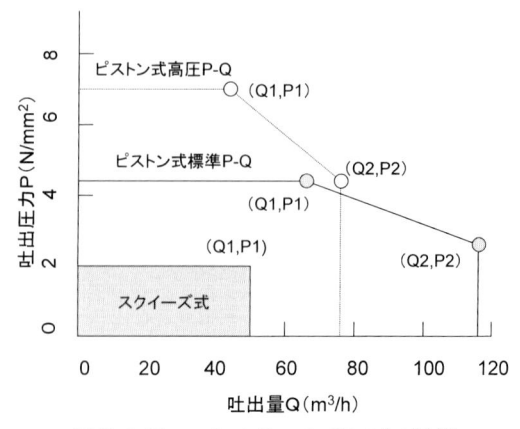

図5.3.55　コンクリートポンプの性能

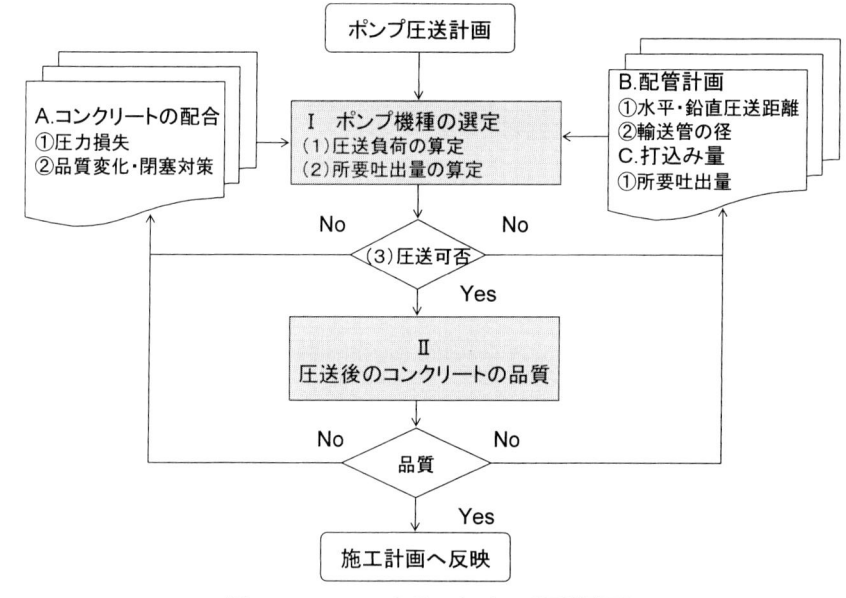

図5.3.56　コンクリートポンプ圧送計画

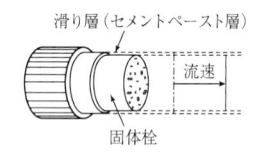

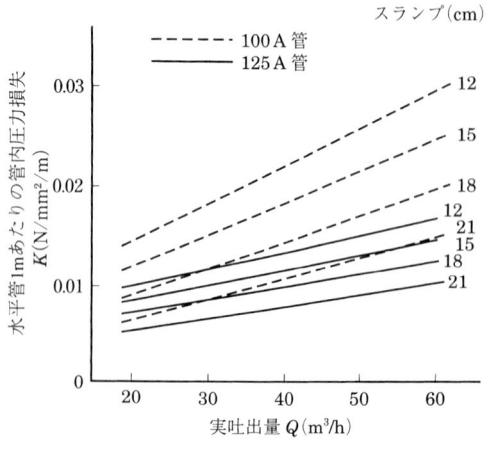

図5.3.57　水平管の管内圧力損失

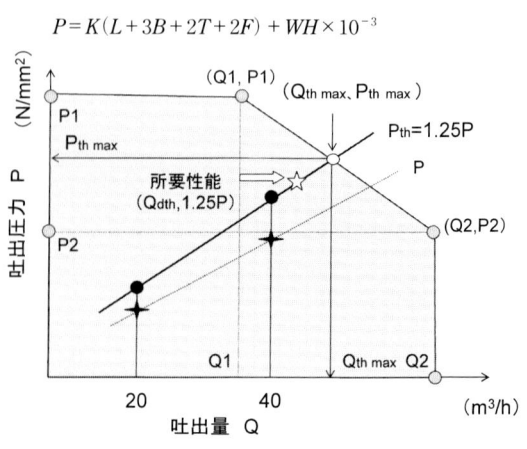

$$P = K(L + 3B + 2T + 2F) + WH \times 10^{-3}$$

図5.3.58　圧送負荷の算出

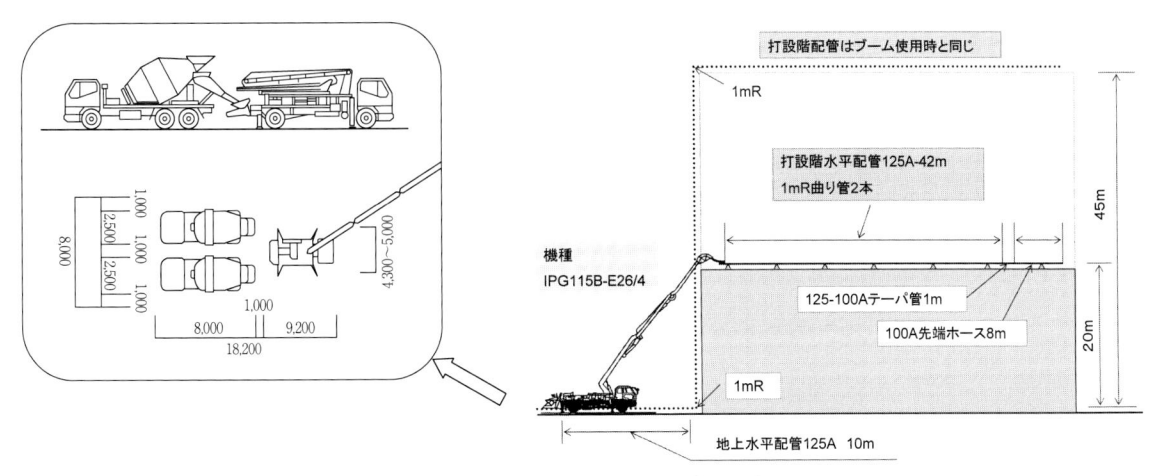

図 5.3.59　コンクリートポンプ圧送計画

（4）コンクリートの打込み・締固め・仕上げ

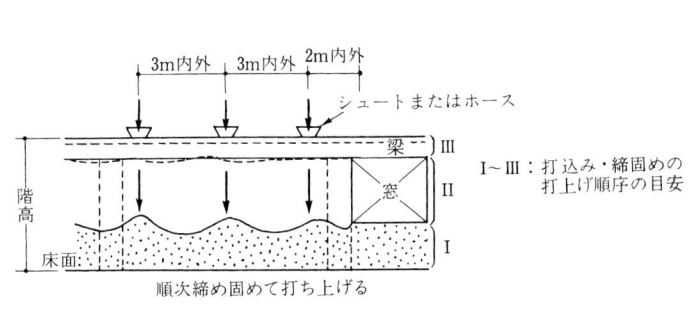

図 5.3.60　鉛直部材の打込み方法

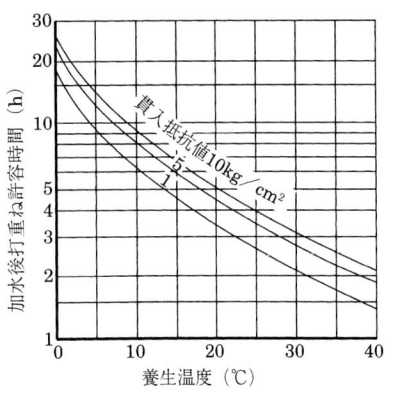

図 5.3.61　打重ね時間間隔

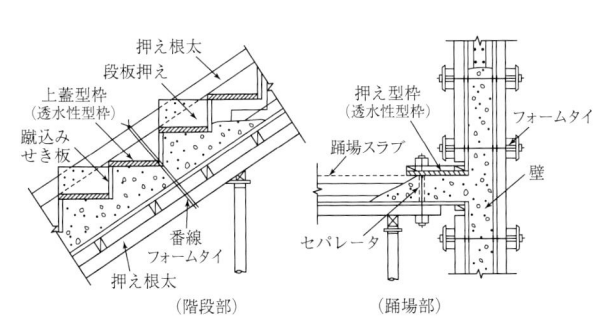

図 5.3.62　階段の打込み方法

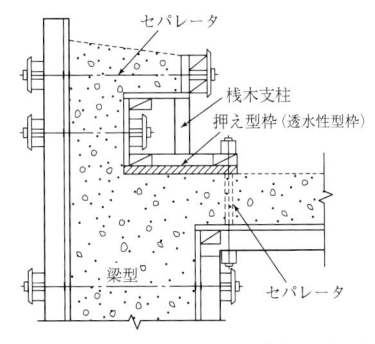

図 5.3.63　パラペットの打込み方法

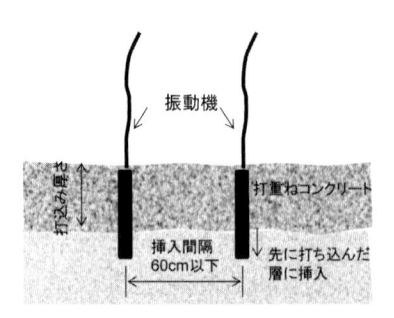

図5.3.64　振動締固め方法

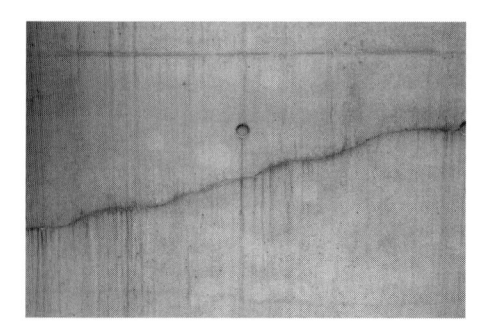

図5.3.65　コールドジョイント

図5.3.66　コンクリートの打込み・締固めの様子

(5) コンクリートの養生

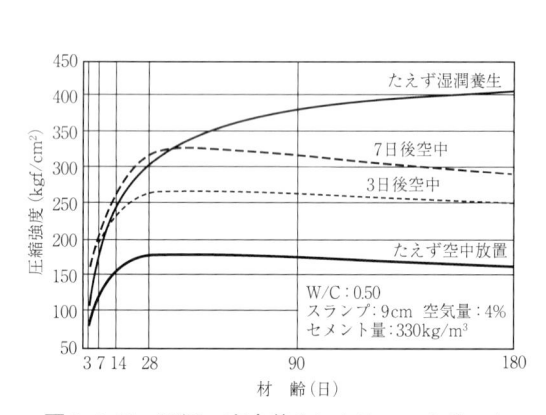

図5.3.67　湿潤・空中養生によるコンクリート

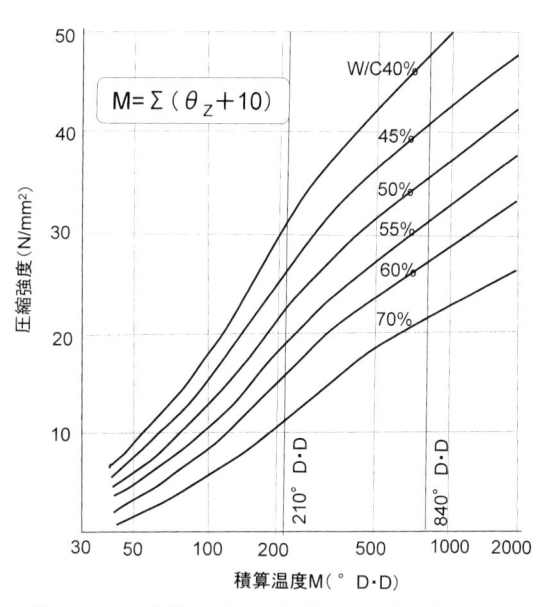

図5.3.68　積算温度と圧縮強度の関係（概念図）

$M = \Sigma (\theta_z + 10)$

(6) 型枠・支保工の取外し時のコンクリート強度

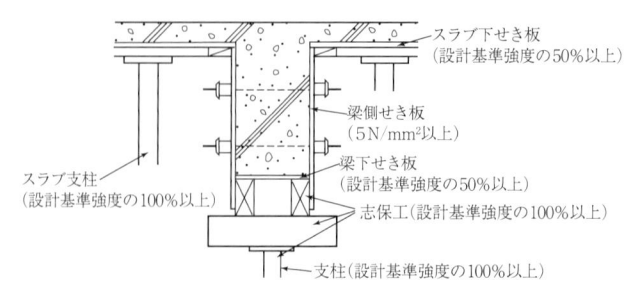

図5.3.69　型枠・支保工の取外し時のコンクリート強度

5.4　鉄骨鉄筋コンクリート工事

1　鉄骨鉄筋コンクリート造の概要

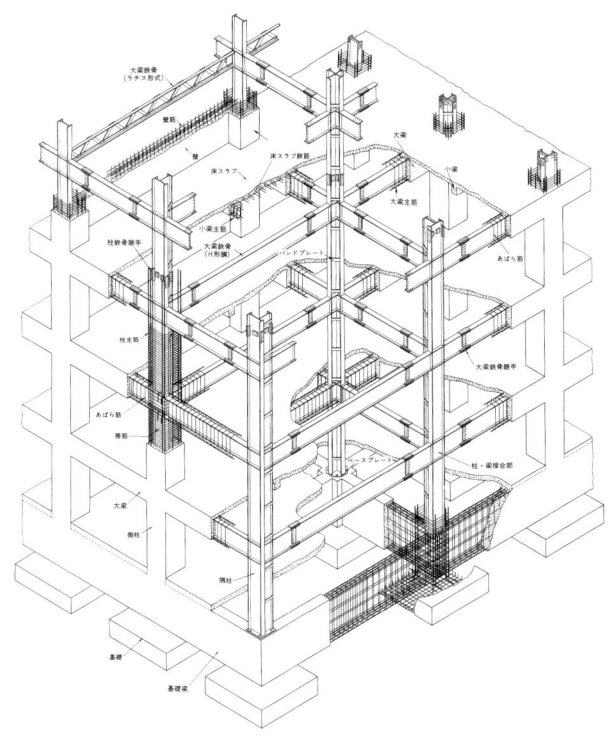

図 5.4.1　SRC 構造概念図[5.4.1]

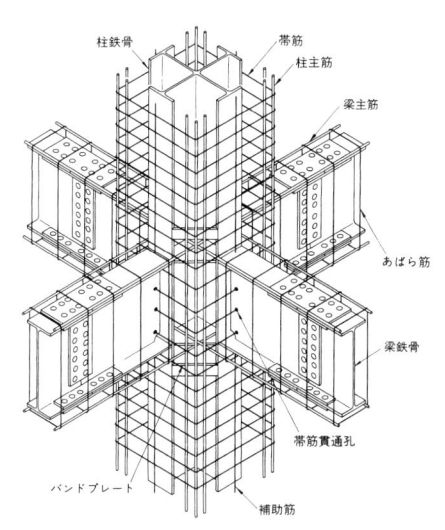

図 5.4.2　柱梁接合部の鉄筋の納まり[5.4.1]

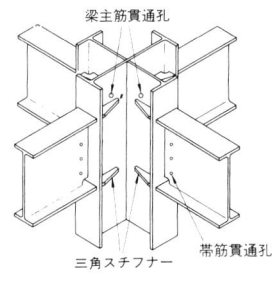

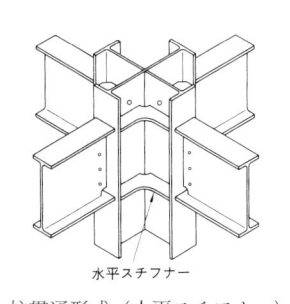

柱貫通形式（三角スチフナー）　　柱貫通形式（水平スチフナー）　　梁貫通形式

図 5.4.3　柱・梁接合部形式[5.4.1]

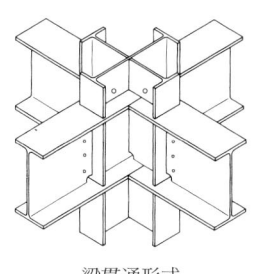

2　コンクリートの打込み

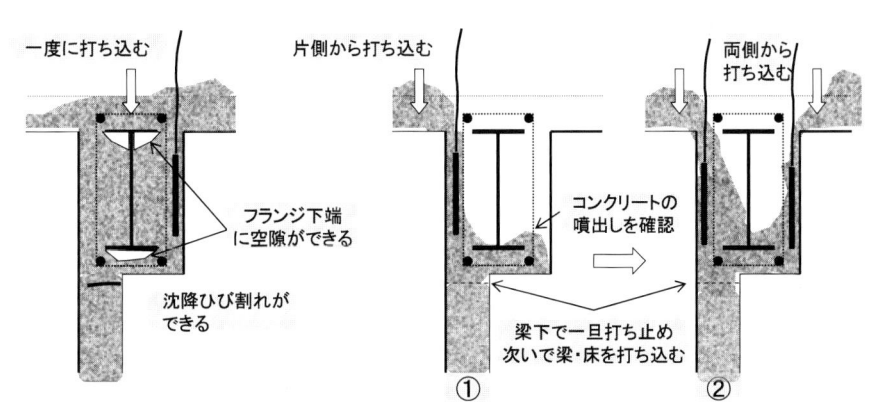

図 5.4.4　SRC 梁の打込み方法

鉄筋・鉄骨が混み入った柱・梁接合部

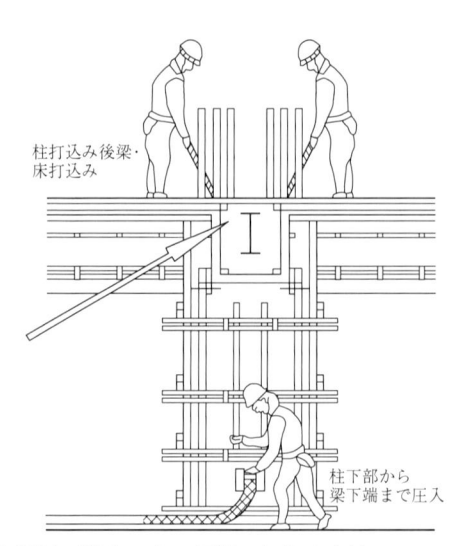

図5.4.5　鉄筋・鉄骨の混み入った部材・階高の高い部材の打込み方法[5.4.2]

5.5　プレキャストコンクリート工事

1　プレキャストコンクリート建築の概要

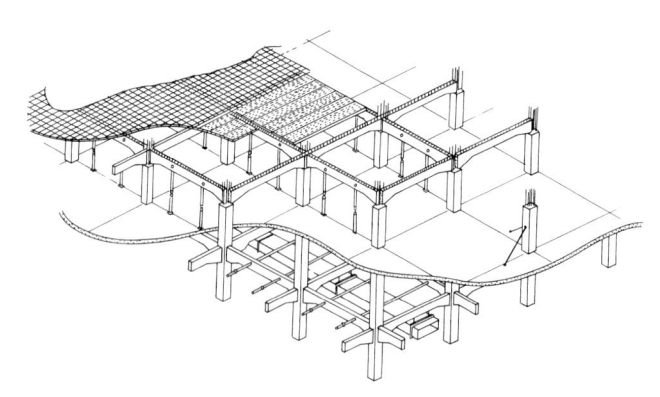

図5.5.1　ラーメンプレキャスト鉄筋コンクリート（PRC）工法の躯体構成[5.5.1]

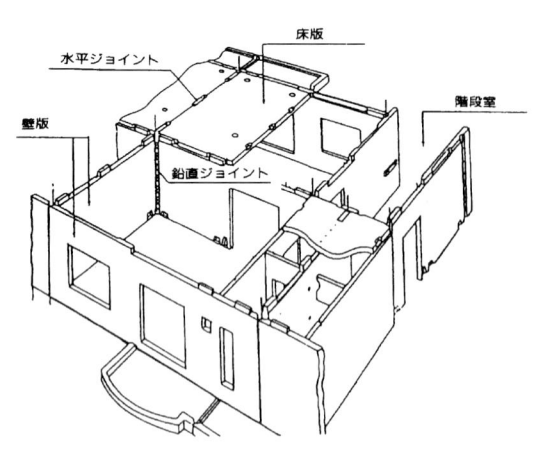

図5.5.2　壁式プレキャストコンクリート（WPC）工法の躯体構成[5.5.1]

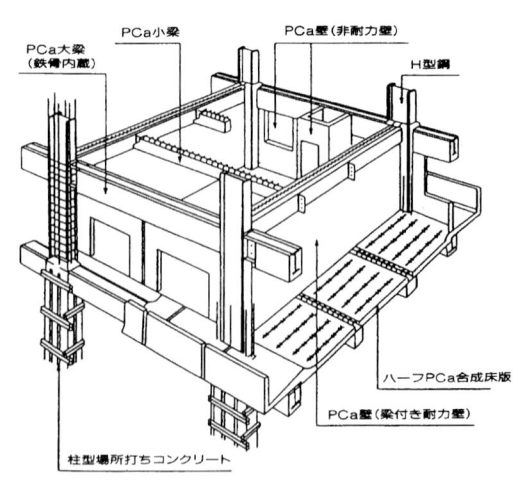

図5.5.3　プレキャスト鉄骨鉄筋コンクリート（SRPC）工法の躯体構成[5.5.1]

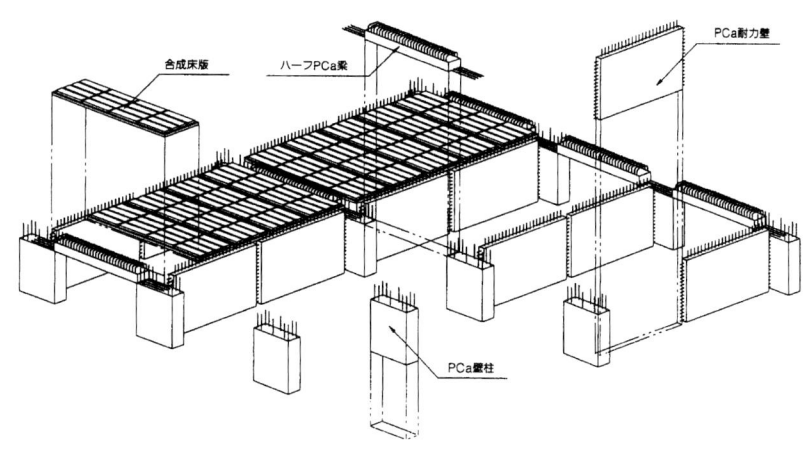

図5.5.4 壁式ラーメンプレキャストコンクリート（WRPC）工法の躯体構成

[2] プレキャストコンクリート工事の流れ
（1）全体の流れ

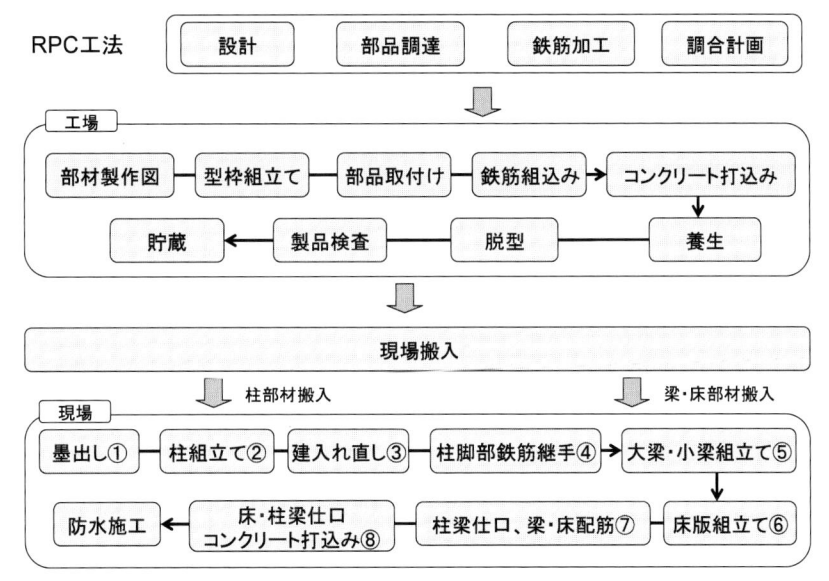

図5.5.5 RPC工法における工事全体の流れ

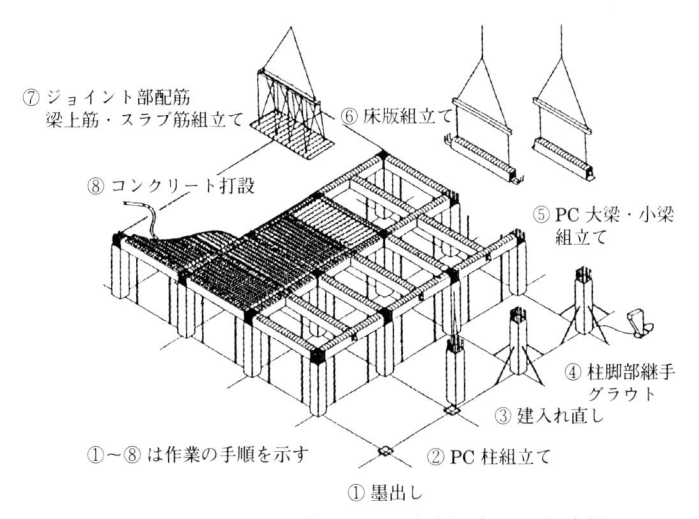

図5.5.6 RPC工法の現場における部材の組立て概念図[5.5.2]

90　5章　躯体工事

（2）部材の製造

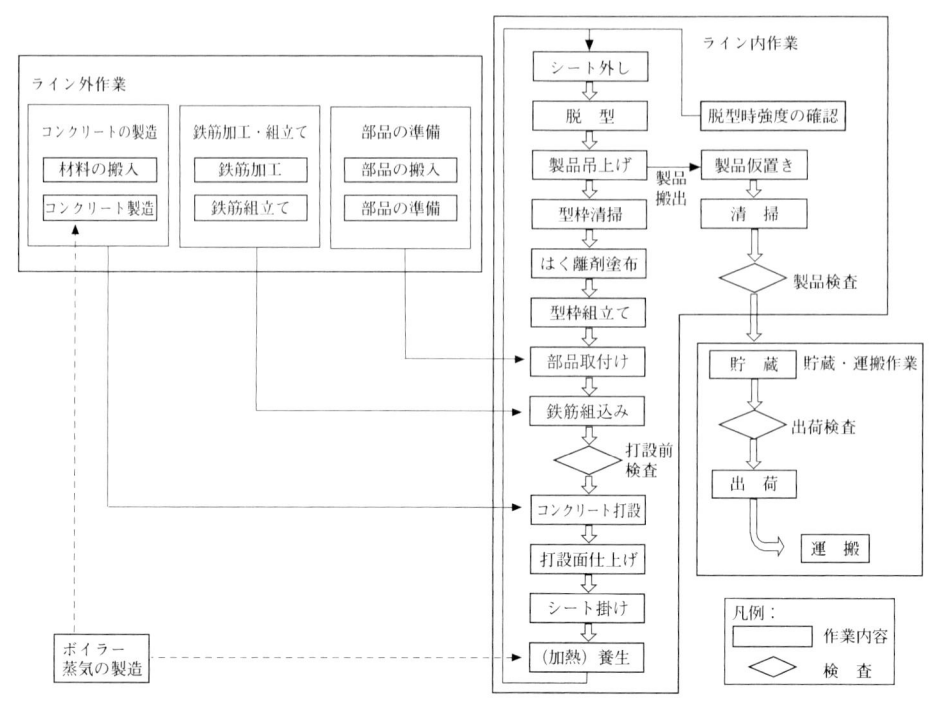

図5.5.7　プレキャストコンクリート部材製造工程の例[5.5.2)]

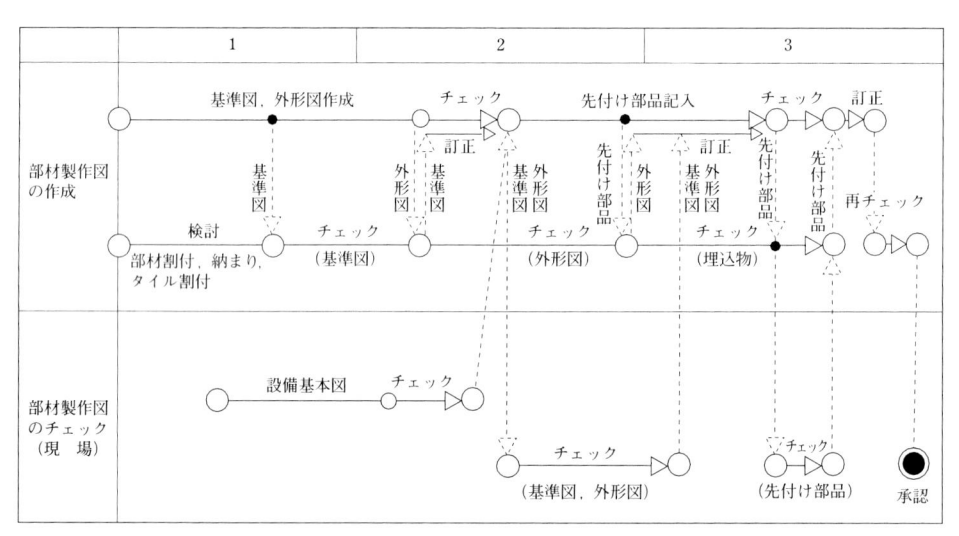

図5.5.8　プレキャストコンクリート部材製作図の作成工程手順の例[5.5.2)]

表5.5.1　プレキャストコンクリート部材に取り付けられる先付け部品の種類[5.5.2)]

使用区分	主な先付け部品の種類
接合用金物	スリーブ接合用金物，溶接接合用金物など
鉄筋加工部品	接合用鉄筋，吊上げ用金物，開口補強鉄筋(既製品)など
開口部品	サッシ，ドア枠，木枠，マンホール枠など
仕上材固定部品	インサート，木れんがなど
設備用部品	電線管，電気ボックス，給配水管，ガス管，ドレーンなど
その他	ノンスリップ，吊上げ用金物(既製品)，レベル調整材など

5.5 プレキャストコンクリート工事　91

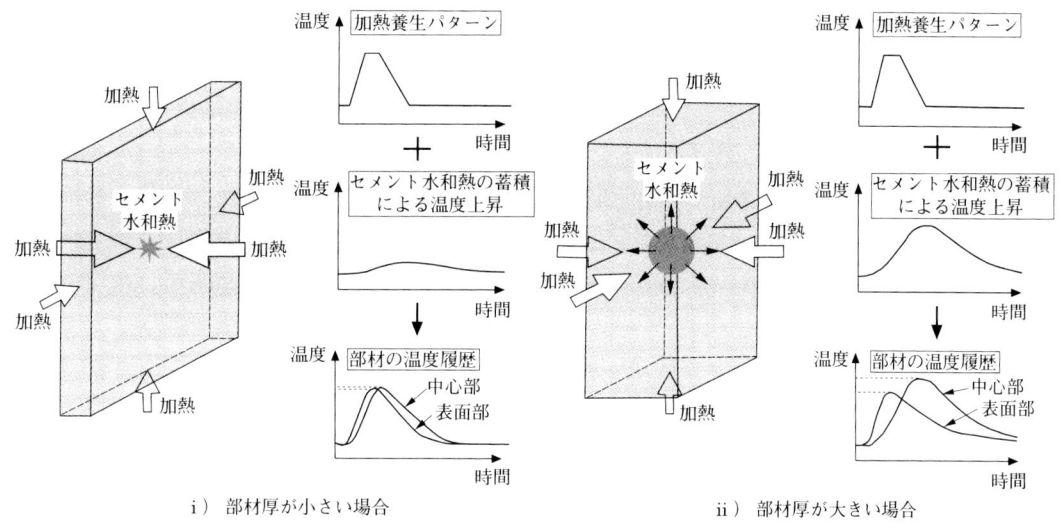

　　i）部材厚が小さい場合　　　　　　　　　　　　　　ii）部材厚が大きい場合

図5.5.9　プレキャストコンクリート部材の加熱養生およびセメント水和熱蓄積[5.5.2]

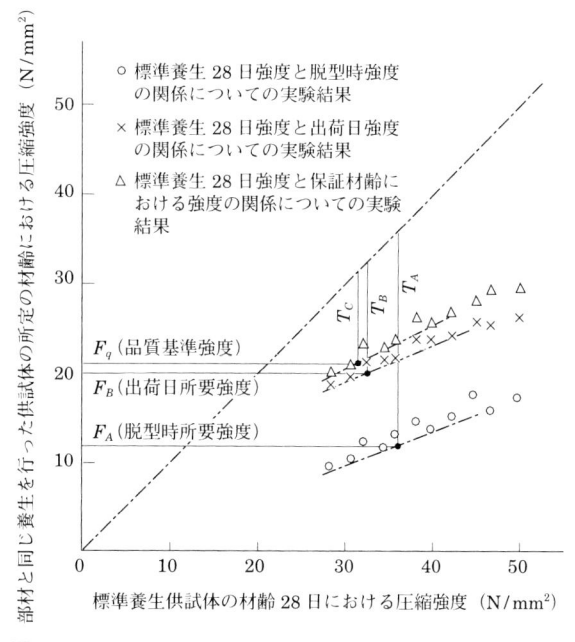

図5.5.10　部材に用いるコンクリート調合を定める際の
コンクリート強度補正値を求める手順[5.5.2]

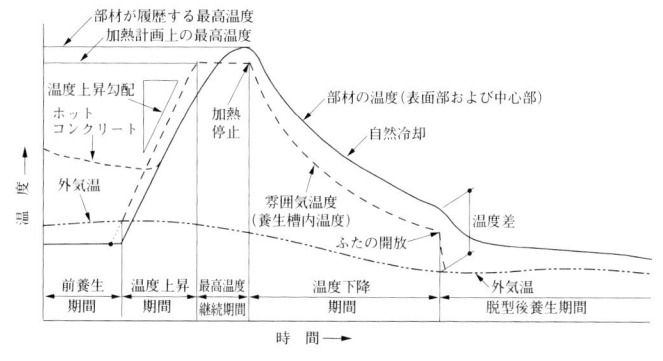

図5.5.11　加熱養生工程と部材温度の例（部材厚が小さい場合）[5.5.2]

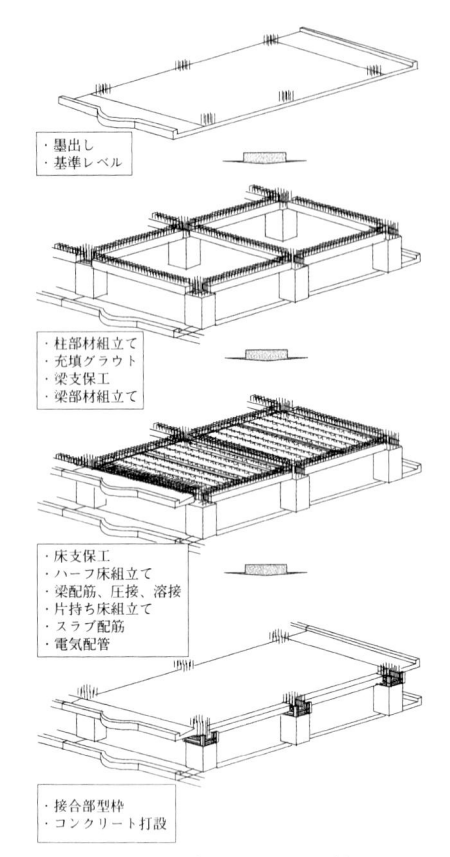

図 5.5.12　ラーメンプレキャスト鉄筋コンクリート
　　　　　（PRC）工法の組立て手順[5.5.2]

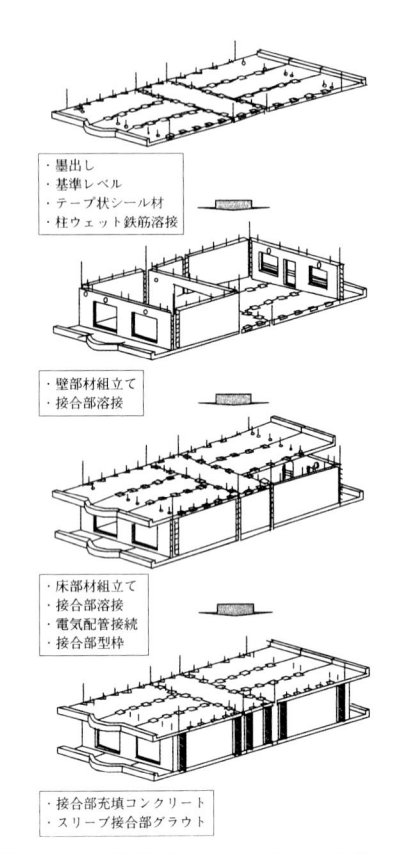

図 5.5.13　壁式プレキャストコンクリート
　　　　　（WPC）工法の組立て手順[5.5.2]

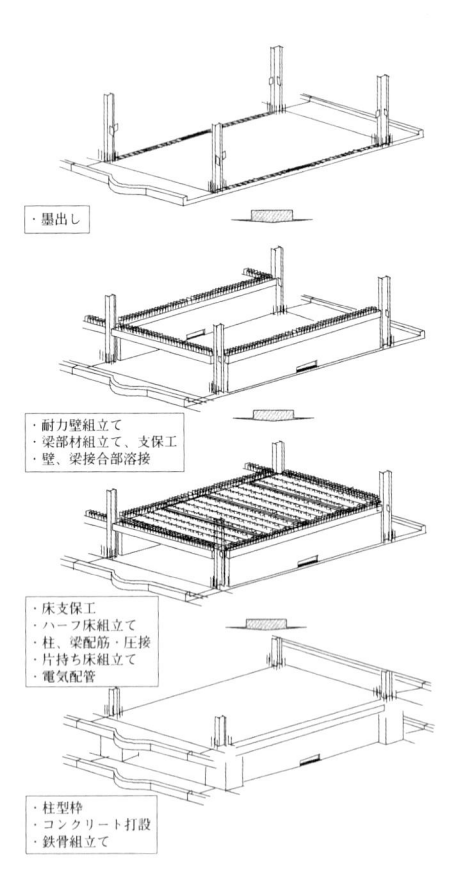

図 5.5.14　プレキャスト鉄骨鉄筋コンクリート
　　　　　（SRPC）工法の組立て手順[5.5.2]

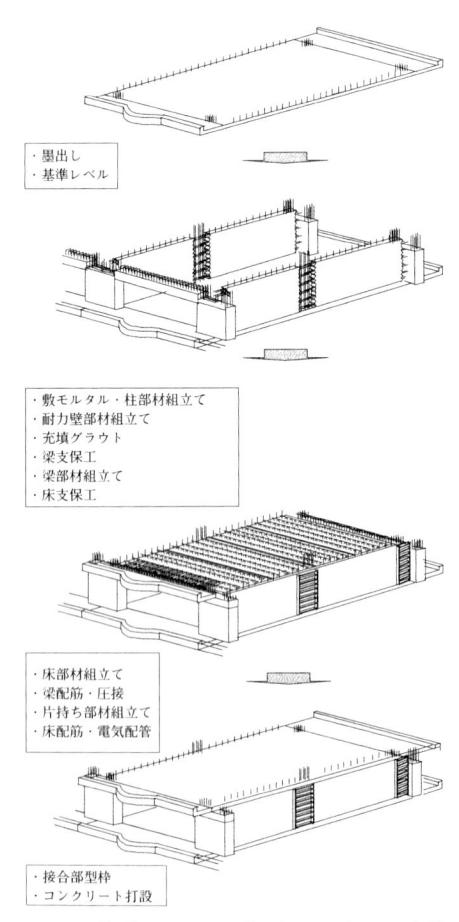

図 5.5.15　壁式ラーメンプレキャストコンクリート
　　　　　（WRPC）工法の組立て手順[5.5.2]

図 5.5.16 柱プレキャスト部材継手へのグラウト材注入方法[5.5.2)]

5.6　メーソンリー工事

1　補強コンクリートブロック工事

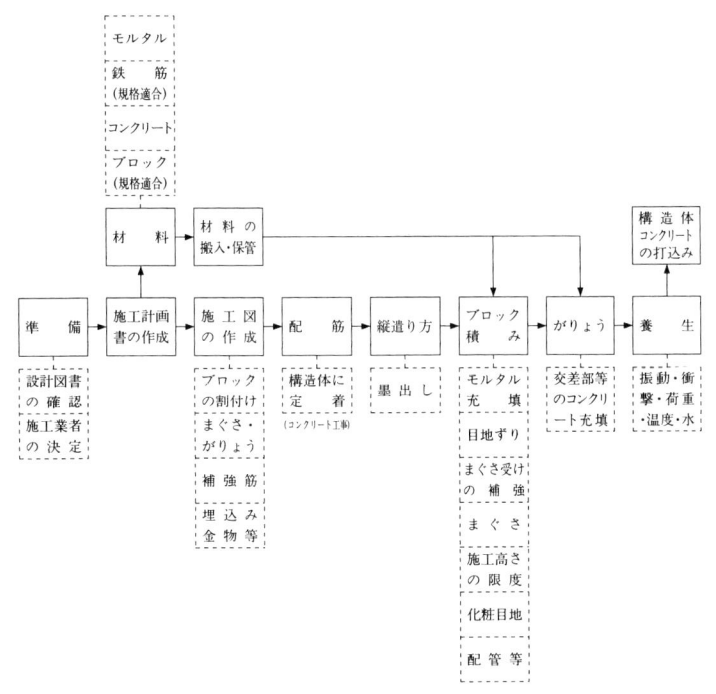

図 5.6.1　補強コンクリートブロック造工事の作業の流れ[5.6.1)]

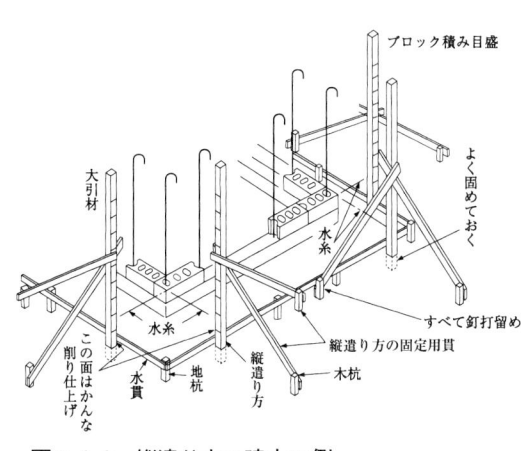

図 5.6.2　縦遣り方の建方の例
　　　　　その1（比較的大規模工事の場合）[5.6.1)]

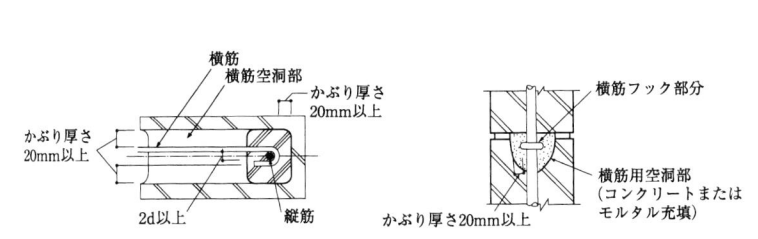

図 5.6.3　かぶり厚さ[5.6.1)]

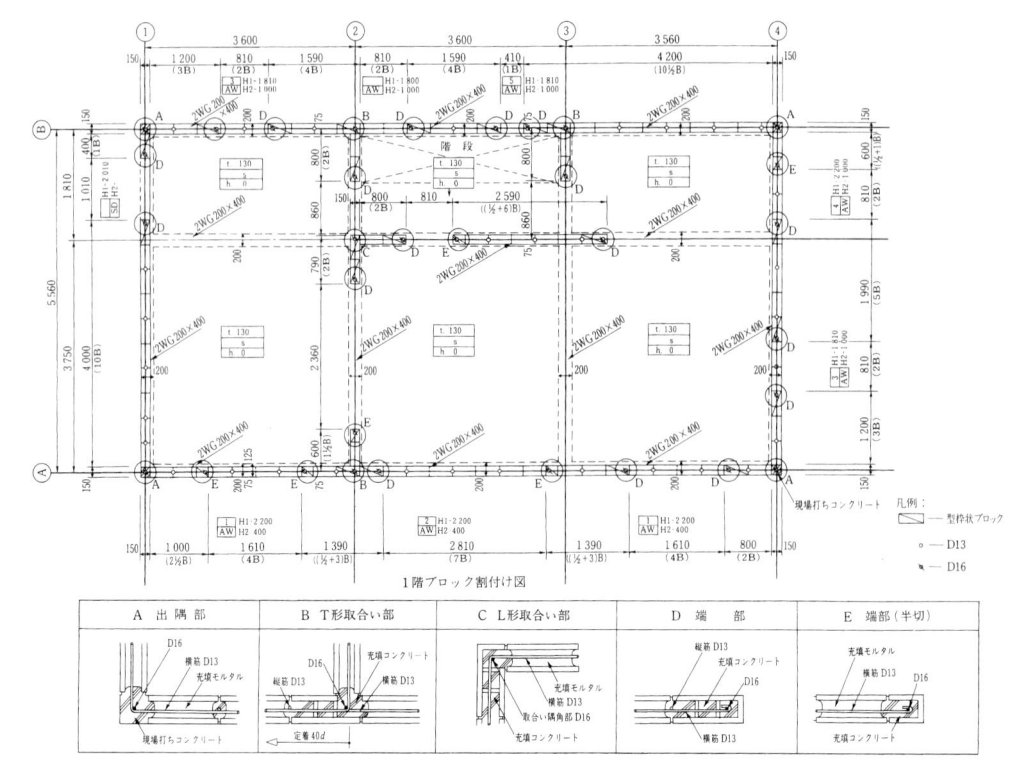

図 5.6.4 補強コンクリートブロック造の施工図の例（ユニット割付け図）[5.6.2]

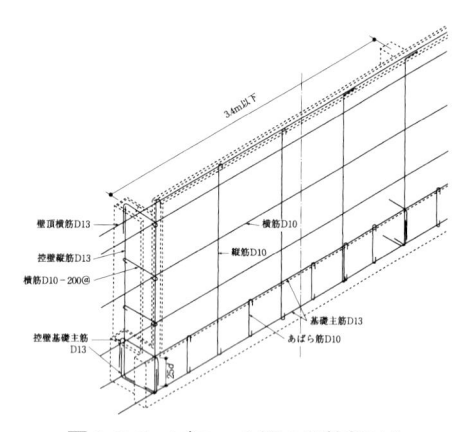

A 出隅部　B T形取合い部　C L形取合い部　D 端部　E 端部（半切）

図 5.6.5 ブロック塀の配筋例[5.6.1]

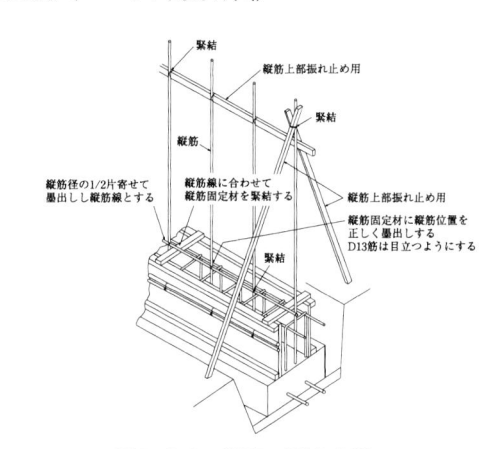

図 5.6.6 縦筋の固定方法[5.6.1]

2 補強れんが工事

表 5.6.1 基本形セラミックメーソンリーユニットのモデュール寸法[5.6.2]

断面形状による区分	セラミックれんが	セラミックブロック
長さ (mm)	150　225	300　333　400　450
高さ (mm)	75　100　125　150	167　200　225
厚さ (mm)	50* 75* 100* 112.5　120* 150* 180　190* 200　225　300	

［注］呼び寸法と実寸法の差は，普通モルタル用では 10 mm，薄目地用では 3 mm を標準とする．長さ，厚さおよび厚さの数値は組み合わせによる．*は，実寸法とすることができる．

表 5.6.2 セラミックメーソンリーユニットの形状と構法の関連[5.6.2]

各 節 構 工 法	構　　法	メーソンリーユニットの形状
8節　メーソンリー仕上げ工事 10節　メーソンリー積み工事	れんが積張り工法	NS，NP，YS，YP
	れんが組積造（無筋）	NS，NP
	各種れんが外構	NS，NP
3節　鉄筋コンクリート組構造工事 4節　補強コンクリートブロック造工事 5節　補強セラミックブロック造工事 6節　補強コンクリートブロック帳壁工事 7節　補強コンクリートブロック塀工事	鉄筋コンクリート組積造	LF
	セラミックブロック造（補強れんが構造）	C (LH)
	帳壁・塀・擁壁など	LH，C
9節　メーソンリー床工事	モルタル敷き床工法（ドライ・ウェット）	NS，NP，YS，YP，LS，LP

［注］N：標準形，Y：ようかん形，L：大形，S：中実，P：穴あき，H：空洞，F：型枠状，C：セラミックブロック

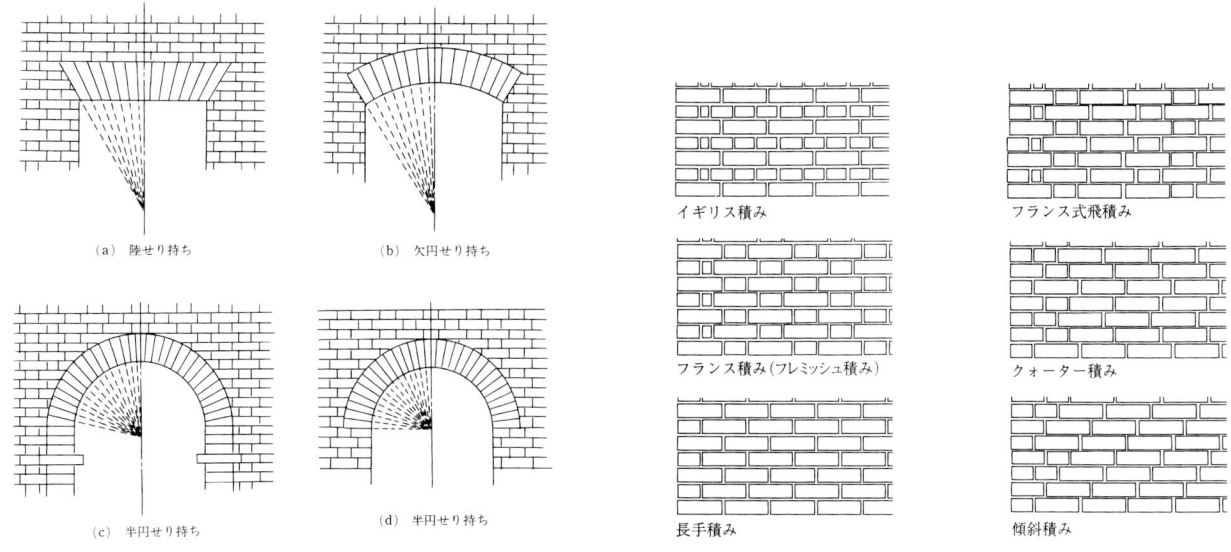

図5.6.7　せり持ちの形状の例[5.6.2)]

(a) 陸せり持ち
(b) 欠円せり持ち
(c) 半円せり持ち
(d) 半円せり持ち

図5.6.8　積みパターンの例[5.6.2)]

イギリス積み
フランス式飛積み
フランス積み（フレミッシュ積み）
クォーター積み
長手積み
傾斜積み

3　れんが積張り工事

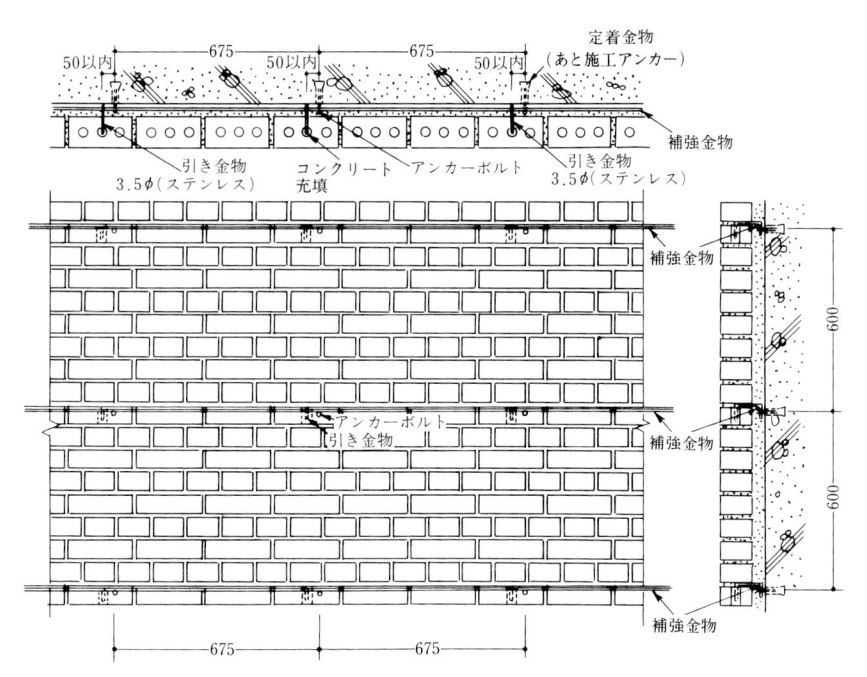

図5.6.9　一般壁部におけるれんが積張り構法の取付け例[5.6.2)]

96　5章　躯体工事

④　補強石造工事

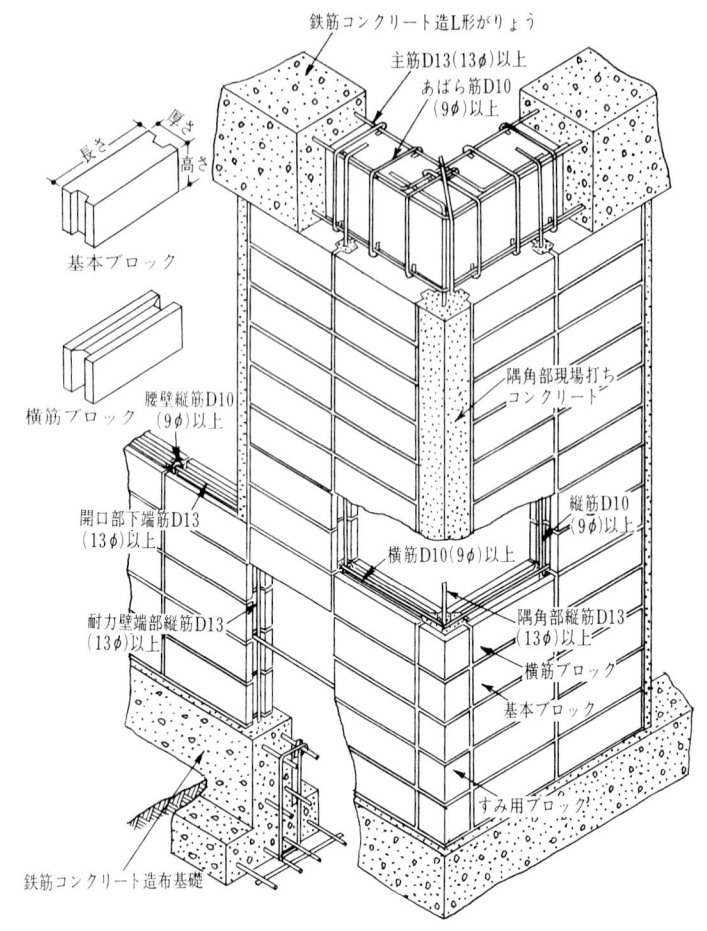

図5.6.10　補強石造

⑤　ガラスブロック積み工事

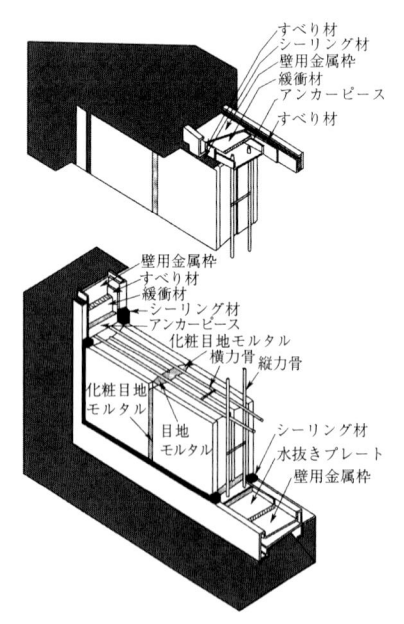

図5.6.11　ガラスブロック積み工法の標準施工例

6章　内外装工事

6.1　屋根工事

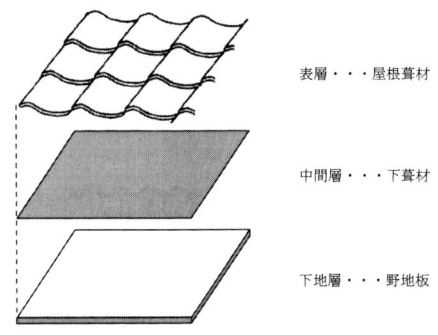

図6.1.1　葺屋根の基本構成

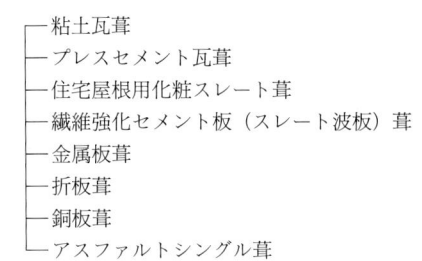

表層・・・屋根葺材
中間層・・・下葺材
下地層・・・野地板

図6.1.2　JASS 12 屋根工事における屋根構法の種類

- 粘土瓦葺
- プレスセメント瓦葺
- 住宅屋根用化粧スレート葺
- 繊維強化セメント板（スレート波板）葺
- 金属板葺
- 折板葺
- 銅板葺
- アスファルトシングル葺

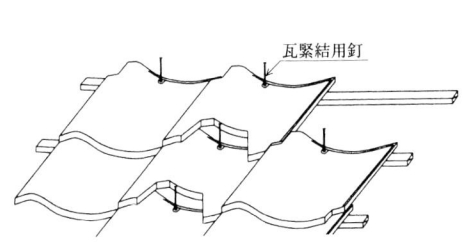

図6.1.3　粘土瓦葺（J形全数緊結の場合）[6.1.1]

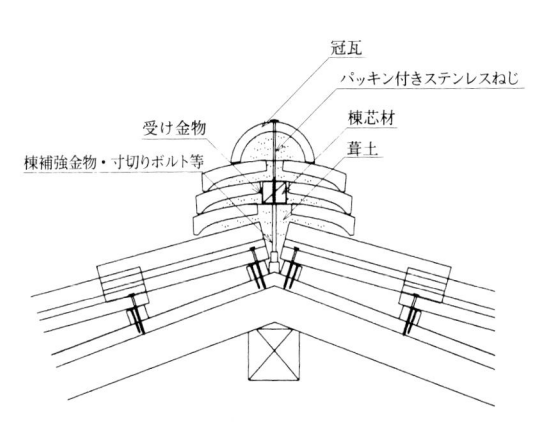

図6.1.4　補強金物によるのし瓦積み棟の例[6.1.1]

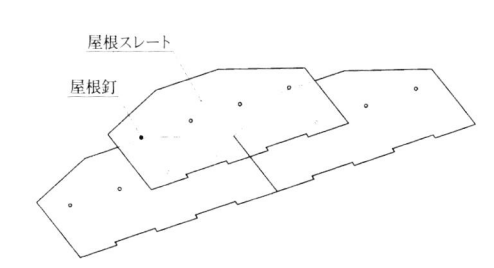

図6.1.5　住宅用屋根用化粧スレート葺[6.1.1]

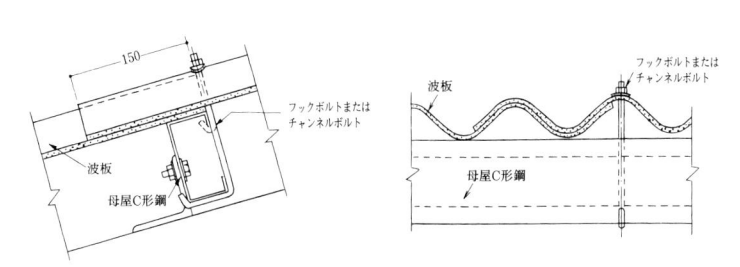

図6.1.6　繊維強化セメント板（スレート波板）葺[6.1.1]

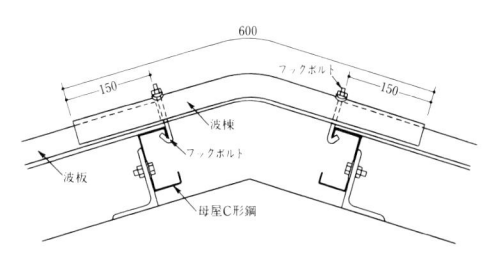

図6.1.7　繊維強化セメント板（スレート波板）葺棟部分の留付け例[6.1.1]

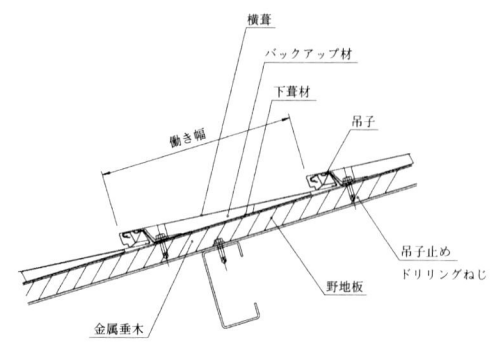

図 6.1.8　金属板葺の構成例[6.1.1]

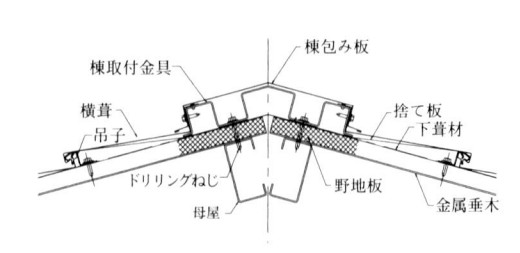

図 6.1.9　金属板葺の棟の納まり[6.1.1]

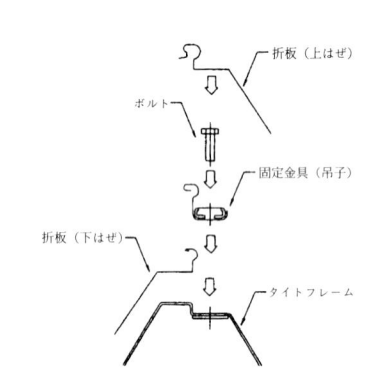

図 6.1.10　折板葺（はぜ締め形折板の工程）[6.1.1]

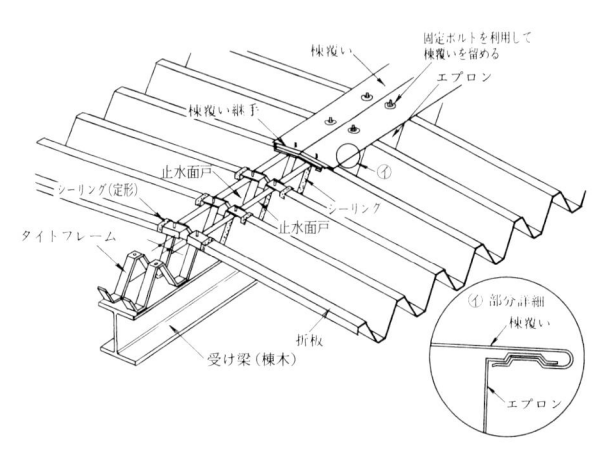

図 6.1.11　折板葺（棟覆いの納まり）[6.1.1]

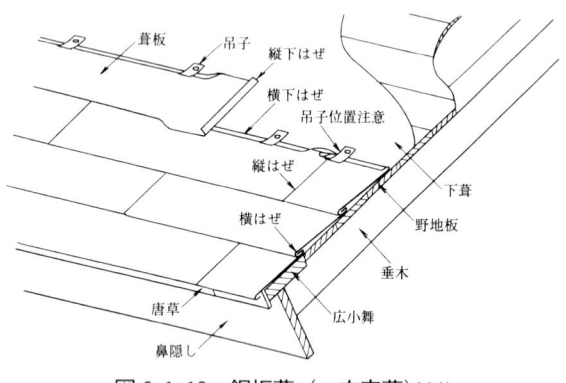

図 6.1.12　銅板葺（一文字葺）[6.1.1]

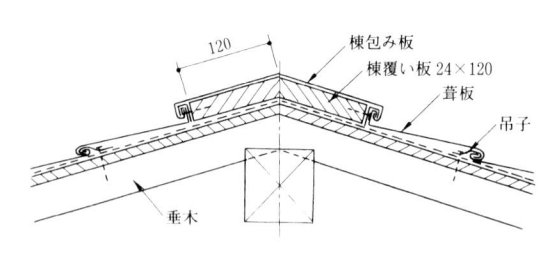

図 6.1.13　銅板葺（棟覆いの納まり）[6.1.1]

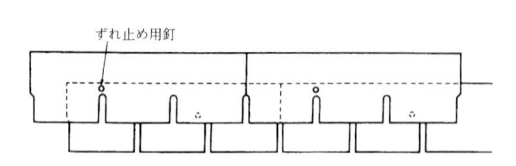

図 6.1.14　アスファルトシングル葺（ずれ止め用シングル針の打ち方）[6.1.1]

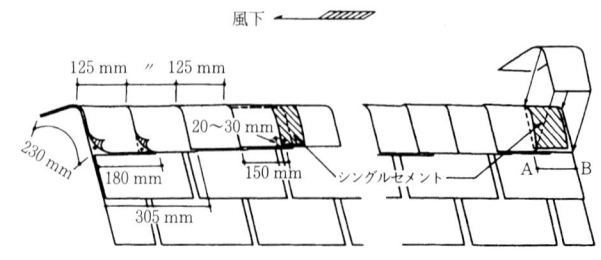

図 6.1.15　アスファルトシングル葺（棟覆いの納まり）[6.1.1]

6.2 防水工事

1 メンブレン防水

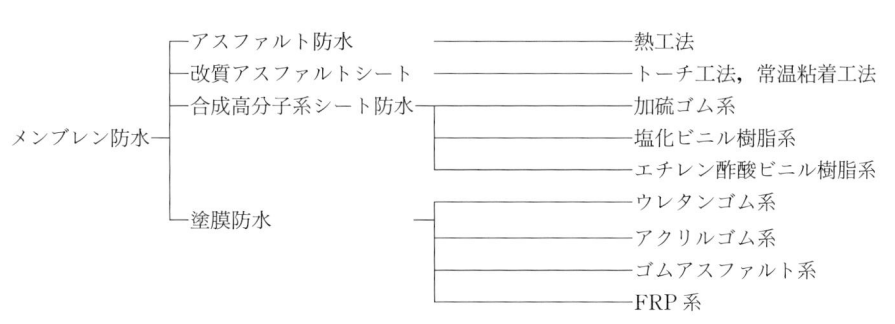

図6.2.1 メンブレン防水の種類

```
                ┌ アスファルト防水 ──────── 熱工法
                ├ 改質アスファルトシート ──── トーチ工法，常温粘着工法
メンブレン防水 ──┤ 合成高分子系シート防水 ┬── 加硫ゴム系
                │                        ├── 塩化ビニル樹脂系
                │                        └── エチレン酢酸ビニル樹脂系
                └ 塗膜防水 ──────────────┬── ウレタンゴム系
                                         ├── アクリルゴム系
                                         ├── ゴムアスファルト系
                                         └── FRP系
```

図6.2.2 防水施工後の状況

表6.2.1 メンブレン防水の概要

アスファルト防水 （熱工法）	・ルーフィング（シート）の性能は，他に比べて特に優れていないが，ルーフィングの種類と枚数を変えて特性の異なる防水層が得られる． ・多数のルーフィングを張り合わせることでシームレス（継ぎ目のない）な防水層が得られる． ・防水層が厚手になるので，飛来物による損傷を受け難く，保護（押え層）が施せる． ・溶融したアスファルトが冷えれば次工程に移れ，工程数のわりに短工期である． ・コンクリート下地の水分が多いと，溶融アスファルトの熱で防水層が膨れることがある． ・溶融アスファルトで火傷する危険がある． ・溶融アスファルトの臭気が近隣に迷惑を及ぼすことがある．
改質アスファルト防水 （トーチ工法）	・ルーフィング（シート）は上記より厚手で高性能である． ・複層とすることでシームレスな防水層が得られるが，1層仕様ではルーフィング相互の継ぎ目の施工に十分な管理が必要である． ・防水層が厚手になるので，飛来物による損傷を受け難く，保護（押え層）が施せる． ・トーチで加熱されたアスファルトが冷えれば次工程に移れ，短工期である． ・アスファルトを溶融しないので，臭気，火傷の危険は上記より少ない．
合成高分子系 シート防水 （合成ゴム，合成樹脂）	・1層仕様のため，シート相互の継ぎ目の施工に十分な管理が必要である． ・塩化ビニルシートでは，着色された露出仕様で軽歩行用に適用される仕様もある． ・塩化ビニルシート，合成ゴムシートでは，接着剤を使用せず，固定金物で施工する仕様もある． ・合成ゴムシートは，優れた伸び性能により，ALCのようなパネル部材の屋根に向いている． ・防水層が薄層のため，歩行や飛来物によって損傷を受けやすい． ・防水層が薄層のため，歩行に供するための保護（押え層）は施せない． ・接着剤中の溶剤により中毒や引火に注意が必要である．
塗膜防水	・ウレタン系が主流である． ・塗布量，補強材入りか通気緩衝材入りかによって性能が変わる． ・最上層に着色材料を使用し，かつゴム粒をまいてノンスリップ仕様に適用される仕様もある． ・ノンスリップ仕様としない場合は，濡れると滑りやすい． ・塗布作業で防水層を形成するため，シームレスである． ・下地への接着性能が優れているため，防水層端部の押え金物は不要である． ・塗膜厚さの精度管理が重要である．

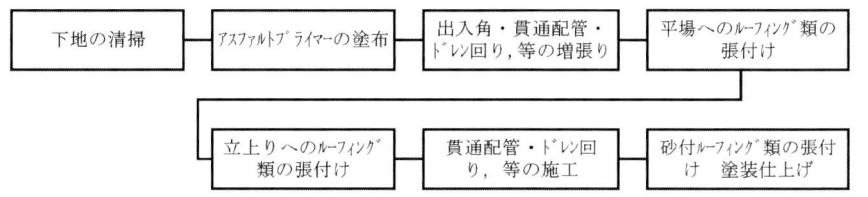

下地の清掃 → アスファルトプライマーの塗布 → 出入角・貫通配管・ドレン回り，等の増張り → 平場へのルーフィング類の張付け → 立上りへのルーフィング類の張付け → 貫通配管・ドレン回り，等の施工 → 砂付ルーフィング類の張付け 塗装仕上げ

図6.2.3 露出アスファルト防水施工の一般的な手順

100　6章　内外装工事

図 6.2.4　アスファルト防水（熱工法）の施工状況

図 6.2.5　改質アスファルト防水（トーチ工法）の施工状況

図 6.2.6　加硫ゴムシート防水の施工状況

図 6.2.7　ウレタン塗膜防水の施工状況

2　外壁防水

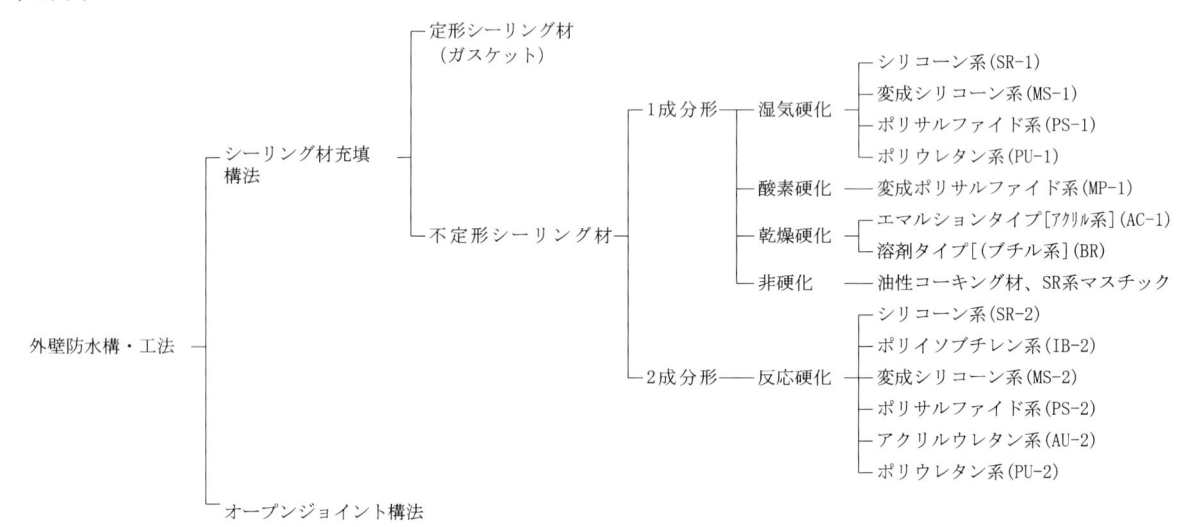

図 6.2.8　外壁防水構・工法と使用材料

```
                        ┌─定形シーリング材（ガスケット）
       ┌─シーリング材充填構法─┤
       │                └─不定形シーリング材─┬─1成分形─┬─湿気硬化─┬─シリコーン系(SR-1)
       │                                  │         │          ├─変成シリコーン系(MS-1)
外壁防水構・工法─┤                          │         │          ├─ポリサルファイド系(PS-1)
       │                                  │         │          └─ポリウレタン系(PU-1)
       │                                  │         ├─酸素硬化───変成ポリサルファイド系(MP-1)
       │                                  │         ├─乾燥硬化─┬─エマルションタイプ[アクリル系](AC-1)
       │                                  │         │          └─溶剤タイプ[(ブチル系)](BR)
       │                                  │         └─非硬化────油性コーキング材、SR系マスチック
       │                                  └─2成分形───反応硬化─┬─シリコーン系(SR-2)
       │                                                       ├─ポリイソブチレン系(IB-2)
       │                                                       ├─変成シリコーン系(MS-2)
       │                                                       ├─ポリサルファイド系(PS-2)
       │                                                       ├─アクリルウレタン系(AU-2)
       │                                                       └─ポリウレタン系(PU-2)
       └─オープンジョイント構法
```

図 6.2.9　シーリング施工の一般的な手順

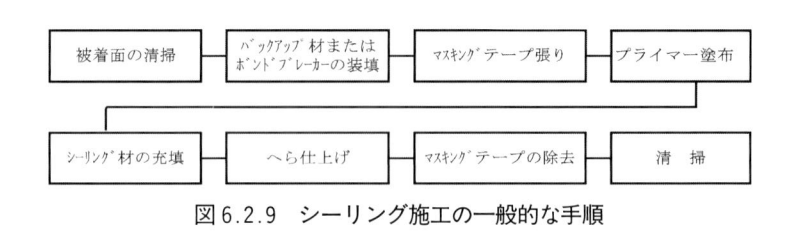

被着面の清掃 → バックアップ材またはボンドブレーカーの装填 → マスキングテープ張り → プライマー塗布 → シーリング材の充填 → へら仕上げ → マスキングテープの除去 → 清掃

図 6.2.10　シーリング材の施工状況

6.3　断熱・防湿工事

1　断熱材・工法の種類

表 6.3.1　断熱材の種類

分類	材料名
フェルト状断熱材	グラスウール ロックウール
ボード状断熱材	グラスウール・ロックウールボード ビーズ法・押出法ポリスチレンフォーム 硬質ウレタンフォーム ポリエチレンフォーム フェノールフォーム
ばら状断熱材	グラスウール ロックウール セルローズファイバー
現場発泡断熱材	硬質ウレタンフォーム

□断熱施工法は 5 種類に分類でき，各施工に一般的に適用できる断熱材があって，その組み合わせを表 6.3.3 に示している．一般に断熱施工に伴い，断熱材の室内側には防湿層（防湿気密フィルム），室外側には透湿防風層（シート）を設ける．これは，室内側からの湿気による断熱層内の内部結露を防ぎ，屋外側からの風雨の影響が断熱層内に影響しないようにするためである．また，防湿層（または透湿防風層）を隙間なく気密に施工して，建物の気密性を高めることにも関連している．また，透湿防風層の屋外側には上下を外気に開放した通気層を設けるのが一般的である．

□木造住宅の断熱工法には大きく分けて二通りあり，ひとつは，グラスウールなどの繊維系断熱材を壁や床，天井に断熱

表6.3.2 断熱工法の種類

断熱工法	内容
1. はめ込み工法	フェルト状断熱材またはボード状断熱材を根太や間柱などの下地材の間にはめ込む工法
2. 張付け工法	ボード状断熱材を接着材・ボルト・釘などにより壁面などに取り付ける工法
3. 打込み工法	ボード状断熱材をあらかじめせき板に取り付けるか、断熱材をせき板として用いてコンクリートを打ち込むことにより取り付ける工法
4. 吹込み工法	ばら状断熱材をホースなどにより吹き込む工法
5. 吹付け工法	現場発泡断熱材またはばら状断熱材を壁面などに吹き付ける工法

材をはめ込んだり吹き込んだりして断熱する充填工法，もうひとつは発泡プラスチック断熱材などのボード状断熱材を柱や梁の外側から取り付ける外張り工法である．これら二つの断熱工法は，その断熱施工の方法が大きく異なっており，気密化施工のポイントも異なる．

表6.3.3 断熱材と断熱工法の組合せ

	はめ込み	張付け	打込み	吹込み	吹付け
フェルト状断熱材	○				
ボード状断熱材	○	○	○		
ばら状断熱材				○	○
現場発泡断熱材				○	○

(○印：適用)

2 木造の断熱・防湿施工

（1）充填断熱工法

柱や梁などの室外側から透湿防風シートを施工し，その室内側に繊維系断熱材をはめ込み，室内側に防湿シートを気密に施工するが，構造材のある部分では，防湿シートを先張りし，コンセントボックスや天井裏・床下の点検口の気密化にも注意する必要がある．

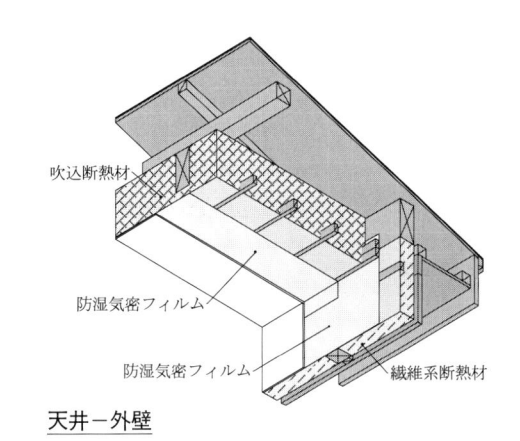

図6.3.1 木造の断熱・防湿施工（1）はめ込み工法の概要

（2） 外張り断熱工法

柱や梁などの外側に，気密層となる防湿気密フィルムを張り，その外側から断熱材を張る．フィルムには，ポリエチレンフィルムが用いられることが多い．フィルムは厚さ 0.2 mm のものを使用して，その重ね寸法は下地材のある部分で 30 mm 以上確保する．外張り断熱工法は気密層の継ぎ目が少なくなるので，気密性能が得られやすい．

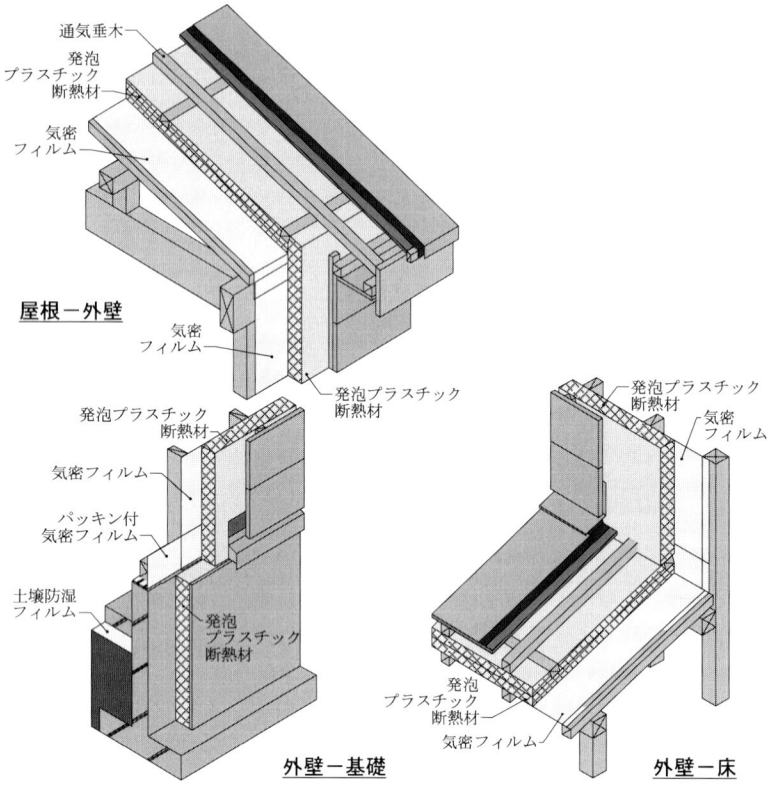

図 6.3.2　木造の断熱・防湿施工（2）外張り工法

3　鉄筋コンクリート造の断熱施工

□断熱材を躯体コンクリートの屋外側に施工する外断熱工法と屋内側に施工する内断熱工法がある．また，断熱材を躯体コンクリートに取り付ける工法としては，打込み工法と張付け工法がある．

□打込み工法では，断熱材を型枠建て込み時にせき板に取り付けるか，厚い断熱材ではせき板として用いてコンクリートを打ち込む．

□屋根スラブの断熱では左図のように，スラブ上に発泡プラスチック系断熱材を施工することが多く，その下または上に防水層を施工する．

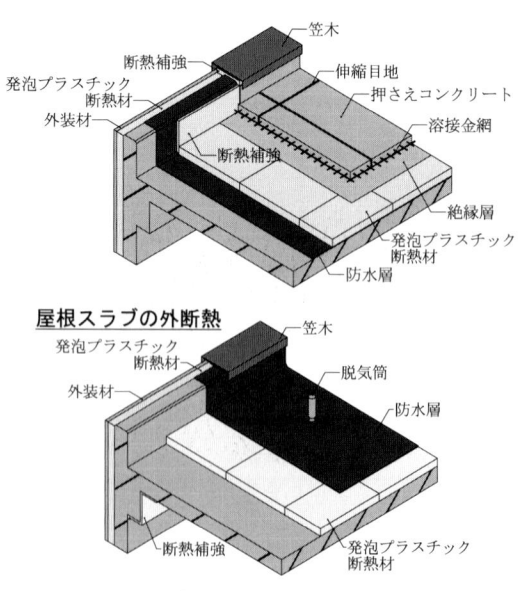

図 6.3.3　鉄筋コンクリート造の断熱施工

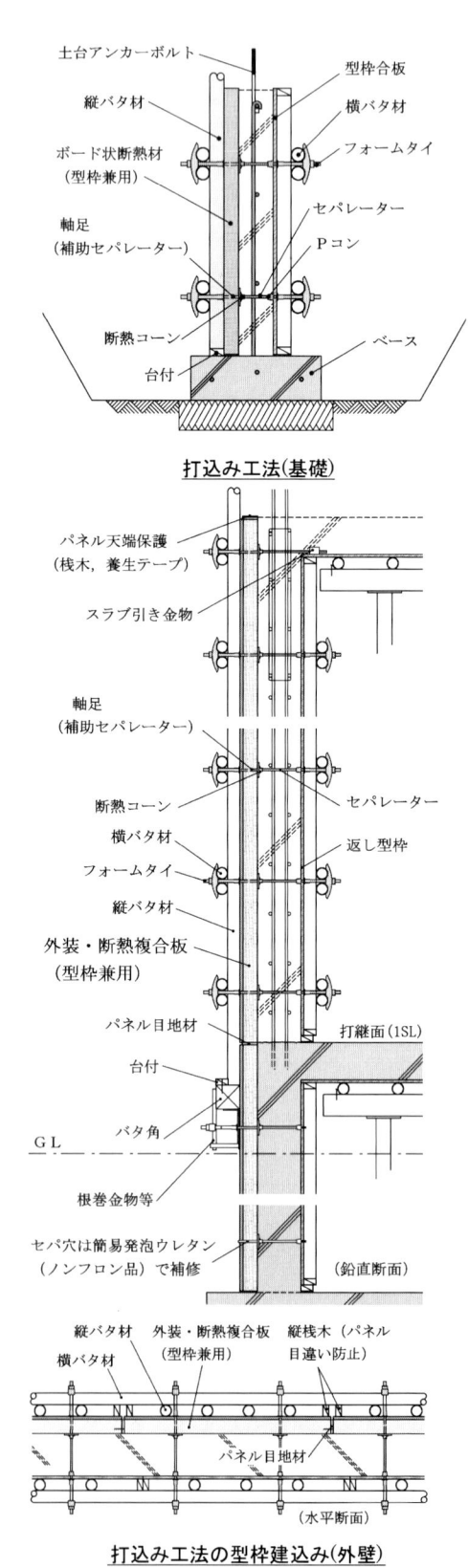

図 6.3.4　打込み工法の型枠建込み（外壁）

4 鉄骨造の断熱施工

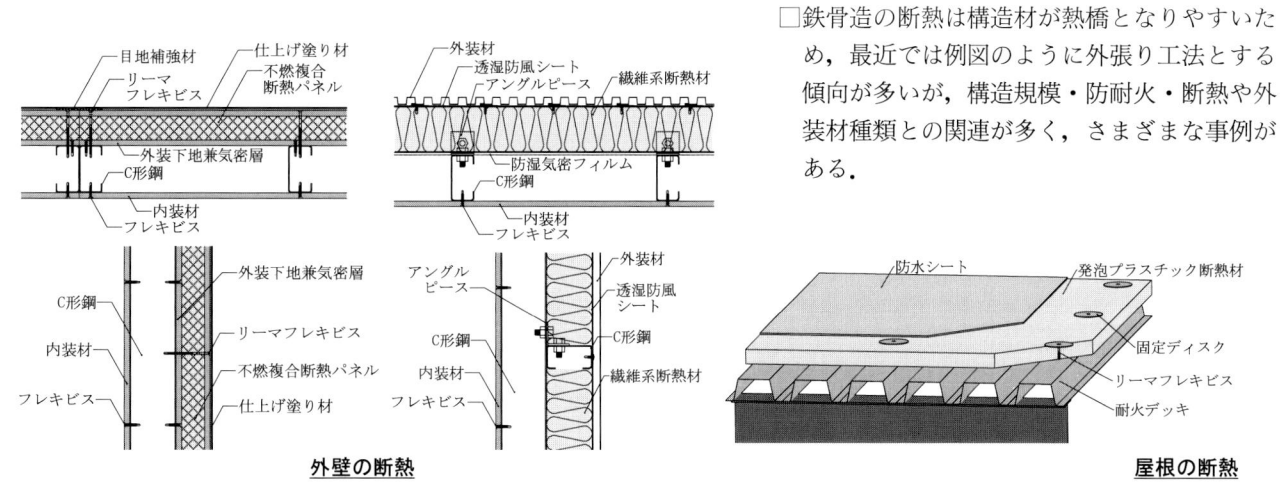

□鉄骨造の断熱は構造材が熱橋となりやすいため、最近では例図のように外張り工法とする傾向が多いが、構造規模・防耐火・断熱や外装材種類との関連が多く、さまざまな事例がある。

図6.3.5 鉄骨造の断熱施工

6.4 乾式外壁工事

表6.4.1 乾式外壁材料の仕様概要一覧

乾式外壁工事		ALC 薄形パネル	GRC パネル	押出成形セメント板	繊維強化セメント板（スレート）	複合金属サイディング	窯業系サイディング
適用範囲		高さ31m以下の鉄骨造建築物および13m以下の木造建築物の外壁	高さ31m以下の鉄骨造建築物の外壁		高さ13m以下の木造建築物および鉄骨建築物の外壁		
標準目標性能	防・耐火性能	耐火1時間準耐火1時間等の防・耐火性能	建築基準法に定められた防・耐火性能を満足する	耐火1時間または耐火30分	不燃・防火・準耐火・耐火構造1時間の性能を有する	建築基準法に規定された防・耐火性能を満足する	準耐火構造30分、45分、60分、防火構造としての防・耐火性能を持つ
	耐震性能	層間変形角1/150においてパネルの脱落なし	層間変形角1/200においてパネルの損傷なし 1/100においてパネルの脱落なし	層間変形角1/100においてパネルの脱落なし	層間変形角1/120においてスレートの脱落なし	層間変形角1/100においてサイディングの損傷なし	層間変形角1/200においてサイディングの損傷なし
	耐風圧性能	建築基準法により算定される風圧力に対し、外壁材料および接合材料に損傷をきたさない					
	防水性能	水密設計用速度圧に対し外壁材料間の目地をシーリング処理および仕上塗材仕上げを行った状態で漏水しない	特記による	水密設計用速度圧に対し、外壁材料間の目地にシーリング材の充填した状態で、漏水しない	水密設計用速度圧に対し標準重ねしろおよび目地にシーリング材を充填した状態で漏水しない	水密設計用速度圧に対し防水補助材料、構造体を組み合わせた状態で壁層内、室内への漏水がない	水密設計用速度圧に対しサイディング・防水補助材料・構造体を組み合わせた状態で、室内への漏水がない
外壁材料の寸法		幅：600, 606 mm 長さ：厚さ50 mm 3000 mm以下 厚さ37・35 mm 2000 mm以下	多くが注文生産であり規格寸法は無い	幅450 mm〜1200 mm、長さ5000 mmまで（種類、厚さによって、幅・長さが異なる）	小波幅720 mm波形サイディング、フレキシブル板は規格数種あり長さ1820 mmが一般的	標準品 長さ3〜4 m 幅300〜400 mm	働き幅：182, 303, 455, 910, 1000 mm 働き長さ：1820, 2730, 3030 mm
		厚さ：50, 37, 35 mm	多くが注文生産であり規格寸法は無い	厚さ35 mm〜100 mm	小波 6.3 mm 波形サイディング 5.6 mm フレキシブル板 6.8 mm	12〜25 mm	12, 15, 18, 21, 25 mm
仕上げの方法		建築物へ取付け後施工	製造工場にて施工 建築物へ取付け後施工	製造工場にて施工 建築物へ取付け後施工	製造工場にて施工 建築物へ取付け後施工	製造工場にて施工	製造工場にて施工 建築物へ取付け後施工
適用下地の種類		木下地 鉄骨下地	鉄骨下地	鉄骨下地	木下地 鉄骨下地	木下地 鉄骨下地	木下地 鉄骨下地

各乾式外壁材料の適用範囲は同種の外装材料であっても厚さに応じて異なる
各材料の標準目標性能における数値はそれぞれ異なる試験方法による結果であり比較することはできない

図 6.4.1　ALC パネルの取付け詳細

図 6.4.2　GRC パネル目地部の詳細

図 6.4.3　ECP 取付け例

図 6.4.4　フレキシブルボードの取付け例[6.4.1]

図 6.4.5　防水紙施工例

図 6.4.6　サイディングの取付け例[6.4.1]

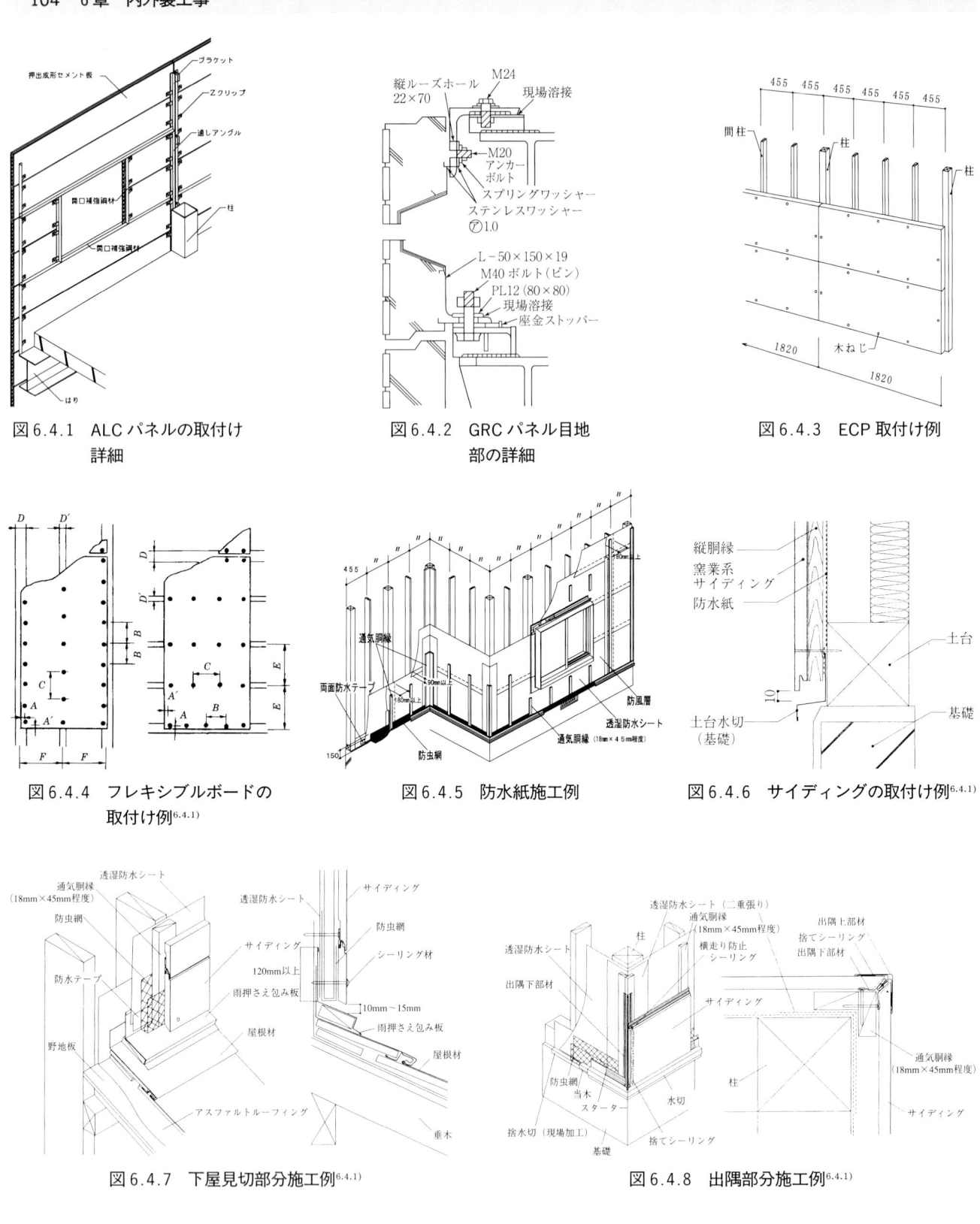

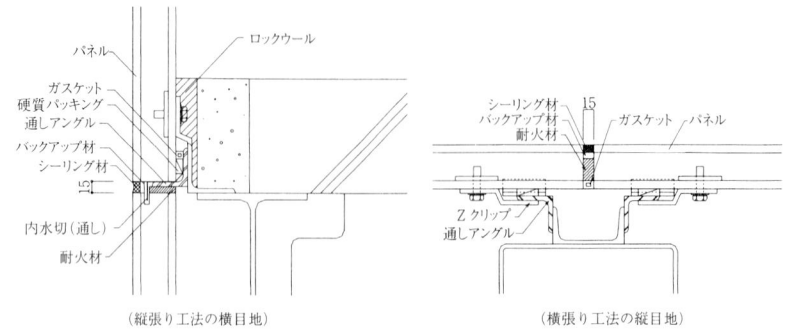

図 6.4.7　下屋見切部分施工例[6.4.1]

図 6.4.8　出隅部分施工例[6.4.1]

図 6.4.9　目地の二次的な漏水対策仕様の例[6.4.1]

(縦張り工法)　　　(横張り工法)

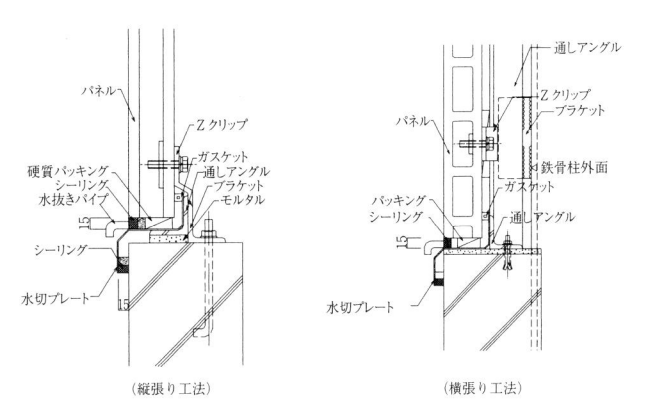

図 6.4.10　最下部の二次的な漏水・排水対策仕様の例[6.4.1]

6.5　ALC パネル工事

ALC パネル工事には，外壁を対象としてロッキング構法，スライド構法，ボルト止め工法，内壁では間仕切り壁工法，床では敷設筋工法が主として行われている．

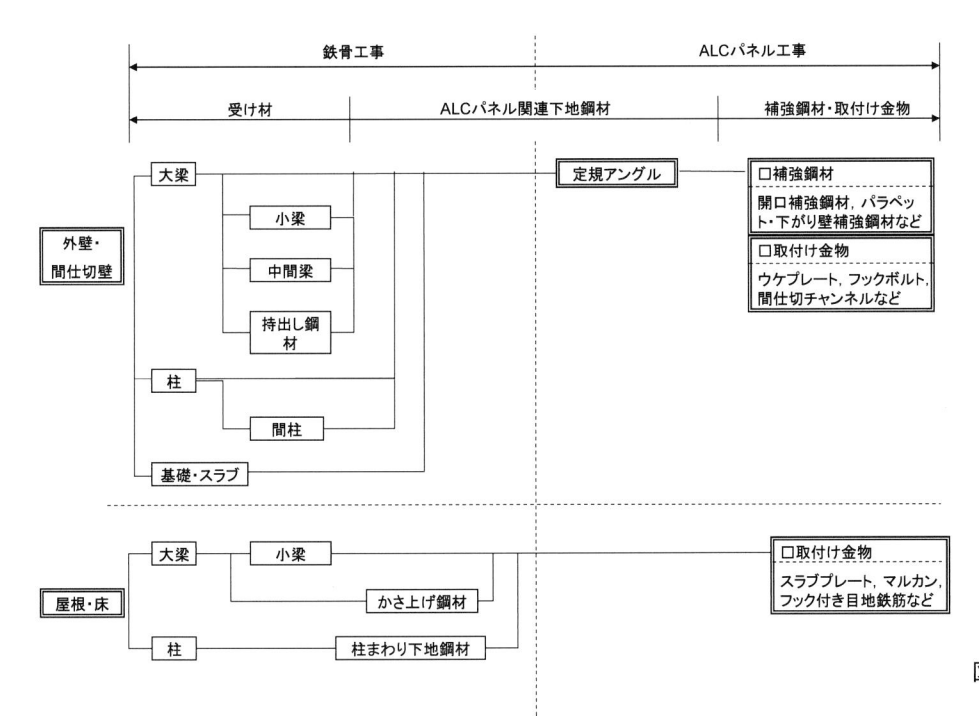

図 6.5.1　鉄骨工事と ALC パネル工事との関連[6.5.1]

ロッキング構法は，パネルの回転が可能なように，上下中央の一点でボルトなどで固定する．パネルの自重は受けプレートで支持する．スライド構法は面内方向に水平の動きを可能とした構法で，ALC 間の目地鉄筋にスライドハタプレートを取り付け，梁に固定したピースアングルをスライドハタプレートの溝にかみ合わせるように取り付ける．パネルの自重は下部両端の縦受けプレートで支持する．目地は二面シールとする．ボルト止め構法は ALC に埋め込んだフックボルトを定規アングルに取り付け，パネルの回転が可能なようにする．

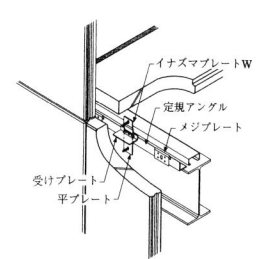

図 6.5.2　ロッキング構法の取付け例と層間変形時のパネルの動き[6.5.1]

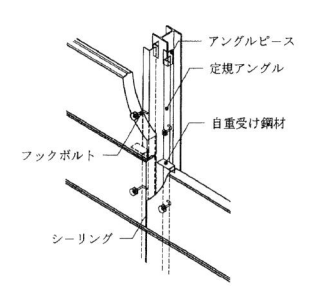

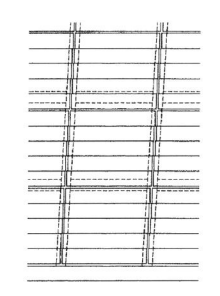

図 6.5.3　ボルト止め構法の取付け例と層間変形時のパネルの動き[6.5.1]

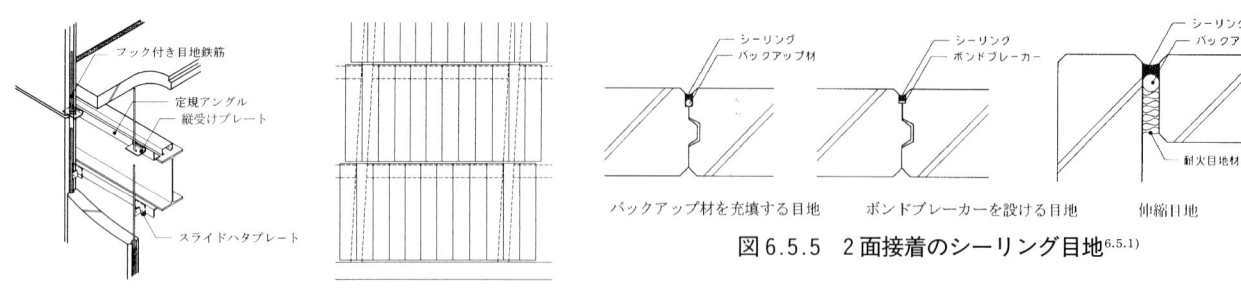

図6.5.4　スライド構法の取付け例と層間変形時のパネルの動き[6.5.1]

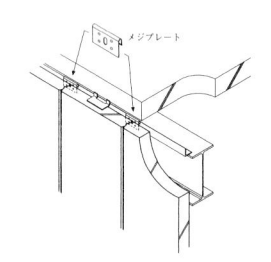

図6.5.5　2面接着のシーリング目地[6.5.1]

図6.5.6　目地プレートの設置状況[6.5.1]

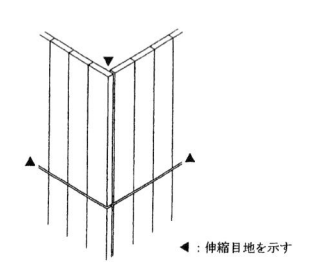

図6.5.7　伸縮目地の位置[6.5.1]

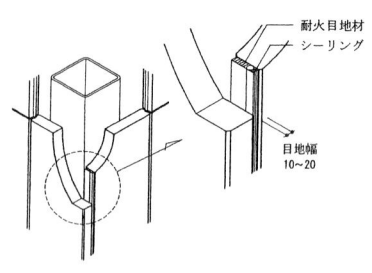

図6.5.8　出入隅部の伸縮目地[6.5.1]

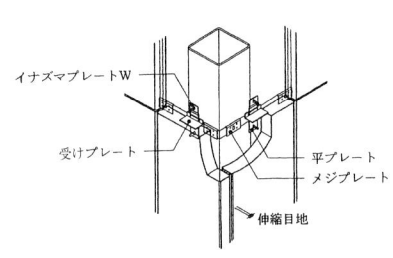

図6.5.9　出入隅部の取付け[6.5.1]

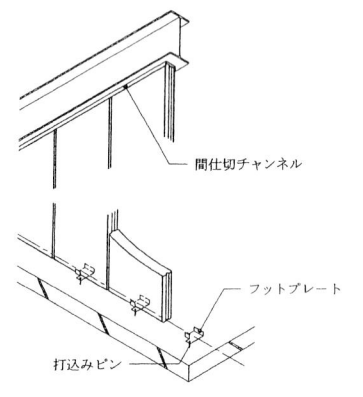

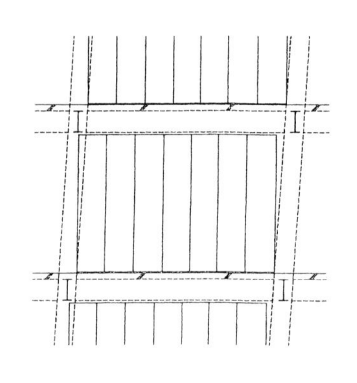

図6.5.10　間仕切壁構法の取付け例と層間変形時のパネルの動き[6.5.1]

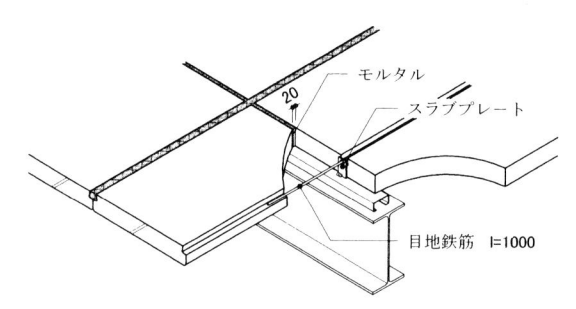

図6.5.11　敷設筋構法の取付け例[6.5.1]

6.6　カーテンウォール工事

多くの場合，オーダーメイド方式で設計が行われる．その過程でさまざまな構造方式のカーテンウォールが設計・開発されているため，今後も図6.6.1以外の新しい方式のものが登場すると考えられる．

メタルカーテンウォール
　├─ 方立（マリオン）方式
　├─ バックマリオン方式
　├─ パネル方式
　└─ 小型パネル組合せ方式

プレキャストコンクリートカーテンウォール
　├─ パネル方式
　├─ スパンドレルパネル方式
　└─ 柱・梁カバー方式

図6.6.1　カーテンウォールの種類

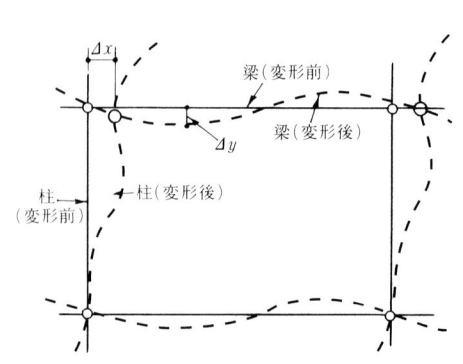

図6.6.2　躯体の層間変形[6.6.1]

6.6 カーテンウォール工事　107

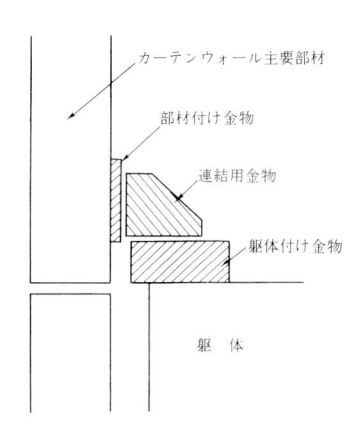

図 6.6.3　取付け用金物の概念図(6.6.1)

a．パネル方式の取付け方式

b．回転方式の取付け方式

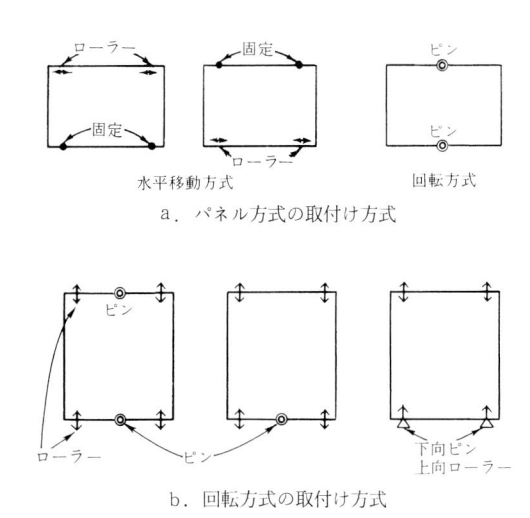

図 6.6.4　取付け用金物の取付け方式の例(6.6.1)

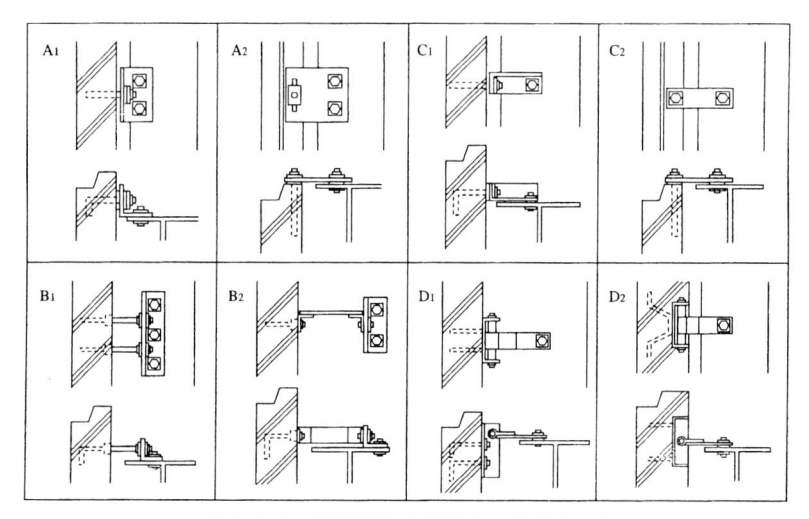

図 6.6.5　層間変位を吸収するモデル(6.6.1)

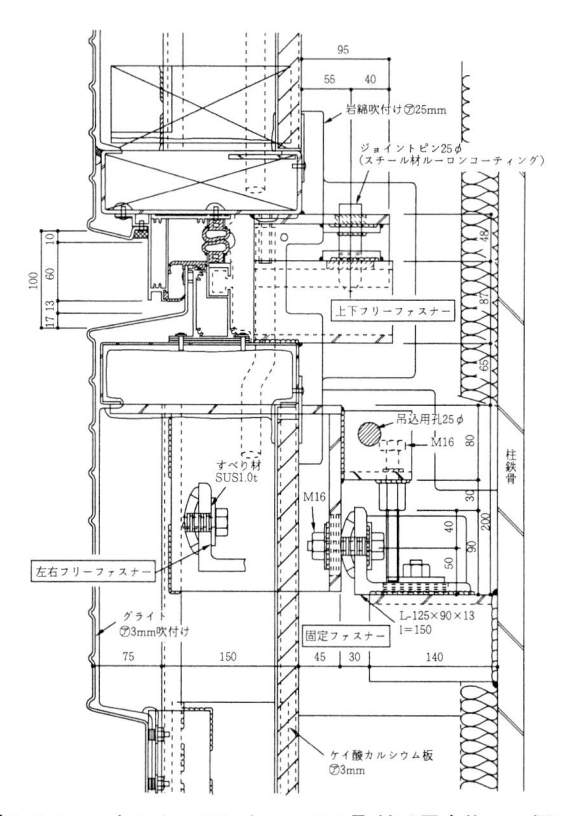

図 6.6.6　メタルカーテンウォールの取付け用金物の一例(6.6.1)

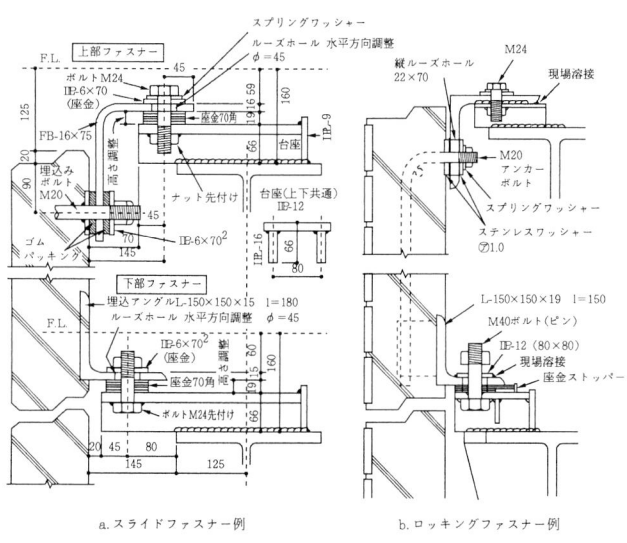

a．スライドファスナー例　　b．ロッキングファスナー例

図 6.6.7　プレキャストコンクリートカーテンウォールの取付け用金物の一例(6.6.1)

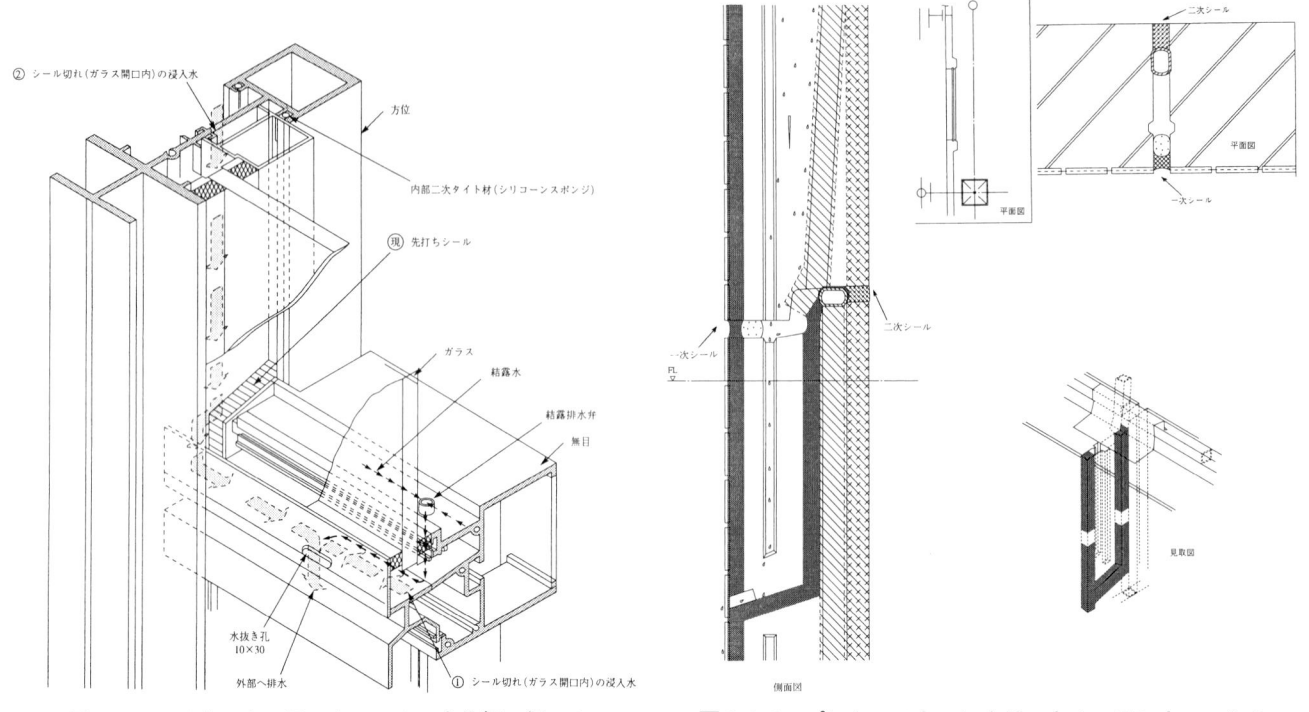

図 6.6.8　メタルカーテンウォールの水仕舞の例[6.6.1]

図 6.6.9　プレキャストコンクリートカーテンウォールの水仕舞の例[6.6.1]

図 6.6.10　プレキャストコンクリートカーテンウォールの工程計画例[6.6.1]

	メタル カーテンウォール	アルミニウム合金 鋳物製 カーテンウォール	プレキャスト コンクリート カーテンウォール
目地の幅の許容差[1]	±3	±5	±5
目地心の通りの許容差[2]	2	3	3
目地両側の段差の許容差[3]	2	4	4
各階の基準墨から各部材までの距離の許容差[4]	±3	±5	±5

[注] 1) 右上図参照
　　 2) 目地の交差部でチェックする．
　　　　右下図のa，b寸法
　　 3) 右上図参照
　　 4) 部材の出入りに関して部材の内面または
　　　　外面の一定の位置を決めてチェックする．
　　　　左右方向は部材の中心を基準とする．
　　　　上下方向（レベル）は窓台の高さなどを
　　　　基準とする．

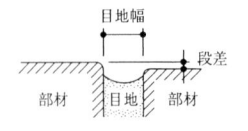

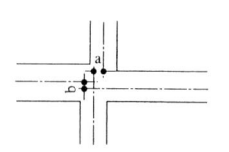

図 6.6.11　カーテンウォール部材の取付け位置の寸法許容差の標準値（単位：mm）[6.6.1]

6.7 ガラス工事

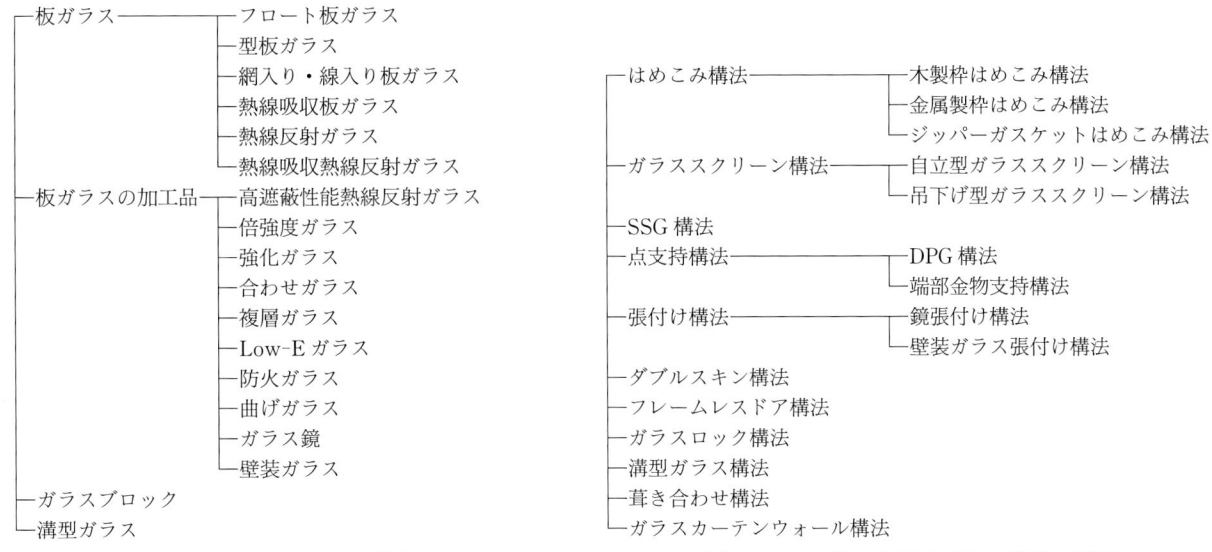

```
┌ 板ガラス ──────┬─ フロート板ガラス
│                │─ 型板ガラス
│                │─ 網入り・線入り板ガラス
│                │─ 熱線吸収板ガラス
│                │─ 熱線反射ガラス
│                └─ 熱線吸収熱線反射ガラス
├ 板ガラスの加工品 ─┬─ 高遮蔽性能熱線反射ガラス
│                │─ 倍強度ガラス
│                │─ 強化ガラス
│                │─ 合わせガラス
│                │─ 複層ガラス
│                │─ Low-E ガラス
│                │─ 防火ガラス
│                │─ 曲げガラス
│                │─ ガラス鏡
│                └─ 壁装ガラス
├ ガラスブロック
└ 溝型ガラス
```

図 6.7.1　建築用ガラスの種類

```
┌ はめこみ構法 ───┬─ 木製枠はめこみ構法
│                │─ 金属製枠はめこみ構法
│                └─ ジッパーガスケットはめこみ構法
├ ガラススクリーン構法 ┬─ 自立型ガラススクリーン構法
│                    └─ 吊下げ型ガラススクリーン構法
├ SSG 構法
├ 点支持構法 ─────┬─ DPG 構法
│                └─ 端部金物支持構法
├ 張付け構法 ─────┬─ 鏡張付け構法
│                └─ 壁装ガラス張付け構法
├ ダブルスキン構法
├ フレームレスドア構法
├ ガラスロック構法
├ 溝型ガラス構法
├ 葺き合わせ構法
└ ガラスカーテンウォール構法
```

図 6.7.2　建築におけるガラス構法の種類

表 6.7.1　工場製作されるガラスユニット

ガラス戸	戸枠にあらかじめガラスを装着したものを現場で取り付けるもの
SSG ユニット	構造シーラントによりガラスを支持枠に工場で接着したユニットを現場で取り付けるのが原則
カーテンウォールユニット	枠にガラスをはめこんだユニットを工場で製作したものを現場で取り付けるのが一般
ガラスブロック壁ユニット	大壁面では操作可能な大きさまでの壁ユニットをあらかじめ製作し現場で取り付けるのが合理的

表 6.7.2　ガラスの加工，輸送，取付けの方法

加工法	切断，切欠き，穴あけ，曲げ，表面処理，強化，合わせ，複層化
輸送，養生装置	裸台（うま），木箱，パレット，車輪つき裸台，フィルム
取付け装置	グレージングマシン

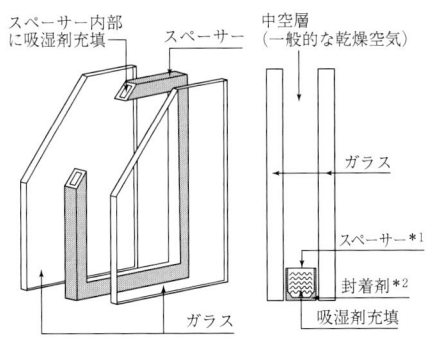

図 6.7.3　複層ガラス

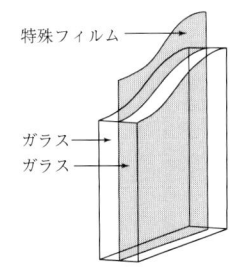

図 6.7.4　合わせガラス

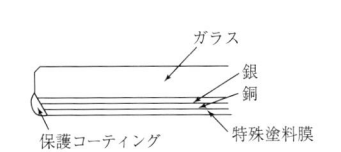

図 6.7.5　ガラス鏡

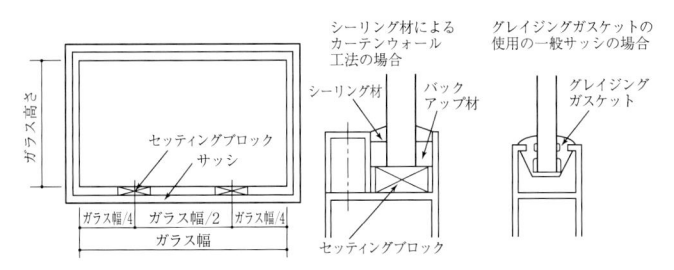

図 6.7.6　セッティングブロックとシール材

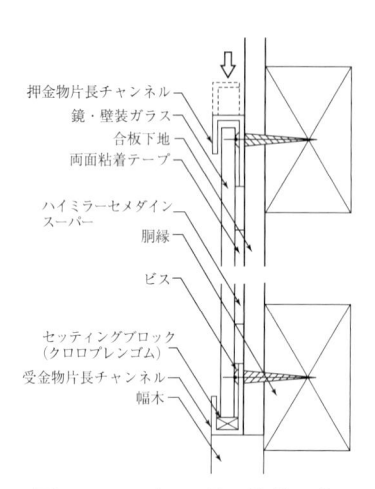

図 6.7.7　ガラス鏡の取付け方

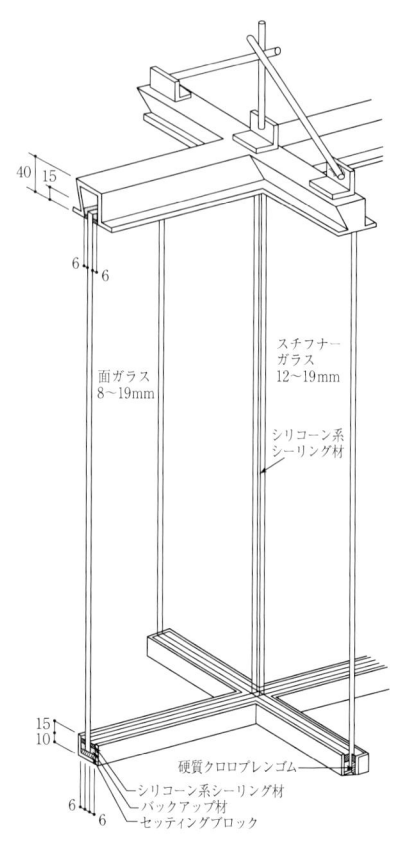

図 6.7.8　ガラススクリーンの構成例

図 6.7.9　グレイジングマシンによるガラス施工

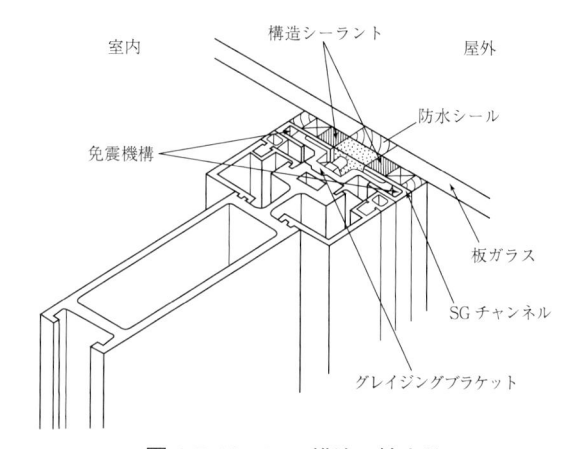

図 6.7.10　SSG 構法の納まり

図 6.7.11　ガラスカーテンウォール

図 6.7.12　溝型ガラス

図 6.7.13　ガラスブロック壁

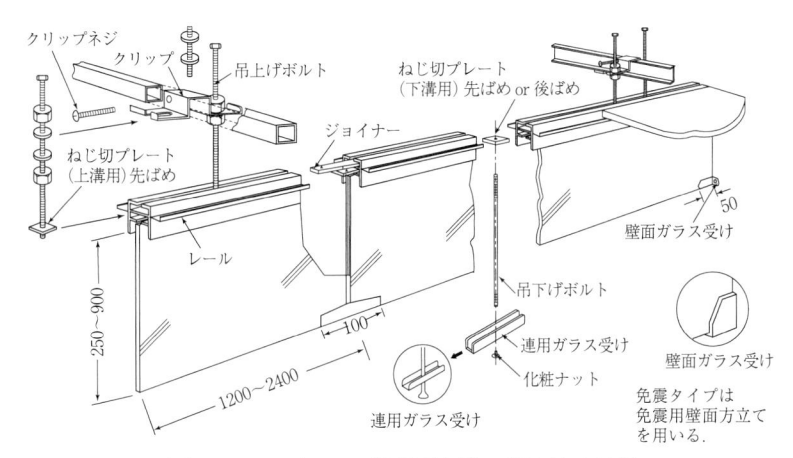

図 6.7.14 ガラスの防煙垂れ壁の組立納まり例

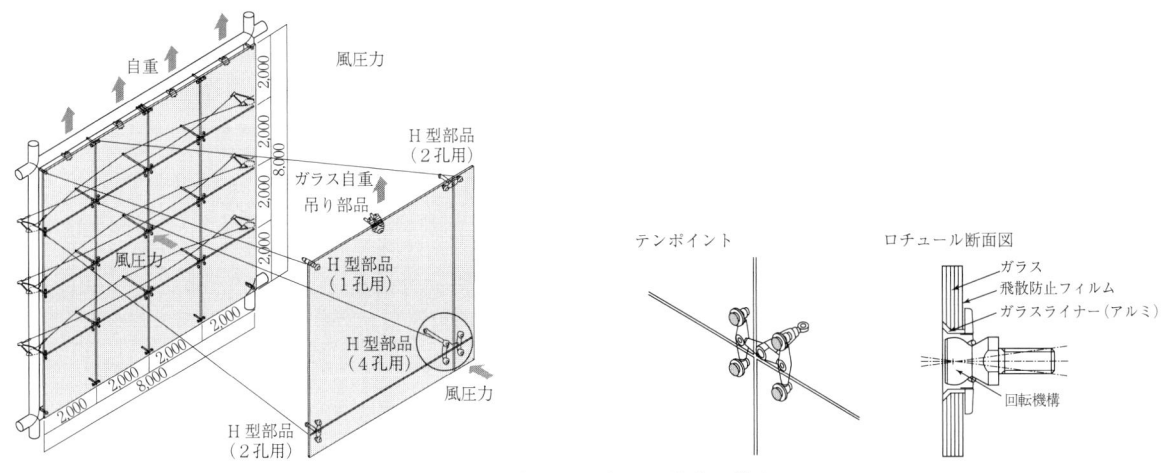

図 6.7.15 A 社 DPG 構法の構成と納まり

図 6.7.16 B 社 DPG 構法の納まりと施工例

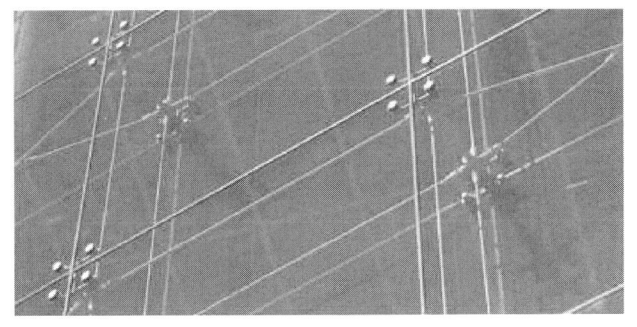

図 6.7.17 C 社 DPG 構法によるダブルスキン施工事例

6.8 石 工 事

石工事は，組積工事と張り石工事に大別できる．今日では，耐震性や施工性に優る張り石工法が一般的であり，ほとんどの工事で採用されている．

表 6.8.1 石工事の分類

項　目	組積工法	張り石工法
石材の種類	主として 石灰岩・砂岩	主として 花崗岩・大理石
石材の形状	ブロック	平　板
自重の支持	下方の石材	受け金物
工事の区分	躯体・仕上一体	表面仕上のみ

図 6.8.1 組積工法（左）の例と張り石工法（右）の例

表 6.8.2 張り石工法の分類

部位	取付け	施工形態	取付け手段	工法名称	備考
外壁	現場施工	湿式	モルタル全充填	湿式工法	全とろ工法・総とろ工法ともいう
		乾式	ファスナ固定	乾式工法	―
	工場施工	湿式	プレキャストコンクリートに打込み	石先付けプレキャストコンクリート工法	GPC工法ともいう
		湿式	セメント系材料による裏打ちとスチールフレームによる補強	スチールフレームパネル工法	―
		乾式	カーテンウォールに組込み	―	現場施工もある
内壁	現場施工	湿式	引き金物と取付け用モルタルによる固定	空積工法	―
		湿式	合成樹脂系接着剤張り	接着工法	―
床	現場施工	湿式	敷きモルタル上へのセメントペースト張り	湿式工法	ばさモル工法ともいう
		湿式	ラテックスセメントモルタル張り	接着工法	―
		湿式	合成樹脂系接着剤張り	接着工法	―

1 主な外壁張り石工法

(1) 湿式工法

石材とコンクリート壁体の間に裏込めモルタルを密実に充填することにより，石材と躯体を一体化させる工法．剛構造で高さ10m以下の小規模建物や衝撃力を受けやすい1階の腰壁などが適用対象．

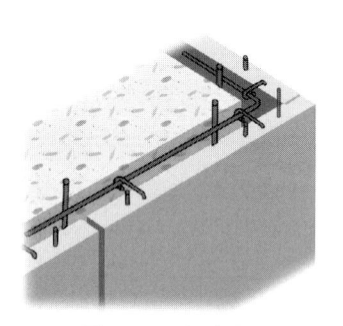

図 6.8.2 概念図

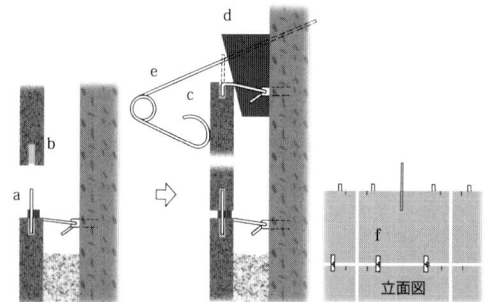

図 6.8.3 工法手順説明図

a：石材上端にだぼを取り付ける
b：下端だぼ穴に接着剤を充填する
c：上部石材を下部石材に乗せ，石材上端と下地を引き金物で緊結する
d：くさびを介して精度を確保する
e：ばね金物を併用して押さえる
f：石材下部はとんぼで固定し，数段に分け裏込めモルタルを充填する

(2) 乾式工法

石材ごとに上下2箇所をステンレススチール製のファスナを用いて外壁に緊結する工法．高さ45m程度のRC造あるいはSRC造で，外部足場の架設できる建物および階高のあるロビーやアトリウムのような空間の内装用途などが適用対象．

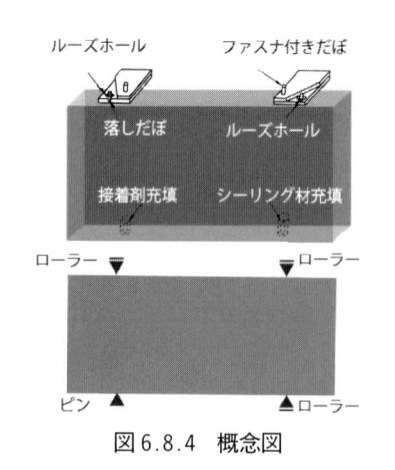

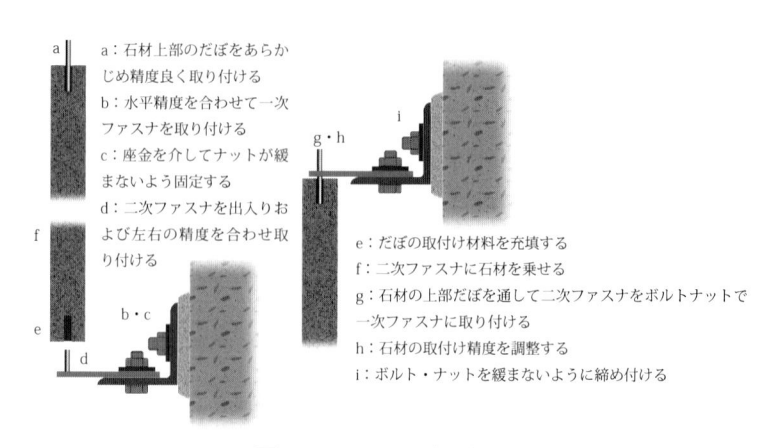

図 6.8.4 概念図

図 6.8.5 工法手順説明図

a：石材上部のだぼをあらかじめ精度良く取り付ける
b：水平精度を合わせて一次ファスナを取り付ける
c：座金を介してナットが緩まないよう固定する
d：二次ファスナを出入りおよび左右の精度を合わせ取り付ける
e：だぼの取付け材料を充填する
f：二次ファスナに石材を乗せる
g：石材の上部だぼを通して二次ファスナをボルトナットで一次ファスナに取り付ける
h：石材の取付け精度を調整する
i：ボルト・ナットを緩まないように締め付ける

(3) 石先付けプレキャストコンクリート工法

工場であらかじめ石材を型枠内に配置してコンクリートを打込んだPCaパネルを製造し，そのパネルをカーテンウォールとして外壁に取り付ける工法．外部足場を設けない高層建築や超高層建築などが適用対象．

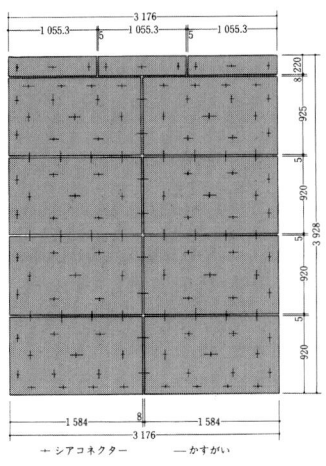

図6.8.6 石材・金物割付図

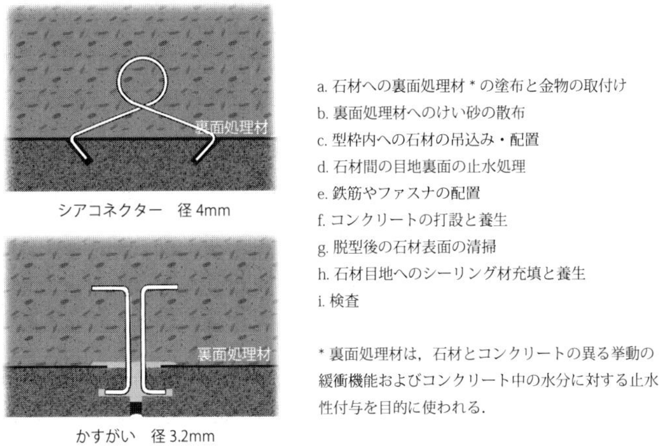

図6.8.7 PCaパネルの標準的な製造手順

a. 石材への裏面処理材＊の塗布と金物の取付け
b. 裏面処理材へのけい砂の散布
c. 型枠内への石材の吊込み・配置
d. 石材間の目地裏面の止水処理
e. 鉄筋やファスナの配置
f. コンクリートの打設と養生
g. 脱型後の石材表面の清掃
h. 石材目地へのシーリング材充填と養生
i. 検査

＊ 裏面処理材は，石材とコンクリートの異る挙動の緩衝機能およびコンクリート中の水分に対する止水性付与を目的に使われる．

2 主な内壁張り石工法

- 空積工法：石材の上下各2箇所を引き金物で壁体に緊結し，緊結部分まわりに取付け用モルタルを充填して固定する工法．施工高さが4m以下の一般室内の内壁などが適用対象．

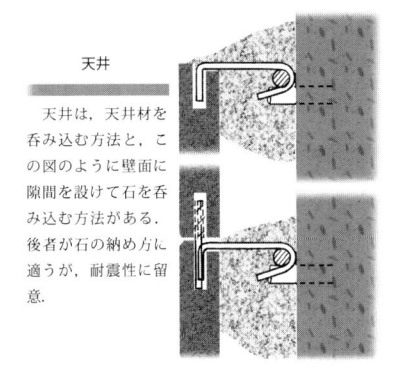

a：最下段の石材の下端は取付け用モルタルで，上端は2箇所の引き金物で下地に緊結する
b：引き金物周辺を取付け用モルタルで固定する
c：石材上端にだぼを取付け，その上に2段目の石材を乗せて下端を固定し，2段目の石材上端と下地を引き金物で緊結する
d：2段目の石材の引き金物周辺を取付け用モルタルで固定する．順次これを繰り返す

図6.8.8 一般部および最上部の石材取付け図

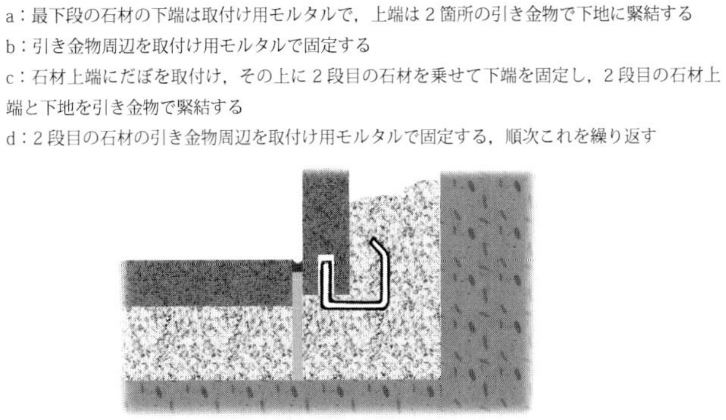

図6.8.9 最下部の石材取付け図

3 主な床張り石工法

- 湿式工法

コンクリートスラブの上に石材を張るための伝統的な工法．スラブの不陸調整および石材の取付け下地として敷きモルタルを用い，その上に張付け用ペーストで石材を張り付ける．

表6.8.3 湿式工法の分類

加工区分	種類 代表的な形状 寸法(mm)	厚(mm)	工法断面	備考
割石	600×900	100～150	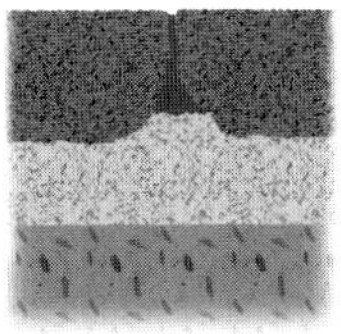 厚石は目地モルタルの充填を考慮し下部を斫り取る．これを「小口をからす」という 総厚は180～210 mmとなる	外構用途 特殊用途
挽石	450×600 600×600 600×900	20～45	 床張り石の代表的な工法 敷モルタルの厚さは40 mm程	一般用途
成形品	300×300 400×400	12～15	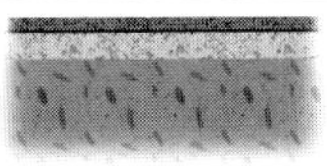 仕上げたモルタル面にラテックスセメントモルタルや合成高分子系接着剤を用いて接着（接着工法）	簡易用途

6.9 陶磁器質タイル張り工事

「建築工事標準仕様書・同解説 JASS 19 陶磁器質タイル張り工事」[6.9.1] に扱われている内容も含めて示す．

表 6.9.1 陶磁器質タイル張りの目的

目 的	建築物の美装性（デザイン性）の向上 躯体保護性の向上 メンテナンス性の向上
目標性能	はく落安全性の確保 耐凍害性の確保 適正なすべり抵抗性の確保

図 6.9.1 施工例（二丁掛と小口平タイル）

図 6.9.2 施工例（50 二丁タイル）

表 6.9.2 タイル張り工事の一般的な手順

(1) 下地躯体の確認	下地躯体の表面強度，表面状態，面精度，開口部精度，ひび割れ誘発目地の位置を確認する
(2) 躯体表面の処理	躯体表面の清掃と目荒らしを行う
(3) ひび割れ誘発目地の処理	適切な材料・幅・深さを確保し，伸縮調整目地と位置を合わせる
(4) タイルの割付け	目標性能や施工上の納まりの詳細を考慮して，タイルの割付けを行う
(5) 下地モルタル塗り	水湿しまたは吸水調整材処理を行う．適切なモルタル塗りの材料，施工方法，養生方法を採用する
(6) タイル張り	各種タイル張り工法による（表 6.9.3，表 6.9.4）
(7) 目地詰め	適切な目地材料，目地深さ，養生方法を採用する
(8) 伸縮調整目地の処理	適切な材料・幅・深さ・位置の確保と，養生を行う
(9) 清掃	タイル表面に汚れや異物がないように水洗いを行う
(10) 検査	外観検査（色調，不陸，汚れ），打音検査（浮き，剥離の有無），接着強度検査を行い検査結果を記録する

表 6.9.3 各種タイル張り工法―壁タイル張り工事の種類（図 6.9.3）

ⅰ) 改良圧着張り	あらかじめ施工したモルタル下地面に張付けモルタルを塗り，モルタルが軟らかいうちにタイル裏面にも同じモルタルを塗って壁タイルを張り付ける工法
ⅱ) 改良積上げ張り	張付けモルタルをタイル裏面に所定の厚さに塗り，あらかじめ硬化したモルタル下地面に壁タイルを張り付ける工法
ⅲ) 密着張り	張付けモルタルを下地面に塗り，モルタルが軟らかいうちにタイル張り用振動工具を用いてタイルに振動を与え，埋め込むように壁タイルを張り付ける工法
ⅳ) モザイクタイル張り	張付けモルタルを下地面に塗り，ただちに表張りのユニット化されたモザイクタイルをたたき押えをして壁タイルを張り付ける工法
ⅴ) マスク張り	ユニット化された 50 mm 角以上のタイル裏面にモルタル塗布用のマスクをのせて張付けモルタルを塗り付け，マスクを外してからタイルをたたき押えをして壁タイルを張り付ける工法
ⅵ) 接着剤張り	適用部位は内壁に限る．有機質接着剤を下地面に塗り，タイルをもみ込み，たたき押さえしてタイルを張り付ける工法

表 6.9.4 各種タイル張り工法―床タイル張り工事の種類（図 6.9.4）

ⅰ) 改良圧着張り	あらかじめ施工したモルタル下地面に張付けモルタルを塗り，モルタルが軟らかいうちにタイル裏面にも同じモルタルを塗って床タイルを張り付ける工法
ⅱ) 圧着張り	張付けモルタルを下地面に塗り，モルタルが軟らかいうちにタイルをたたき押えをして床タイルを張り付ける工法
ⅲ) セメントペースト張り	敷きモルタルの硬化前にセメントペーストを流して，床タイルをたたき押えをして張り付ける工法
ⅳ) モザイクタイル張り	張付けモルタルを下地面に塗り，ただちに表張りのユニット化されたモザイクタイルをたたき押えをして床タイルを張り付ける工法
ⅴ) 接着剤張り	有機質接着剤を下地面に塗り，これにタイルをもみ込み，たたき押えして床タイルを張り付ける工法

表6.9.5 壁タイル張り工事の適用範囲

工　法	適用タイル		適用部位		適用下地				
	種　類	形状および大きさ(mm)	外壁	内壁	モルタル	コンクリート	押出成形セメント板	ALCパネル	ボード類
ⅰ）改良圧着張り	外装タイル	小口平，二丁掛，100角	○	○	○		○*2		
ⅱ）改良積上げ張り	外装タイル	小口平，二丁掛，三丁掛，四丁掛	○	○	○				
	内装タイル	100角〜200角		○	○				
ⅲ）密着張り	外装タイル	小口平，二丁掛，100角	○	○	○	○*1	○*2		
ⅳ）モザイクタイル張り	モザイクタイル	50角，50二丁	○	○	○	○*1	○*2	○*2	
ⅴ）マスク張り	モザイクタイル	50角，50二丁	○	○			○*2,*3	○*2	
ⅵ）接着剤張り	内装タイル	100角〜200角		○	○				○

[注] *1：所定の躯体精度が確保されることを原則とする．
　　 *2：下地製品の規格幅内でタイルが割り付けられることを原則とする．
　　 *3：下地製品の表面に下塗りを行う．

表6.9.6 床タイル張り工事の適用範囲

工　法	適用タイル		適用部位		適用下地		
	種　類	形状および大きさ(mm)	外部床	内部床	モルタル	敷きモルタル	合板下地
ⅰ）改良圧着張り	床タイル	200角以上	○	○	○	○（硬化後）	
ⅱ）圧着張り	床タイル	200角〜300角	○	○	○	○（硬化後）	
		100角〜200角	○	○	○	○（硬化後）	
ⅲ）セメントペースト張り	床タイル	200角以上	○	○		○（硬化前）	
ⅳ）モザイクタイル張り	モザイクタイル	各種	○	○		○（硬化後）	
ⅴ）接着剤張り	床タイル	100角〜300角		○			○
	モザイクタイル	各種		○			○

ⅰ）改良圧着張り

ⅱ）改良積上げ張り

ⅲ）密着張り

ⅳ）モザイクタイル張り

ⅴ）マスク張り

ⅵ）接着剤張り

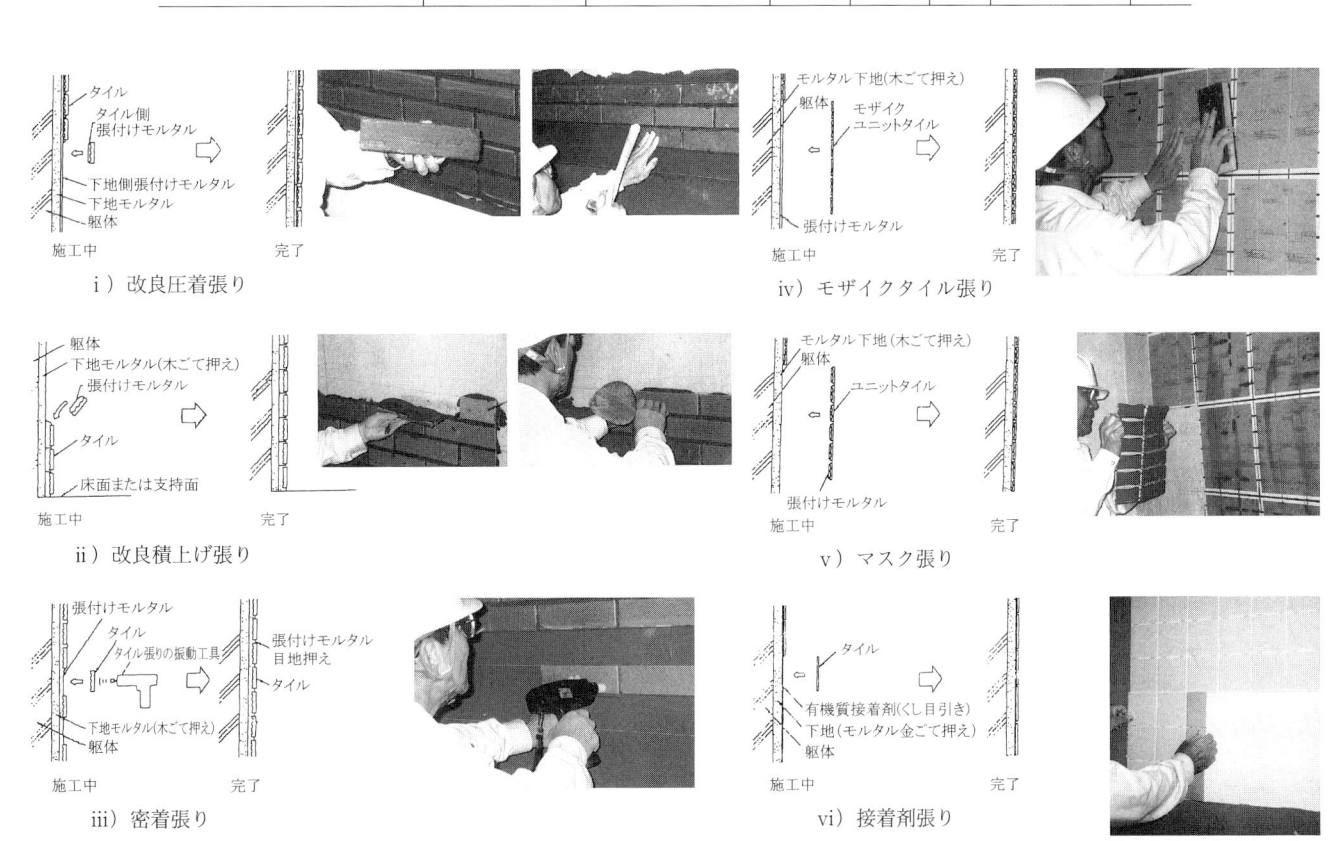

図6.9.3 各種タイル張り工法の工法図と写真—壁タイル張り工事[6.9.1)]

表 6.9.7　壁タイル張り工法の詳細―ⅳ）モザイクタイル張りの手順

1	下地面に張付けモルタルを二度，塗り付ける．一度目は下地面に，すり込むように塗り付ける．二度の合計の塗厚は 3～5 mm 程度を標準とする
2	張付けモルタルの1回の塗付け面積は，3 m² 以内または 30 分以内に張り付けられる面積とする．張付けモルタルは混練りから施工完了まで 60 分以内で使用する
3	張付けモルタルを塗り付けた面にユニットタイルを圧着する
4	モルタルがタイル裏面全面にわたり，タイルと張付けモルタルに十分な接着強度が得られるように，目地部分の紙の一部がはみ出した張付けモルタルにより湿るまで，ユニットタイルのたたき押えを行う
5	たたき板などで，タイルの一片ずつを張付けモルタルに埋め込むように入念にたたき押えを行う
6	タイル張付けが終了したのち，時期を見計らって，ブラシなどで表紙の表面に水湿しを行う
7	ユニットタイルの表紙を剥がす．表紙を剥がした際に，表紙の接着剤がタイル表面に残らないように清掃する
8	張付けモルタルの締まりを見計らって目地直しと目地部分の掃除を行う．目地部分の掃除は早すぎるとタイルを動かしてしまう．遅すぎるとモルタルが硬化して調整が難しくなる

ⅰ）改良圧着張り　　ⅱ）圧着張り　　ⅲ）セメントペースト張り　　ⅳ）モザイクタイル張り　　ⅴ）接着剤張り

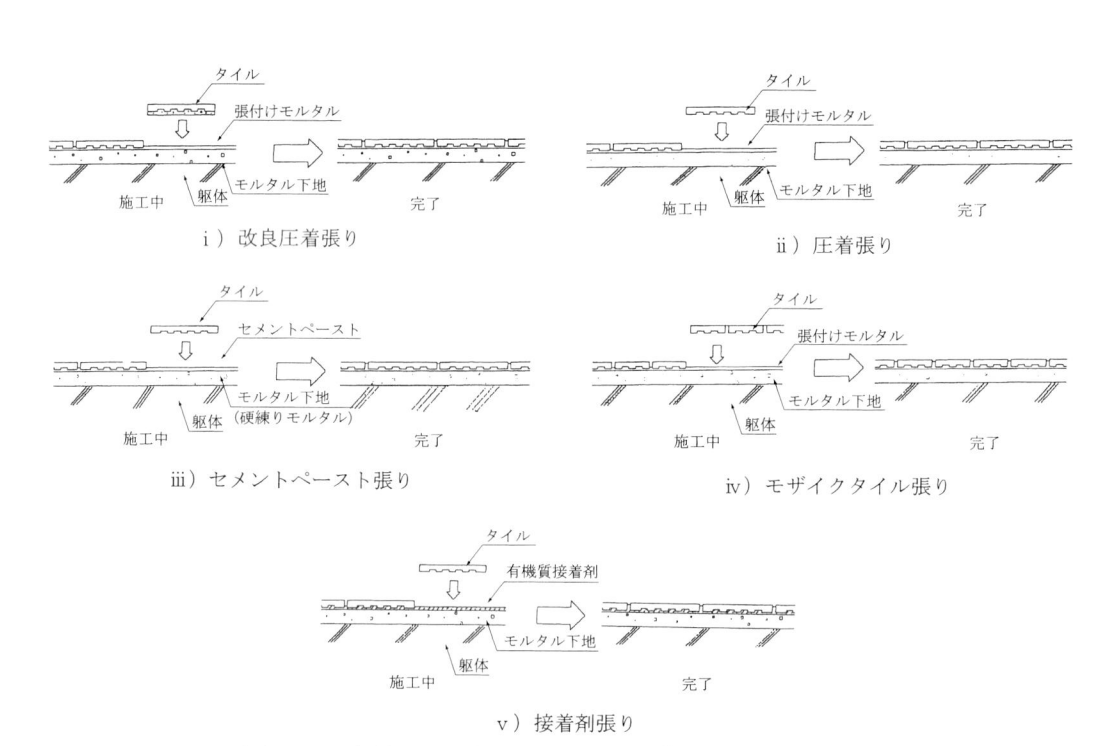

図 6.9.4　各種タイル張り工法の工法図―床タイル張り工事[6.9.1)]

表 6.9.8　床タイル張り工法の詳細―圧着張りの手順

1	直角の基準をとるために目地割りに応じて，縦・横 3～4 m 間隔に基準タイル張りを行う
2	張付けモルタルの塗付けは，二度塗りとしその塗厚は 5～7 mm とする．下地側には，軟らかめに練った張付けモルタルを金ごてを用いて薄くこすりつけるように塗り付ける
3	下地面との密着を確保したのち，ただちに張付けモルタルを塗り重ねて 5～7 mm 程度に塗り付ける
4	張付けモルタルが軟らかいうちにタイルをもみ込むようにして張り付ける．モルタルがタイル裏面にいきわたり十分な接着強度が得られるよう，ハンマーの柄などを用いてタイルのたたき押えを行う
5	たたき押えは，振動工具を用いて行ってもよい

表6.9.9　タイル先付け工法（図6.9.5）

	タイル先付けプレキャストコンクリート部材は，工場にてタイルを型枠に先付けしコンクリートを打設して，タイルとプレキャストコンクリートを一体化する工法である

表6.9.10　タイル先付け工法の手順

1	型枠ベット面にユニットタイルを敷き並べる
2	プレキャストコンクリートの補強のため鉄筋を配筋し，コンクリートを打設して密実に締め固める
3	養生の後，脱型し，タイル表面の清掃を行う
4	建築物の所定の位置にタイル先付けプレキャストコンクリート部材を取り付ける

図6.9.5　タイル先付け工法

表6.9.11　住宅用乾式工法（図6.9.6）

	住宅の外壁に，セメントモルタルを使用せずに，支持片を有するベースサイディングにタイルを固定する方法である．ベースサイディングには，窯業系サイディング，金属系サイディング，アルミパネルを用いる

表6.9.12　住宅用乾式工法の手順

1	ベースサイディングを下地に取り付ける
2	ベースサイディングの支持片に固定材となる接着材を塗布する
3	タイルを支持片に引掛け，タイルの位置を調整する

図6.9.6　住宅用乾式工法

表6.9.13　バルコニー用床タイルユニット工法

樹脂マットにタイルを複合したタイルユニットを，バルコニーの床に敷く工法である．バルコニーの防水層を傷めないこと，雨水がタイル裏面から排水されタイル表面に水がたまらないこと，取付け・取外しが容易であること，タイルに面取りを施し下地の不陸が目立たないことが特徴である（図6.9.7）

表6.9.14　バルコニー用床タイルユニット工法の手順

1	タイルユニットを置く
2	タイルユニット同士を連結する

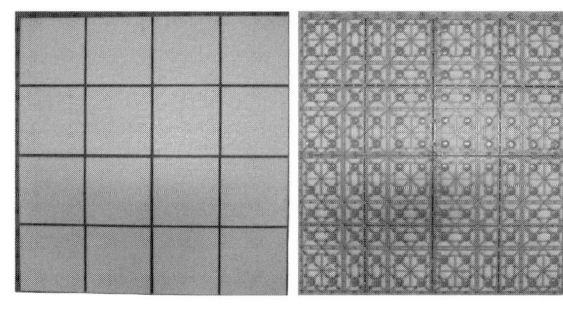

図6.9.7　バルコニー用床タイルユニット（左：表，右：裏）

表6.9.15　タイル張りの工事の注意点

1	躯体と下地モルタルの界面の剥離を防止するため，躯体を清掃して型枠の離型剤や汚れ等を除去する．躯体表面の目荒しを十分に行う．超高圧水洗浄法やMCR工法の採用も剥離防止に効果がある
2	下地モルタルの破壊を防止するため，適切な水湿しや吸水調整材の塗布を行い，張付け時に水分が取られるモルタルの硬化不良を防ぐ．下地モルタルの調合不良，下地モルタルの厚さを厚くしないことや施工時のこて圧力不足に注意する
3	下地モルタルと張付けモルタルの界面の剥離を防止するため，こて圧力不足に注意する．張付けモルタルの塗置き時間やオープンタイムの管理に注意する
4	タイルの割れや剥離を防止するため，目地深さがタイル厚さの半分以下の深目地，タイルとタイルの間に目地を設けない突付け目地は行わない．適切に伸縮調整目地を配置する．伸縮調整目地と躯体の伸縮目地の位置を合わせる
5	タイル工事の時，日射・強風・雨が当たらないよう注意する
6	外壁に使用するタイルの裏面に凹凸（蟻足状の裏あし）を付け，張付けモルタルとタイルの接着性を高める

表6.9.16　タイル張り工事に関する重要語句の説明

超高圧水洗浄法	水をノズルから吐出圧150 N/mm² 程度でコンクリートに吹き付けて，表面の目荒しと洗浄を行う工法
MCR工法	型枠に専用のシートを張り，コンクリート表面に凹凸を付与して，それにモルタルが食い込むことにより剥離を防止する工法
伸縮調整目地	温度変化や水分変化あるいは外力などによって，建物や建物各部に生ずる変形がタイルへの影響を少なくするために下地および仕上層に設ける目地
オープンタイム	モルタルの練混ぜから張り付けるまでの時間
吸水調整材	セメントモルタルのドライアウトを防止するため，あらかじめモルタル下地面に塗布する合成樹脂エマルション材料

6.10　左官工事

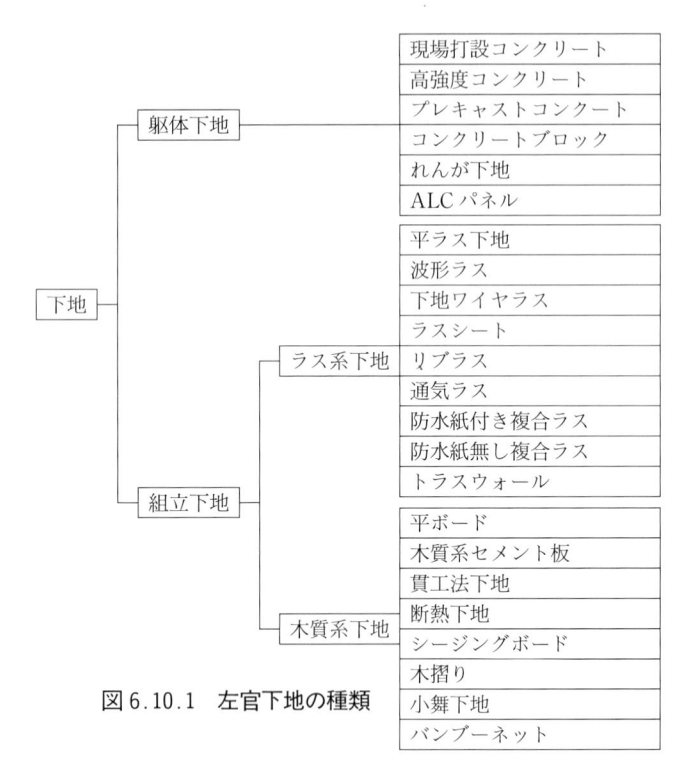

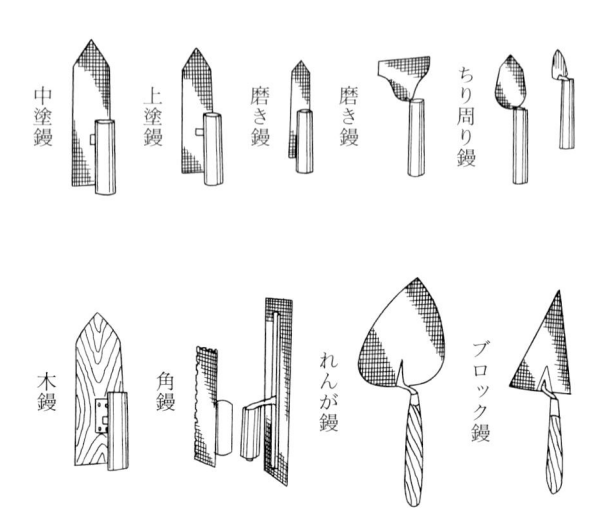

図6.10.1　左官下地の種類

- 下地
  - 躯体下地
    - 現場打設コンクリート
    - 高強度コンクリート
    - プレキャストコンクート
    - コンクリートブロック
    - れんが下地
    - ALCパネル
  - 組立下地
    - ラス系下地
      - 平ラス下地
      - 波形ラス
      - 下地ワイヤラス
      - ラスシート
      - リブラス
      - 通気ラス
      - 防水紙付き複合ラス
      - 防水紙無し複合ラス
      - トラスウォール
    - 木質系下地
      - 平ボード
      - 木質系セメント板
      - 貫工法下地
      - 断熱下地
      - シージングボード
      - 木摺り
      - 小舞下地
      - バンブーネット

図6.10.2　各種鏝（こて）の例[6.10.1]

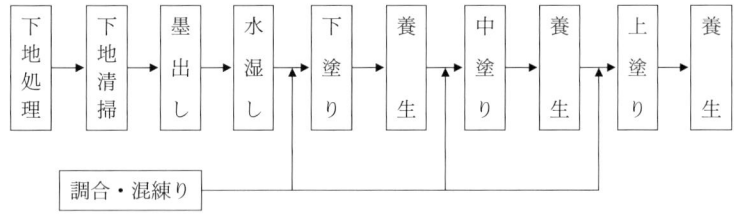

中塗鏝、上塗鏝、磨き鏝、磨き鏝、ちり周り鏝、木鏝、角鏝、れんが鏝、ブロック鏝

図6.10.3　左官工事の一般的な工程

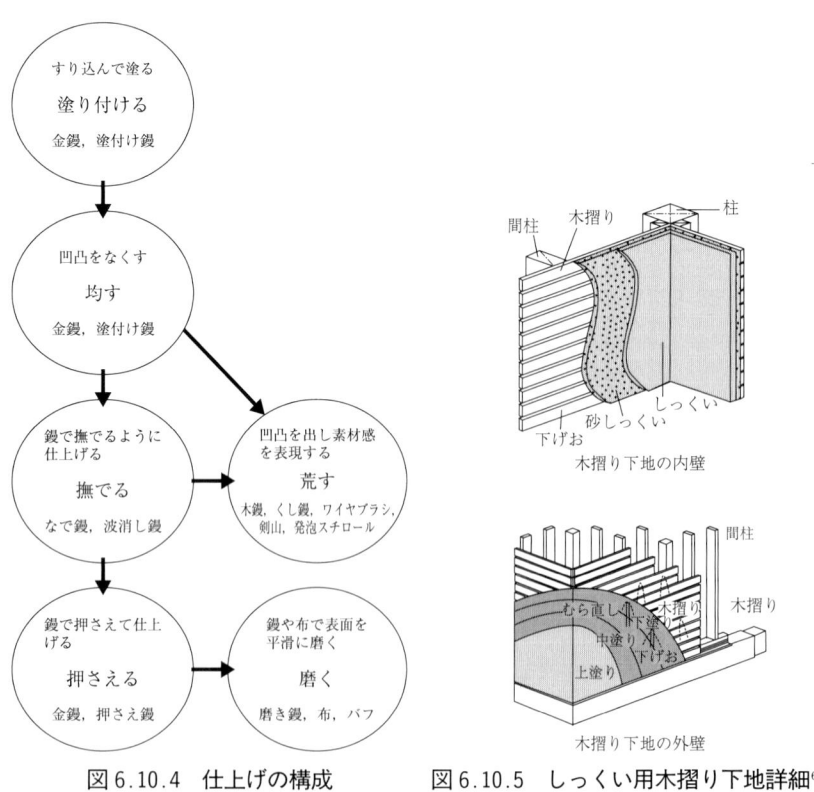

下地処理 → 下地清掃 → 墨出し → 水湿し → 下塗り → 養生 → 中塗り → 養生 → 上塗り → 養生
（調合・混練り）

表6.10.1　表面仕上げの組み合わせ

基本材料	表面処理	混ぜ物
セメントモルタル	金鏝で押さえる	顔料
土	木鏝で押さえる	繊維
しっくい	磨く	種石
石膏	掻き落す	その他
ドロマイト	洗い出す	
珪藻土	研ぎ出す	
繊維壁材	刷毛で引く	
その他	叩く	
	鏝で引く	
	木やスポンジで荒らす	
	その他	

図6.10.4　仕上げの構成

- すり込んで塗る　塗り付ける（金鏝，塗付け鏝）
- 凹凸をなくす　均す（金鏝，塗付け鏝）
- 鏝で撫でるように仕上げる　撫でる（なで鏝，波消し鏝）
- 凹凸を出し素材感を表現する　荒す（木鏝，くし鏝，ワイヤブラシ，剣山，発泡スチロール）
- 鏝で押さえて仕上げる　押さえる（金鏝，押さえ鏝）
- 鏝や布で表面を平滑に磨く　磨く（磨き鏝，布，バフ）

図6.10.5　しっくい用木摺り下地詳細[6.10.2]

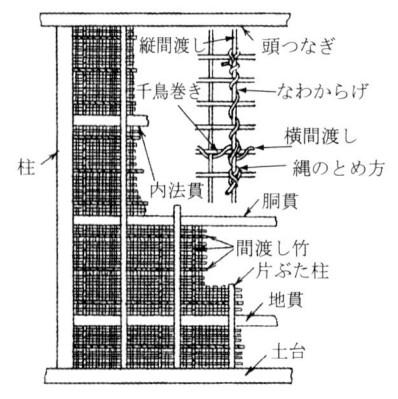

木摺り下地の内壁：間柱、木摺り、柱、しっくい、砂しっくい、下げお

木摺り下地の外壁：むら直し、下塗り、中塗り、上塗り、下げお、木摺り、間柱

図6.10.6　こまい下地詳細図[6.10.3]

縦間渡し、頭つなぎ、千鳥巻き、なわからげ、横間渡し、縄のとめ方、柱、内法貫、胴貫、間渡し竹、片ぶた柱、地貫、土台

6.10 左官工事

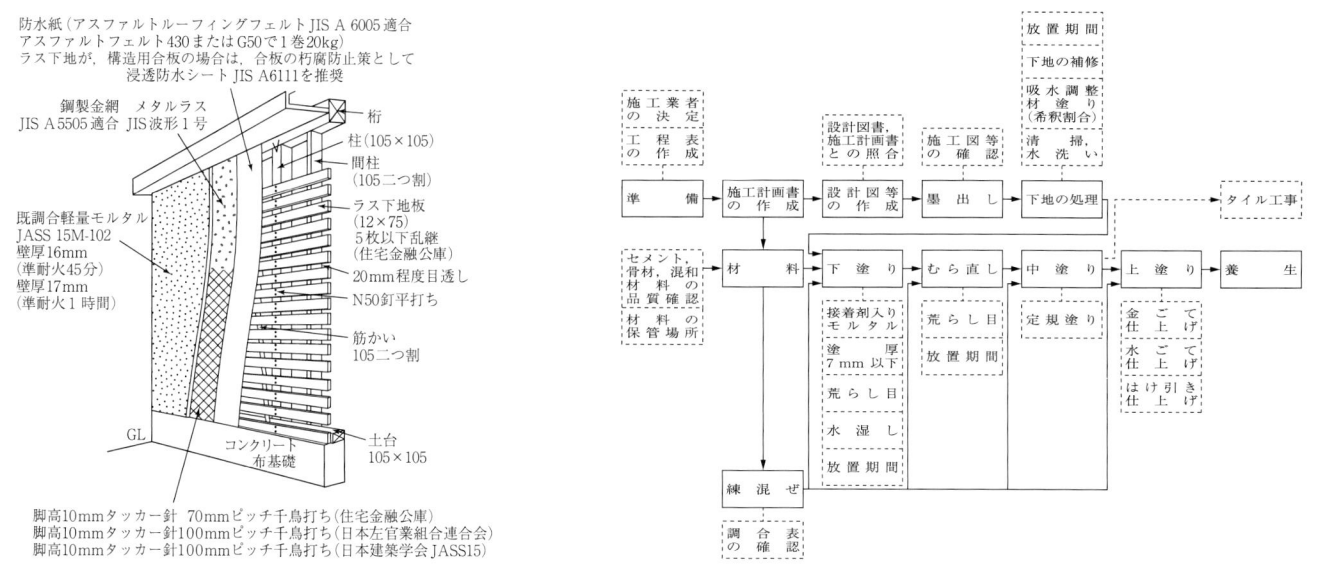

図6.10.7 ラス下地の構成[6.10.2]

図6.10.8 モルタル塗り工事の作業の流れ[6.10.4]

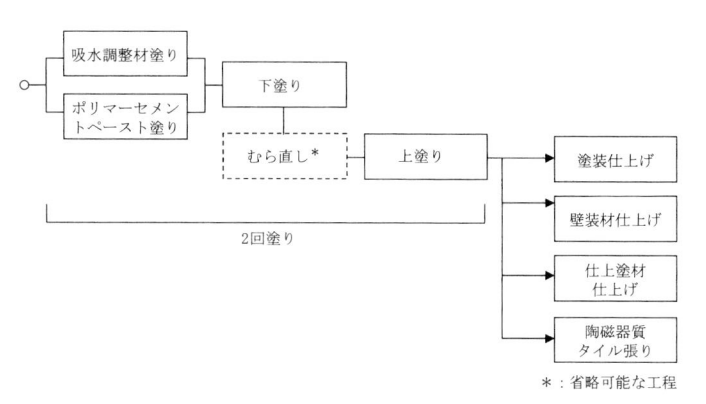

図6.10.9 モルタル2回塗り施工のフロー[6.10.3]

＊：省略可能な工程

表6.10.2 左官工事の工程・検査・注意事項[6.10.3]

準備・つけ送り	下地の清掃	下地の処理・下塗り	むら直し	中塗り	上塗り
		検査	検査	検査	検査	検査
1) 監理者の指示・注意 2) 仕上げ墨・工程の確認 3) 塗り厚の確認 4) つけ送りは塗り厚が大きいときは分けて塗る	1) 下地面の補修 2) 表面が接着不良と思われるものの処理 3) 下地面清掃	1) 吸水調整材塗り 2) 下地処理後ただちに下塗りをする 3) 荒し目を入れる	1) 中塗りが均等に塗れるようにする 2) 塗り厚が大きいときは分けて塗る	平たんに塗り付ける	小むらを取り平滑に塗り仕上げる

6.11　塗装・吹付け工事

1　標準工程
①素地調整（下地調整）→②下塗り→③パテかい→④研磨→⑤中塗り→⑥上塗り

2　素地調整（下地調整）

表6.11.1　鉄鋼面に対する素地調整

施工器具	特　徴	欠　点	具体的な適用
電動サンダー	さび落しが容易	凹部さびやミルスケールの除去は不適	ワイヤーブラシと併用
ワイヤーブラシ	凹凸の多い面に有効	さび落し程度が不十分になる	応急的用途や小面積
ハンマー・スクレーパー	多量なさび・汚れの簡易除去	凹凸の多い面では有効ではない	応急的用途や小面積
研磨紙	軽度なさびの簡易除去	本格的な作業には不向き	作業の一部に適用

表6.11.2　コンクリート・モルタル面等に対する素地調整

施工器具	特　徴	欠　点	具体的な適用
電動サンダー	突起物や段差修整に適用，作業効率が良い	粉塵飛散	目の細かい養生ネットを張る
ワイヤーブラシ	脆弱層や付着物の除去が容易	効率が悪い	電動サンダーと併用　小面積に適用
皮スキ	細かい突起物や付着物の除去	効率が悪い	作業の一部に適用

3　パテかい・研磨

表6.11.3　パテかいに用いる施工器具

施工器具	用　途
金鏝	パテやセメントフィラーなど下地調整材の地付け（塗膜厚を厚く塗付する）作業に適用
金ヘラ	パテを全面または部分的に塗付する作業に適用
木ヘラ	現在は木部の傷や導管などのパテかいに主に適用

表6.11.4　研磨に用いる施工器具

施工器具	用　途
研磨紙	建築で一般的なものはクラフト紙タイプで，番号が小さいものほど粒度が粗い（P60～P2000）パテしごき面の段差を削り平滑とするには，P180～P320を適用
耐水研磨紙	仕上がり精度が要求される場合に粒度の細かいもの（一般的にはP400以上）を適用　目詰まりや摩擦熱を防ぐため，研磨紙に水を付ける

4　塗装

表6.11.5　代表的な刷毛の種類

名　称	用　途
筋違刷毛	刷毛のサイズは3号（10mm）から10号（30mm）が一般的で，入隅の塗装やダメ込みに適用
寸胴刷毛	刷毛のサイズは16号（48mm）が一般的で，橋梁などの鉄骨塗装に適用
平刷毛	刷毛のサイズは25号（70mm）から40号（115mm）があり，鉄扉や壁面などの塗装に適用
その他	目地刷毛，ラスター刷毛，ニス用筋違刷毛など

6.11　塗装・吹付け工事

表 6.11.6　代表的なローラーブラシの種類

名　称	用　途・特　徴
ナップローラー（レギュラータイプ）	壁面など広い面積の塗装に適用 長さ 7 インチ，筒の内径 38 mm のローラーカバーで，長毛，中毛，短毛を選択 ・長毛：毛の長さ 40 mm 程度が標準で，塗料の含みが多く，凹凸面の塗装に適用 ・中毛：毛の長さ 13 mm 程度が標準で，モルタル・コンクリートや凹凸の小さい面に適用 ・短毛：毛の長さ 6 mm 程度が標準で，鋼製面など吸込みが少なく平滑な仕上げに適用
ナップローラー（ミドルタイプ）	広面積から狭面積，入隅や狭隘部などに適用 長さは 5 インチと 7 インチで，筒の内径が 26 mm 程度の中間タイプで，軽くて扱いやすい中毛と短毛がある
ナップローラー（スモールタイプ）	小回りの利く細口径のローラーで，出隅，入隅，ダメ込み，タッチアップなどに適用 長さは 4 インチと 6 インチ程度であり，筒の内径は 15 mm と細くて短い 「中毛」と「短毛」がある
砂骨ローラー	網目状発泡ウレタンなどのローラーで，マスチック塗材や単層弾性仕上塗材など模様仕上げに適用 7 インチ，内径 38 mm のスタンダードタイプが一般的
デザインローラー	特殊な形状のローラーで，吹付けタイル状模様など立体感のある仕上げに適用 7 インチ，内径 38 mm のスタンダードタイプが一般的

表 6.11.7　代表的な吹付け塗装機の種類

名　称	用　途・特　徴
エアスプレーガン	霧吹きの原理で塗料を霧化するので平滑な塗面が得られ，高級仕上げに適用 塗料が霧状になるので塗着効率が悪く，飛散量が多い メタリック塗装はこの方法に限定される
エアレススプレー	塗料自体に高圧を掛けて吹き付けるので，高粘度の塗料にも適用可能 吐出量が多いので，広い面積を効率よく塗装 塗料の飛散があるので，十分な飛散防止養生が必要
建築用吹付けガン	主に建築用仕上塗材の吹付けに適用 仕上塗材（リシン系）にはリシンガン，複層仕上塗材（吹付けタイル系）にはタイルガン，厚付け仕上塗材（スタッコ系）にはスタッコガンを使用 ノズル口径は吹き付ける材料の種類や模様により，5 mm から 15 mm 程度を使用

図 6.11.1　施工時の養生 　　図 6.11.2　刷毛塗り作業 　　図 6.11.3　ローラーブラシ塗り作業 　　図 6.11.4　吹付け塗装作業

6.12　内装工事

1　内装工事の概要

「建築工事標準仕様書・同解説 JASS 26 内装工事[6.12.1]」で扱われている内装工事の中から，一般的な工法を選んだものが下記である．なお，JASS 26 では，主に鉄筋コンクリート造，鉄骨造および鉄骨鉄筋コンクリート造の建築物を対象としている．

表 6.12.1　内装工事の種類（JASS 26 より作成）

	先行工事		内装工事		
	本体工事（躯体）	左官工事	軸組工事	ボード張り工事	表面仕上工事
天井	RC PCa ALC	—	—		紙・布張り，塗装・吹付け
		モルタル塗り	—		紙・布張り，塗装・吹付け
			木製軸組み 鋼製軸組み	ボード張り	—
					紙・布張り，塗装・吹付け
		—	システム天井，住宅用ユニット天井		
壁	RC PCa ALC MU	—			紙・布張り，塗装・吹付け
		モルタル塗り			紙・布張り，塗装・吹付け
				ボード張り	—
					紙・布張り，塗装・吹付け
			木製軸組み 鋼製軸組み	ボード張り	—
				ボード張り	紙・布張り，塗装・吹付け
	なし（自立する間仕切壁）		木製軸組み 鋼製軸組み	ボード張り	—
				ボード張り	紙・布張り，塗装・吹付け
床	RC PCa ALC	—	—	—	カーペット類，コルクタイル 合成高分子系張床・塗床，畳
		モルタル塗り	—	—	カーペット類，コルクタイル 合成高分子系張床・塗床，畳
		モルタル塗り	—	フローリング類	
				フローリング類	—
			木製軸組み 鋼製軸組み	ボード張り	カーペット類，コルクタイル 合成高分子系張床・塗床，畳
		—	フリーアクセスフロア，住宅用乾式二重床		

［注］RC：現場打ち鉄筋コンクリート，PCa：プレキャストコンクリート，
　　　ALC：ALC パネル，MU：メーソンリーユニット類

表 6.12.2　間仕切壁の上部・下部の取付け箇所（JASS 26 より作成）

	壁下地の種類 取付け箇所の部材の種類	木製下地	鋼製下地
壁下地の上部	現場打ちコンクリート	○	○
	プレキャストコンクリート部材	○	○
	ALC パネル		
	デッキプレート		○
	鉄骨部材（梁下等）		○
	天井（天井勝ち）	木製天井下地	○	
		鋼製天井下地		○
		システム天井下地		
		住宅用ユニット天井		
壁下地の下部	現場打ちコンクリート	○	○
	プレキャストコンクリート部材	○	○
	ALC パネル		
	床（床勝ち）	木製床下地		
		鋼製床下地		
		住宅用乾式二重床	○	
		フリーアクセスフロア		

2　天井工事

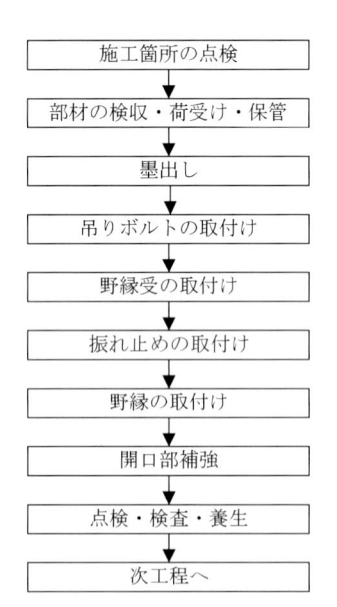

図 6.12.1　天井下地材の施工手順

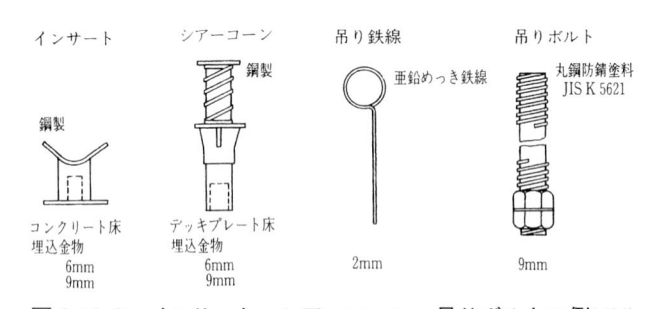

（施工箇所の点検 → 部材の検収・荷受け・保管 → 墨出し → 吊りボルトの取付け → 野縁受の取付け → 振れ止めの取付け → 野縁の取付け → 開口部補強 → 点検・検査・養生 → 次工程へ）

図 6.12.2　インサート・シアーコーン・吊りボルトの例[6.12.1]

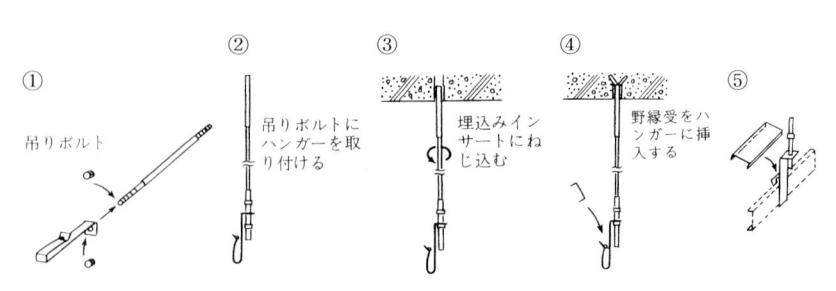

図 6.12.3　吊りボルトおよび野縁受けの取付け[6.12.1]

図6.12.4　クリップによる野縁と野縁受けの取付け(6.12.1)

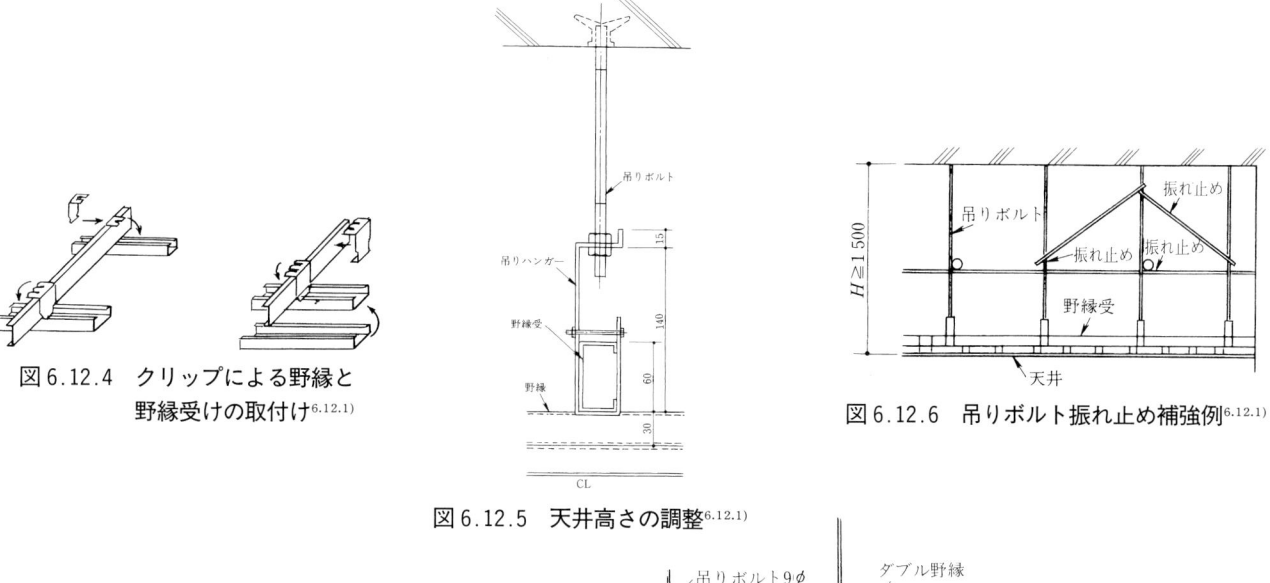

図6.12.5　天井高さの調整(6.12.1)

図6.12.6　吊りボルト振れ止め補強例(6.12.1)

図6.12.7　天井・壁ボード張りの種類
- 合板
- せっこうボード
- 繊維板
- 木質系セメント板
- 繊維強化セメント板
- ロックウール化粧板
- 金属板

図6.12.8　せっこうボード張り下地へのロックウール板仕上げ(6.12.1)

3　壁工事

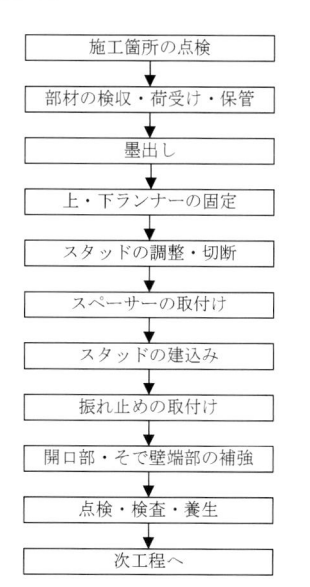

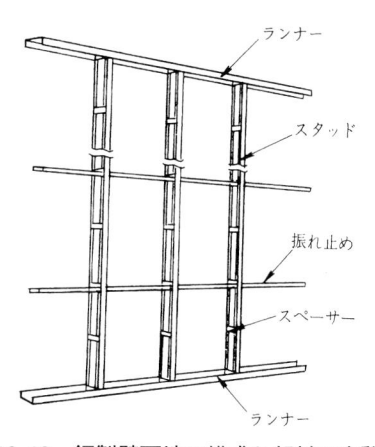

図6.12.9　壁下地の施工手順
- 施工箇所の点検
- 部材の検収・荷受け・保管
- 墨出し
- 上・下ランナーの固定
- スタッドの調整・切断
- スペーサーの取付け
- スタッドの建込み
- 振れ止めの取付け
- 開口部・そで壁端部の補強
- 点検・検査・養生
- 次工程へ

図6.12.10　鋼製壁下地の構成と部材の名称(6.12.1)

表6.12.3　せっこうボード取付け用金物

下地	取付け用金物
木製	せっこうボード用くぎ ステンレスくぎ 十字穴付き木ねじ
鋼製	ドリリングタッピンねじ
せっこうボード （重ね張り）	ステープル 十字穴付き木ねじ

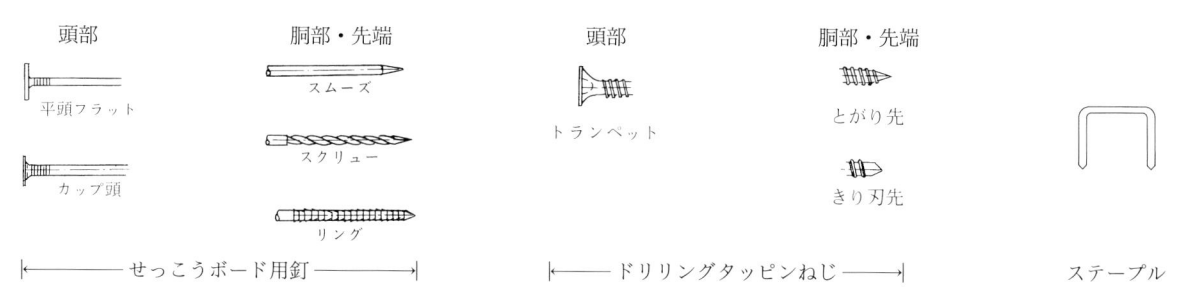

図6.12.11　せっこうボード取付け用金物の例

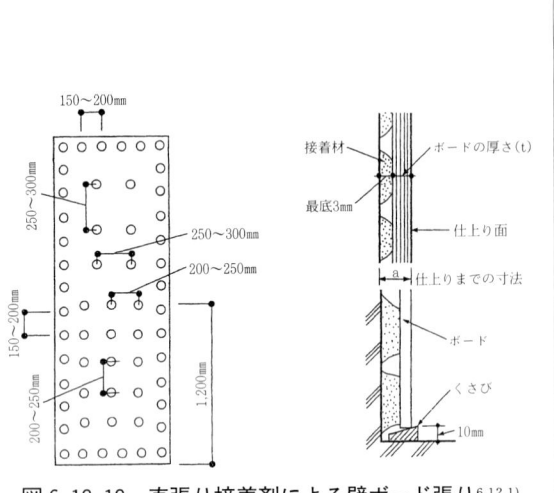

図 6.12.12　直張り接着剤による壁ボード張り[6.12.1]

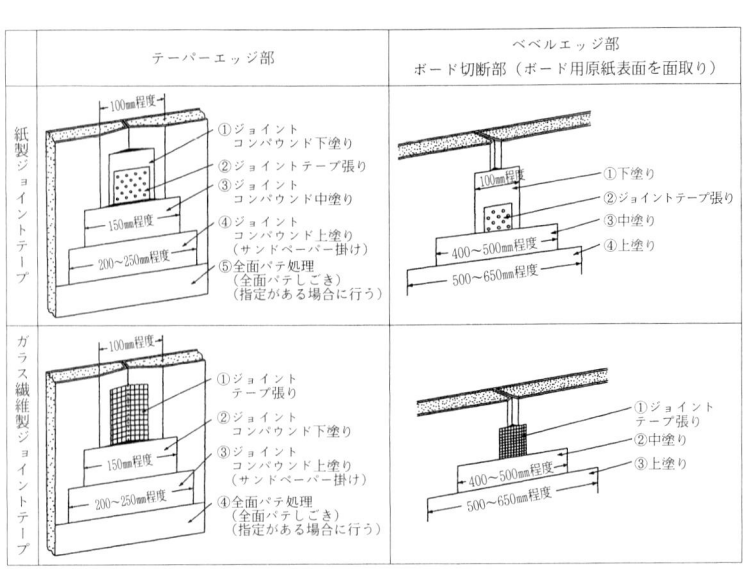

図 6.12.13　せっこうボードの目地処理[6.12.1]

4　床工事

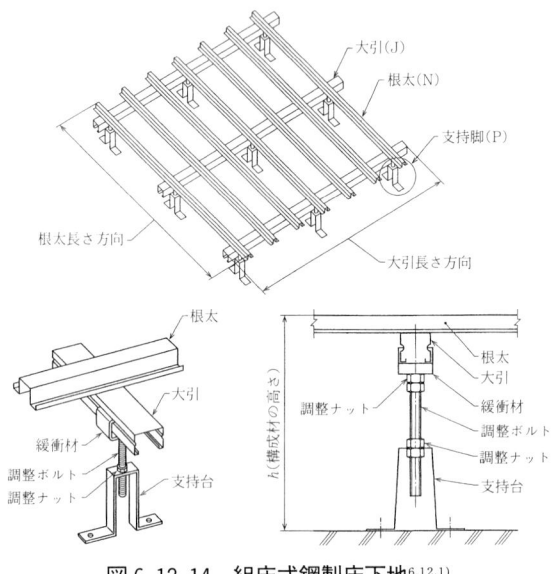

図 6.12.14　組床式鋼製床下地[6.12.1]

表 6.12.4　フローリング類の種類と工法の関係（JASS 26 より作成）

材料の種類		適用下地の種類			
		木製下地		左官下地	RC PCa ALC
種別	裏打ち	根太	根太＋下張板		
単層フローリング　フローリングボード	あり	—	釘打留め 接着剤張り	接着剤張り	—
	なし	釘打留め	—	—	—
単層フローリング　フローリングブロック	あり	—	接着剤張り	接着剤張り	—
	なし	—	—	—	モルタル張り
単層フローリング　フローリングパーケット	あり	—	接着剤張り	接着剤張り	—
	なし	—	接着剤張り	接着剤張り	—
複合フローリング		釘打留め	釘打留め	—	—

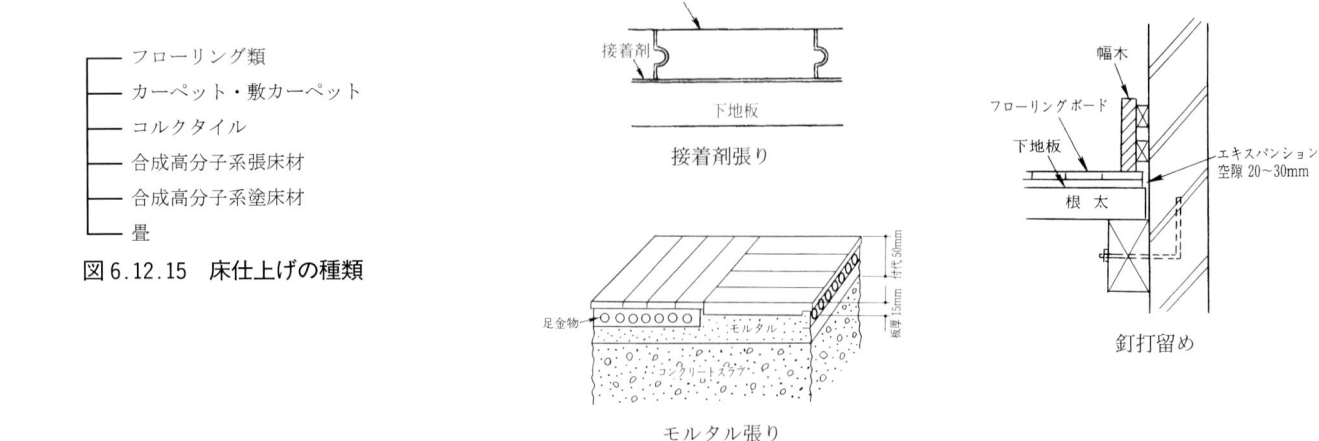

― フローリング類
― カーペット・敷カーペット
― コルクタイル
― 合成高分子系張床材
― 合成高分子系塗床材
― 畳

図 6.12.15　床仕上げの種類

図 6.12.16　フローリング工法の例[6.12.1]

6.13 建具工事

1 建具の基本構成
建具は建具枠と戸によって構成される．

表 6.13.1

部位等	説明
建具枠	戸の周囲にあって，戸を建て込むための建物に固定された枠の部分．はめ殺し窓においてはガラスをはめ込むための建物に固定された枠の部分
戸	建具の可動部分

2 JASS 16 建具工事における建具構法等の種類
- 木製建具
- アルミニウム製建具
- 鋼製建具
- 樹脂製建具
- 鋼製重量シャッター

3 木製建具

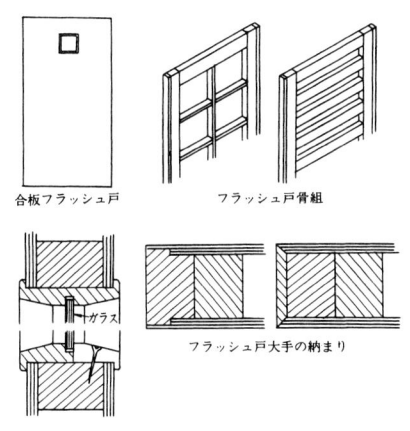

図 6.13.1 合板フラッシュ戸の例[6.13.1)]

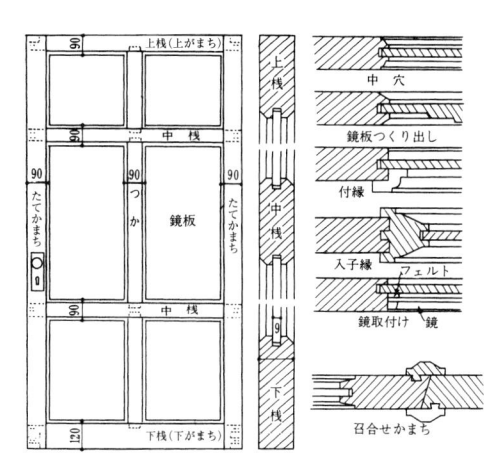

図 6.13.2 木製唐戸の例[6.13.1)]

4 アルミニウム製・樹脂製建具

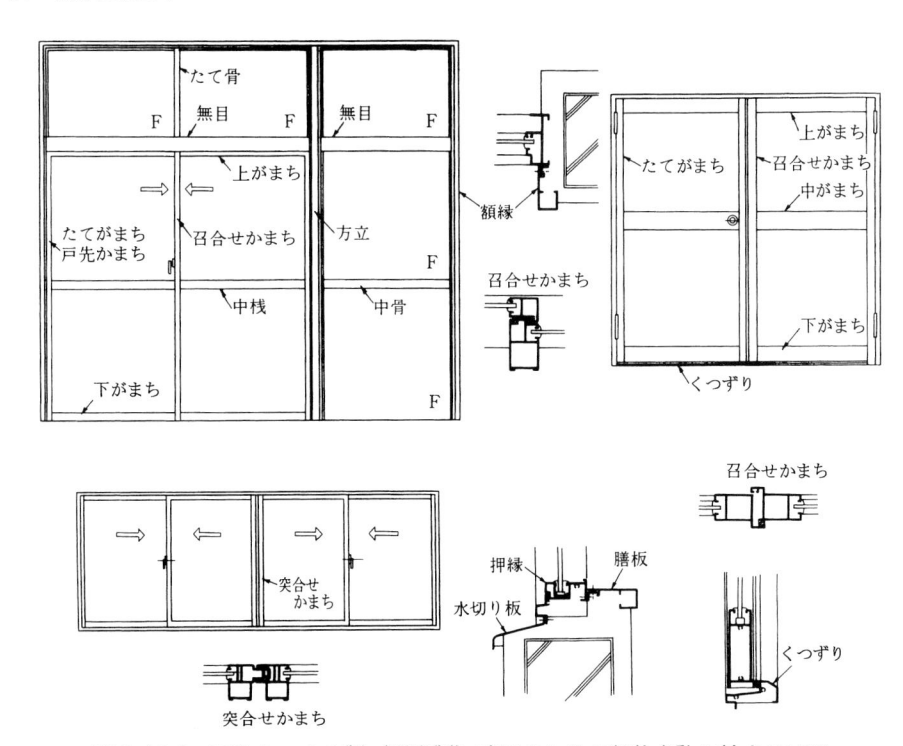

図 6.13.3 アルミニウム製（樹脂製）建具まわりの部位名称と納まり[6.13.2)]

126　6章　内外装工事

5　鋼製建具

図6.13.4　鋼製建具の例[6.13.2]

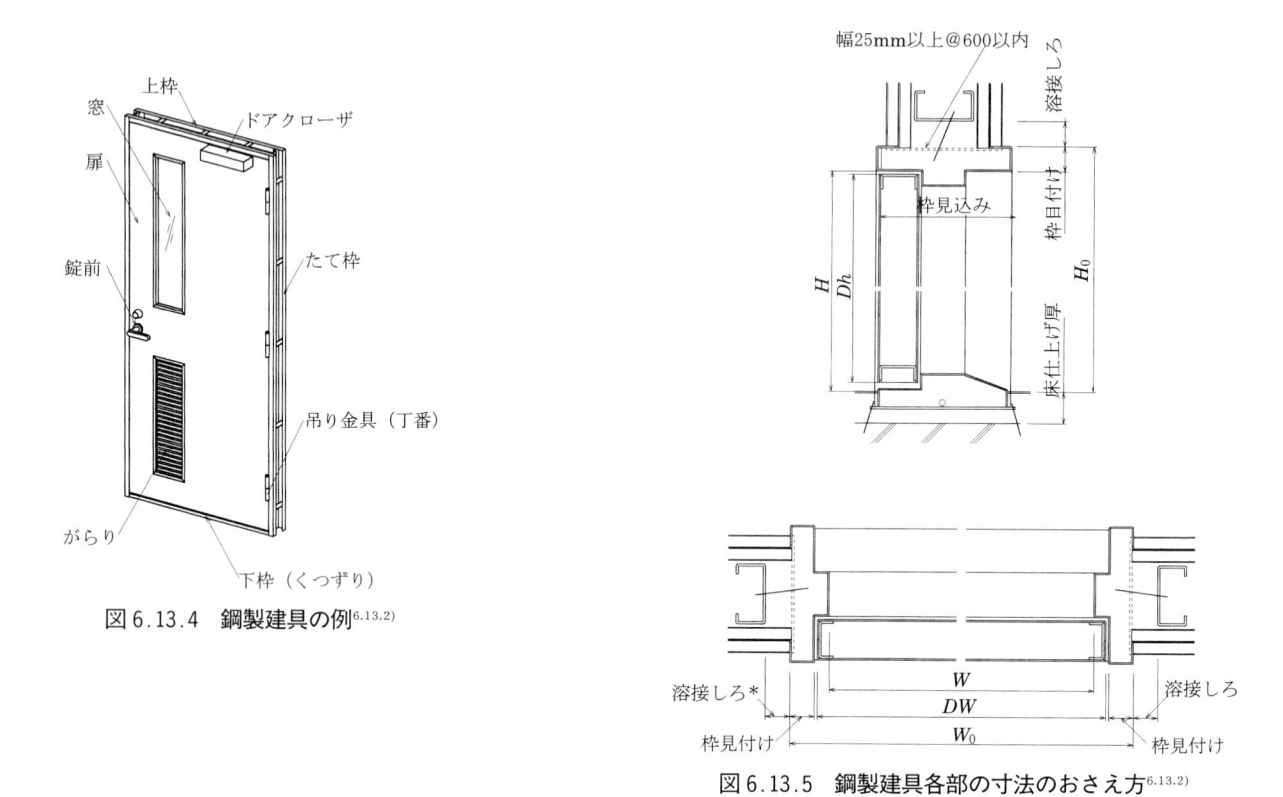

図6.13.5　鋼製建具各部の寸法のおさえ方[6.13.2]

6　鋼製重量シャッター

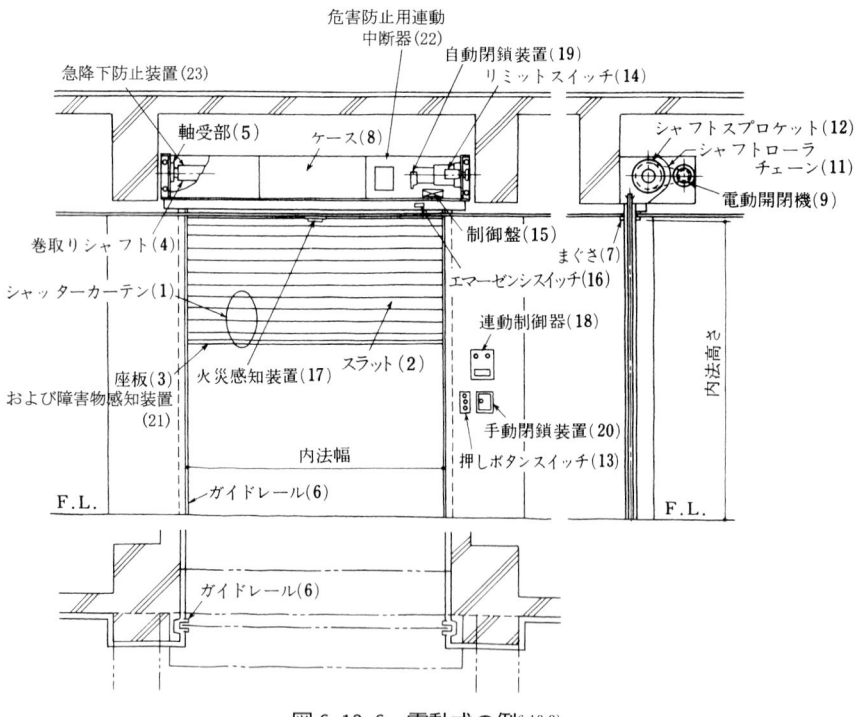

図6.13.6　電動式の例[6.13.2]

7章　外構工事

7.1　外構工事概要

「外構工事」とは，建物本体以外の外部まわりの工事で，舗装工事，排水工事，外郭施設工事，植栽工事などを総称していう．当教材に掲載した断面図・詳細図は参考であり，計画地の地盤の状況や地耐力，土圧などを考慮し構造計算を行ったうえで断面構造を決定する必要がある．また各種法令の適応の有無，行政の定める設計基準，設置基準などについても事前に確認する必要がある．

7.2　舗装工事

表7.2.1　舗装の分類

分類		舗装の種類	分類		舗装の種類
平滑系舗装	アスファルト系	アスファルト舗装，カラーアスファルト舗装，脱色アスファルト舗装	透水性舗装	アスファルト系	透水アスファルト舗装
	コンクリート系	コンクリート舗装，洗い出し舗装		コンクリート系	透水性コンクリート舗装，透水性インターロッキングブロック舗装
	セラミックス系	タイル張り舗装		セラミックス系	透水性セラミックスブロック舗装
	自然石系	石張り舗装，小舗石（ピンコロ）舗装		レンガ系	透水保水性レンガブロック舗装
	合成樹脂系	合成樹脂舗装，ゴム弾性舗装，人工芝舗装		芝生系	透水性芝生舗装
ブロック系舗装	コンクリート系	平板舗装，インターロッキングブロック舗装		砂利・樹脂系	砂利敷き舗装，砕石舗装，天然石エポキシ樹脂舗装
	セラミックス系	セラミックスブロック舗装		砂・土系	石灰岩ダスト舗装，砂舗装，クレイ舗装，土壌改良材舗装
	レンガ系	レンガ舗装，レンガブロック舗装		合成樹脂系	ゴム弾性舗装，人工芝舗装
	自然石系	敷石舗装，自然石敷き舗装		ウッド系	ウッドチップ舗装，木レンガブロック舗装，枕木敷き
			ウッドデッキ	ウッド系	ウッドデッキ

　断面構成は表層，基層，路盤からなり路床が全体を支えている．路床が路盤構成に影響を与えるため土質試験を行う．CBRが2未満の場合は，土の置換え（置換工法）やセメント，石灰による安定処理が必要となる．路盤は荷重を分散して路床に伝える機能と支持力が必要となり一般的にはクラッシャーランが使用される．基層は塗装工法などでは荷重に抵抗できるようなアスファルトやコンクリートでつくられる．2次製品（平板，ブロック，レンガ等）の舗装材を用いる場合，平坦性を維持するために砂や空練モルタルによるクッション層を設ける．また，水勾配については，一般の歩道で1.5～2.0%，最低でも1.0%以上とし，石灰岩ダスト舗装や砂舗装など軟舗装では3.0%とする．

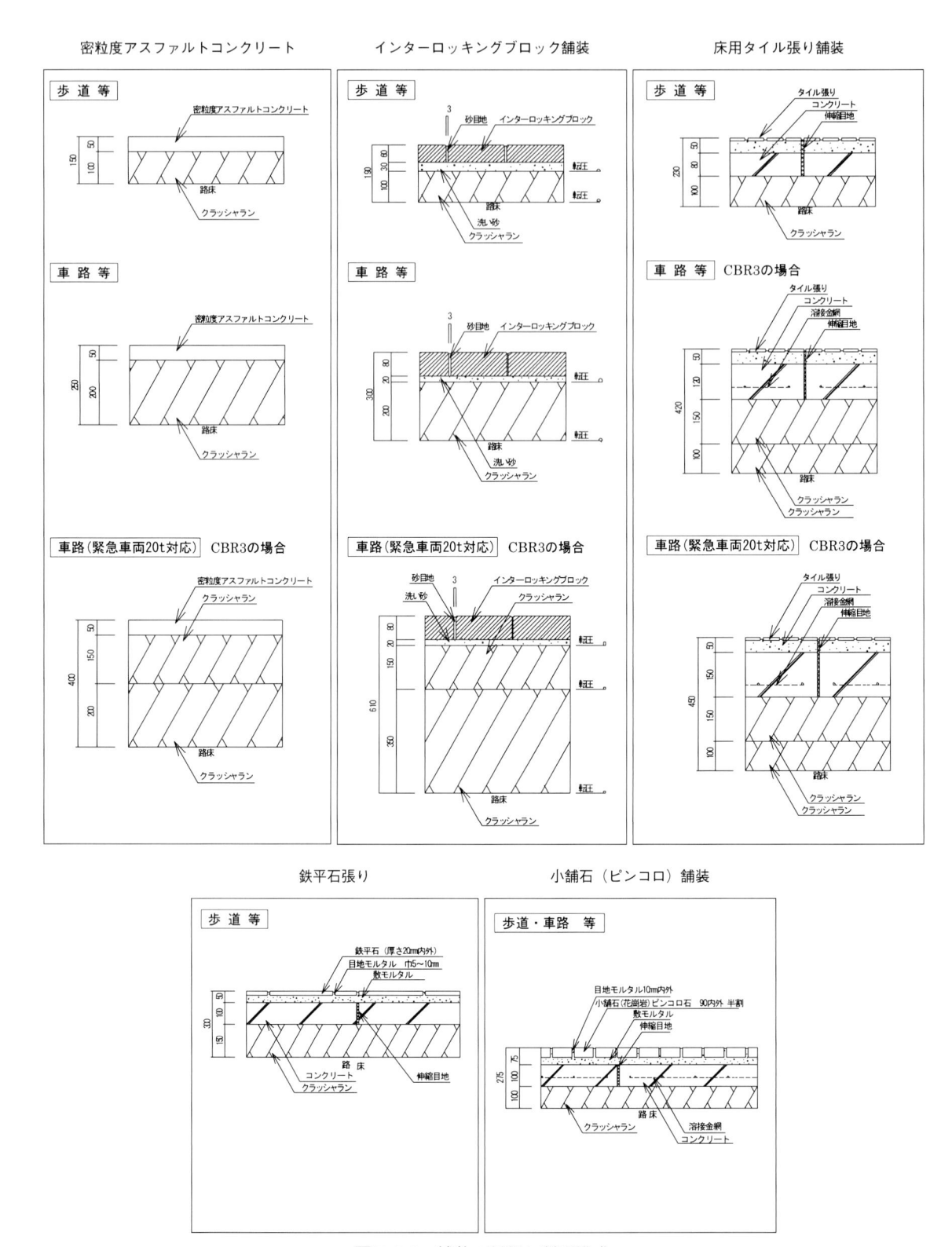

図7.2.1 舗装の種類と断面構成

7.3　排水工事

　側溝とは，雨水排水のために地表面に設けられた排水のための構造物で，道路などに敷設するL型側溝，歩車道境界ブロックを使用した街渠，駐車場や園路に敷設する皿型側溝，敷地境界際や入口に敷設されるU型側溝（U字溝）などがある．全体の雨水排水計画に基づき，容量や排水勾配などを考慮して，側溝の配置と種類や大きさを決定する．
　雨水浸透施設には浸透桝，浸透トレンチ（浸透管），浸透側溝，自然側溝などがあり，雨水を地下に浸透させて地下水の滋養を図るほか，雨水の流出を抑制するはたらきがある．行政の発行している「雨水浸透施設技術指針」等に従う．

7.3 排水工事

L型側溝　　　　　　　　U型側溝　　　　　　　皿型側溝

浸透式側溝　　　　　　　浸透トレンチ

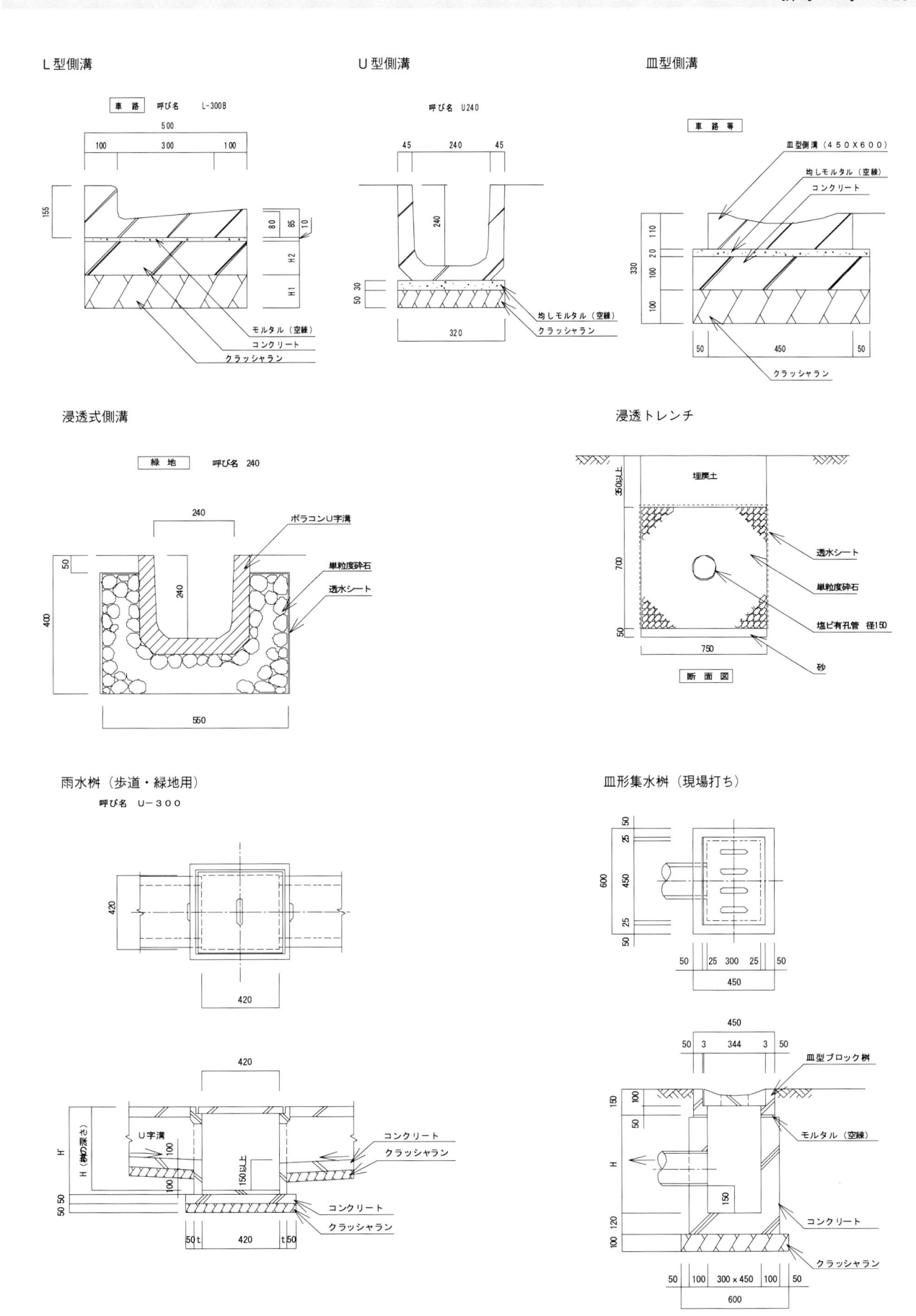

雨水桝（歩道・緑地用）　　皿形集水桝（現場打ち）

図7.3.1　排水の種類と詳細

7.4　外郭施設工事

縁石　　　歩行者の安全確保や車の誘導，土留め，植栽の保護，舗装の見切りなどのために，車道と歩道との境や舗装と緑地の境，舗装と舗装との見切り等に設けられる構造物で，コンクリート二次製品，レンガ，石，ステンレス，合成樹脂などが使われる．

ウォール　コンクリート，コンクリートブロック，万年塀，レンガ積み，タイル張り，石張り．大谷石積みなどの種類がありその用途・目的で種類や仕上げ方法を選定する．計画地の地盤の状況や地耐力などを考慮し，構造計算のうえ，断面構造を決める．

擁壁　　　コンクリート擁壁，PC擁壁，間知石積み擁壁，間知ブロック積み擁壁，割石積み擁壁，雑割石積み擁壁，玉石積み擁壁，自然石石積み擁壁，コンクリートブロック積み擁壁，レンガ積み擁壁，緑化ブロック積み擁壁などがある．計画地の地盤の状況や地耐力などを考慮し，構造計算のうえ，断面構造を決め

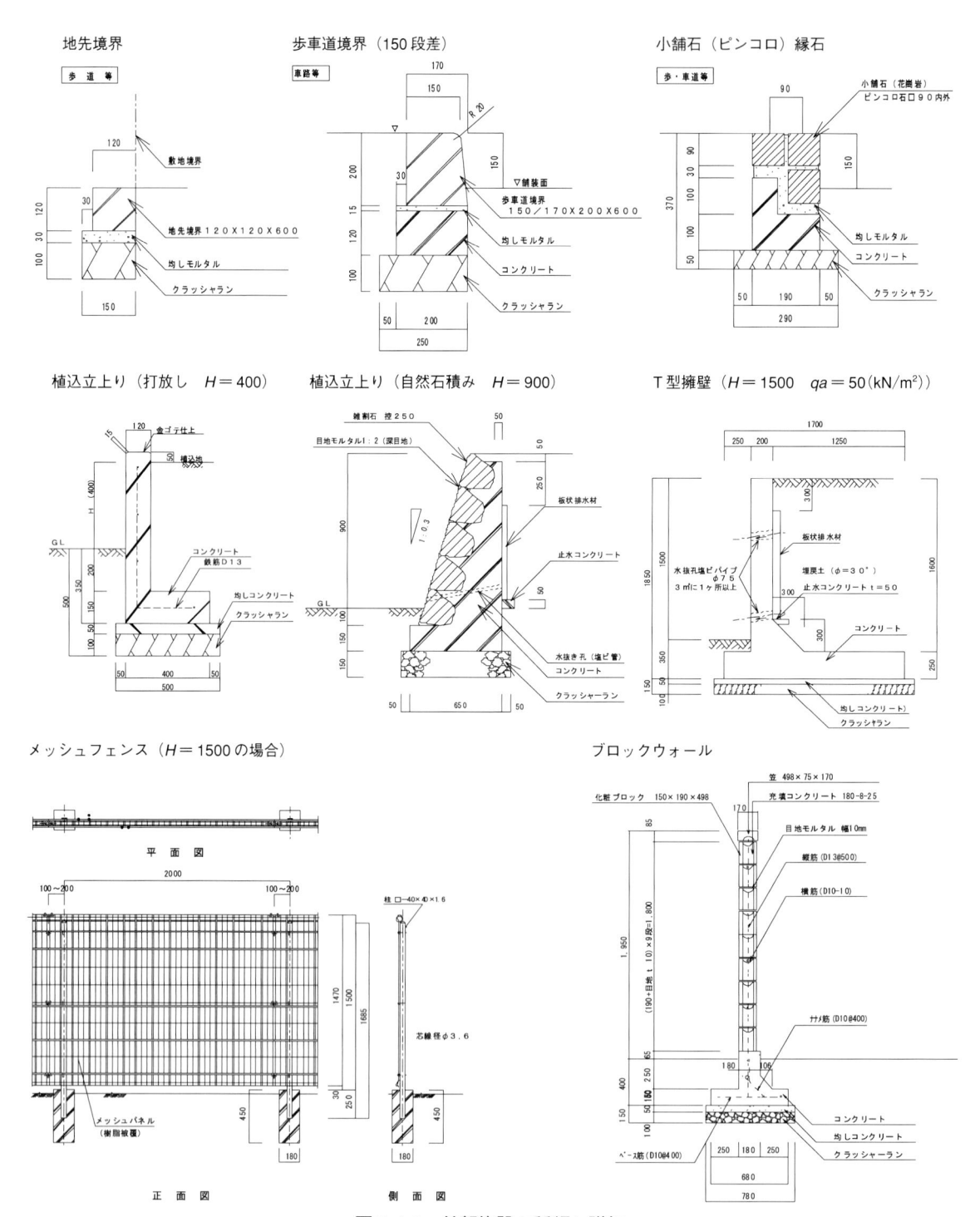

図7.4.1　外郭施設の種類と詳細

	る．水抜き穴は必ず設ける．壁の表面積 3 m² あたり径 75 mm の硬質塩化ビニール等を 1 か所を基準とする．
囲障	人や動物などの進入防止や危険防止，境界の明示，ボールなどの飛出し防止などの目的のために設置する．フェンス（メッシュフェンス，ネットフェンス，鋳鉄鋳物フェンス，角パイプフェンス，アルミフェンス，ステンレスフラットバー），木柵，トレリス，擬木柵，コンクリート柵，ロープ柵，プラ竹垣，竹垣などがある．
外構工作物	車止め，遊具，水景設備，コンクリート工作物など．

7.5　植 栽 工 事

1　植栽の形状寸法

　樹木は枝葉が密生し，発育良好で病虫害のない四方向とも樹姿の良いものとし，あらかじめ移植または根回しをした細根の多い栽培品とする．形状寸法は H，W，C の 3 種類を基準に指定する．高さ（H）は根元から樹冠頂までの寸法とし，先端または徒長枝（とびぬけて成長した枝）は含まない．葉張り（W）は樹木の四方面の葉張りを示す．目通り（C）は根元から 1.2 m のところの樹幹周長とし，株立ちものは，総和の 70％ の寸法を採用する．生垣は H，W のほか，刈込み高さと m あたりの本数で指定する．低木，地被類は m² あたりの本数で指定する．

　樹木の高さの分類については明確な定義はないが植栽時高さが，高木：3 m 以上，中木：1.5 m〜3 m，低木：1.5 m 未満を目安とする．

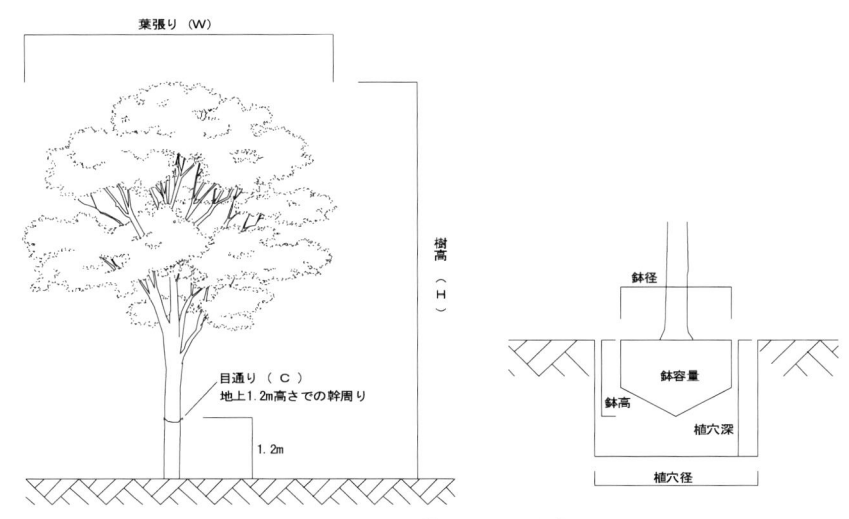

図 7.5.1　植栽の形状と名称

表 7.5.1　樹木等に応じた有効土層厚さ　（単位：cm）

樹　高	高木			中・低木	芝・地被類
	12 m 以上	7〜8 m	3〜7 m	3 m 以下	
有効土層(cm)	100	80	60	50	20

2　植栽基盤整備

　植栽地の透水性，土壌硬度，土壌酸度が植栽に適していることを確認し，適していない場合は改善する．土壌硬度が硬い場合は，周辺も含めて深さ 30 cm 以上を耕うんする．地下水位が高い場合は，下層にパーライト等の排水層を設置するか暗渠排水を敷設する．客土は植物の生育に適した土壌で，がれき・赤土・雑草など挟雑物を含まない良質土とする．客土の分類は以下のとおり．

　　畑土　　　　　：畑において耕作の及んでいる範囲の土壌
　　黒土　　　　　：黒色の膨軟な火山灰土壌
　　植栽用真砂土：関西地方または九州地方に産する花崗岩質岩石の風化土
　　山砂　　　　　：山地から採集した 5 mm 目ふるいを通る細粒状の岩石

　樹木支柱は形状と配置に応じた適切な支柱を施す．
　　支柱の種類　：添木，三脚，四脚，鳥居形，布掛けなど．

表 7.5.2 土壌改良材使用量対応表

分類	幹周（樹高） m（m）	鉢径 m	鉢高 m	植穴径 m	植穴深 m	鉢容量 m^3	鉢穴容量 m^3	改良土量 m^3
高木	$C<0.10$	0.31	0.23	0.67	0.31	0.013	0.109	0.096
	$0.10\leq C<0.15$	0.41	0.29	0.80	0.38	0.029	0.191	0.162
	$0.15\leq C<0.20$	0.50	0.34	0.91	0.43	0.051	0.280	0.229
	$0.20\leq C<0.25$	0.60	0.41	1.04	0.51	0.086	0.433	0.347
	$0.25\leq C<0.30$	0.70	0.47	1.17	0.58	0.134	0.623	0.489
	$0.30\leq C<0.35$	0.79	0.52	1.28	0.63	0.192	0.810	0.618
	$0.35\leq C<0.45$	0.98	0.64	1.52	0.76	0.362	1.378	1.016
	$0.45\leq C<0.60$	1.27	0.82	1.89	0.96	0.775	2.692	1.917
	$0.60\leq C<0.75$	1.56	1.00	2.26	1.16	1.421	4.651	3.230
	$0.75\leq C<0.90$	1.84	1.18	2.62	1.36	2.326	7.328	5.002
	$0.90\leq C<1.05$	2.12	1.36	2.98	1.56	3.541	10.875	7.334
	$1.05\leq C<1.20$	2.41	1.54	3.35	1.75	5.179	15.417	10.238
	$1.20\leq C<1.35$	2.70	1.72	3.72	1.95	7.256	21.183	13.927
中木	$2.5\leq H<3.0$	0.15	0.08	0.29	0.28	0.001	0.015	0.014
	$2.0\leq H<2.5$	0.17	0.10	0.33	0.31	0.002	0.022	0.020
	$1.5\leq H<2.0$	0.20	0.12	0.37	0.33	0.004	0.030	0.026
低木	$1.0\leq H<1.5$	0.22	0.13	0.41	0.36	0.005	0.040	0.035
	$0.8\leq H<1.0$	0.26	0.16	0.46	0.43	0.008	0.057	0.049
	$0.5\leq H<0.8$	0.30	0.19	0.54	0.48	0.013	0.090	0.077
	$0.3\leq H<0.5$	0.35	0.23	0.61	0.56	0.022	0.133	0.111
	$H<0.3$	0.40	0.26	0.69	0.61	0.032	0.188	0.156
地被・芝（改良深さ $0.20\,m/1\,m^2$）		—	—	—	—	—	—	0.200

8章　維持保全・改修工事

8.1　改修工事需要の予測

我が国では高度成長期に建設されたストックが蓄積され，建築工事全体に対する改修工事の比率は今後更に上昇すると予測されている．

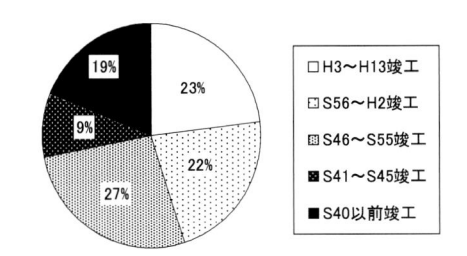

図 8.1.1　日本の竣工年別住宅ストックの割合[8.1.1)]

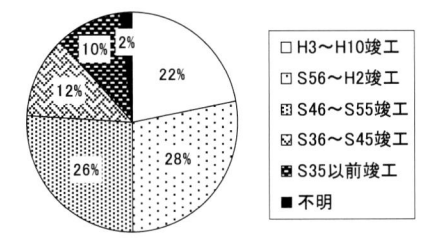

図 8.1.2　日本の竣工年別非住宅建築ストックの割合[8.1.1)]

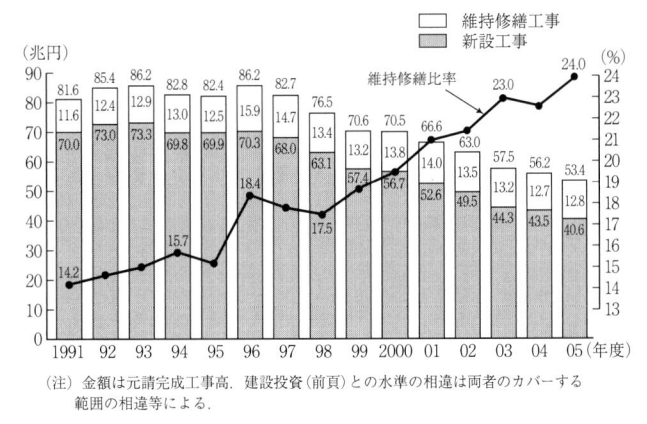

図 8.1.3　建設工事における維持修繕比率の推移[8.1.2)]

8.2　保全の範囲と分類

本会編「建築物の耐久計画の考え方」(1988) では保全の範囲と分類を以下のように定義している．

図 8.2.1　保全の分類[8.2.1)]

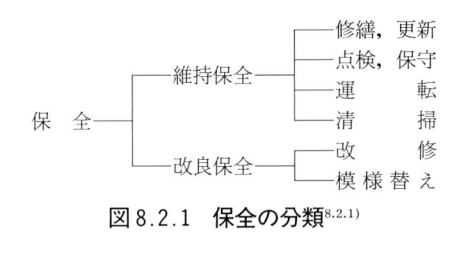

図 8.2.2　実施時期による維持保全の分類[8.2.1)]

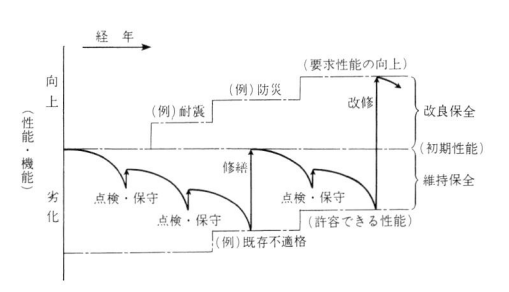

図 8.2.3　保全の概念図[8.2.1)]

8章 維持保全・改修工事

8.3 調査・診断・改修工事のフロー

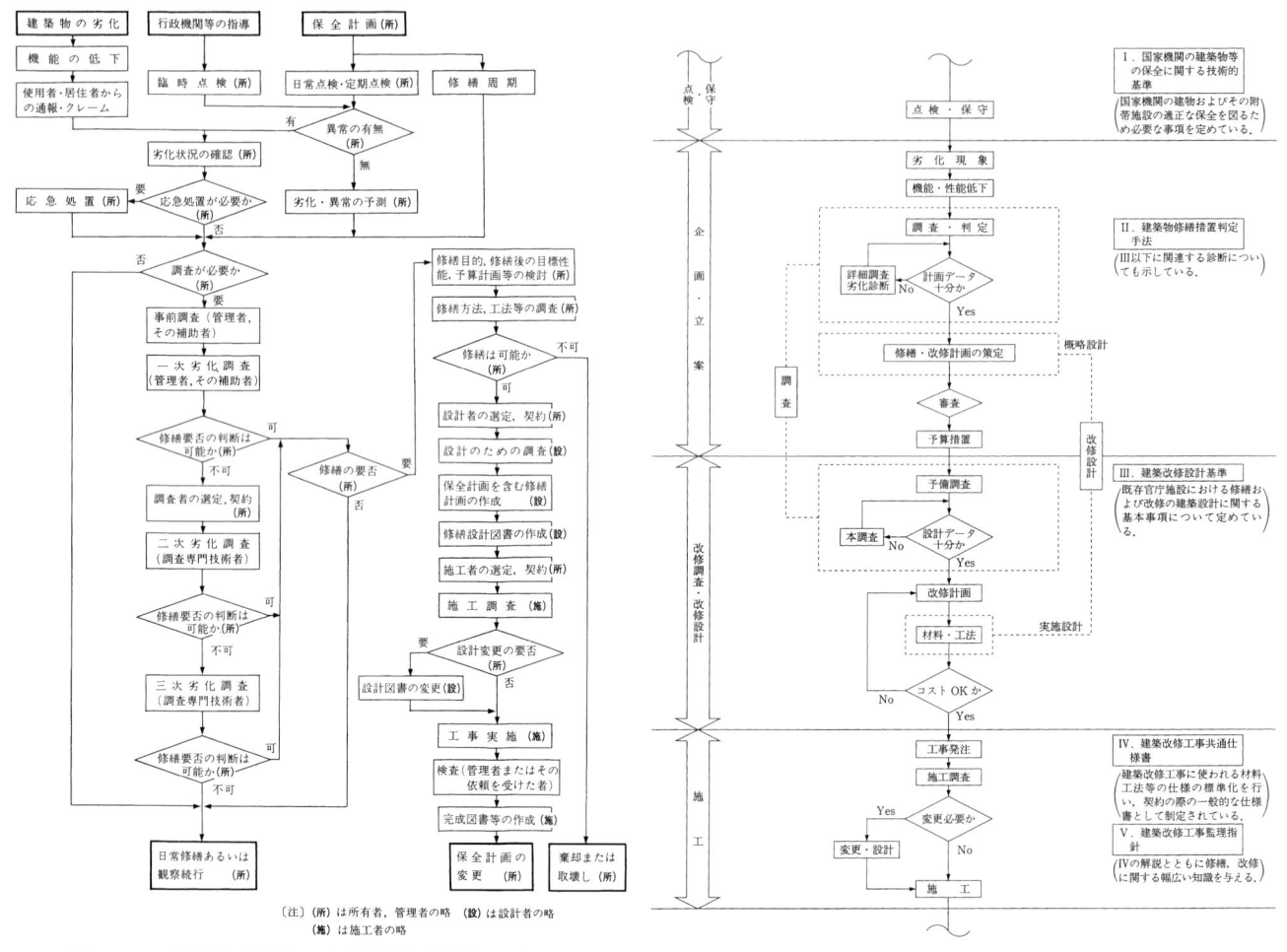

図8.3.1 標準的な調査・劣化診断・修繕の手順[8.3.1]

図8.3.2 官庁施設（建築）の大規模修繕・改修フローと基準類[8.3.2]

8.4 鉄筋コンクリート造躯体の改修工事

図8.4.1
鉄筋コンクリート造の調査・診断および補修工事の手順[8.4.1]

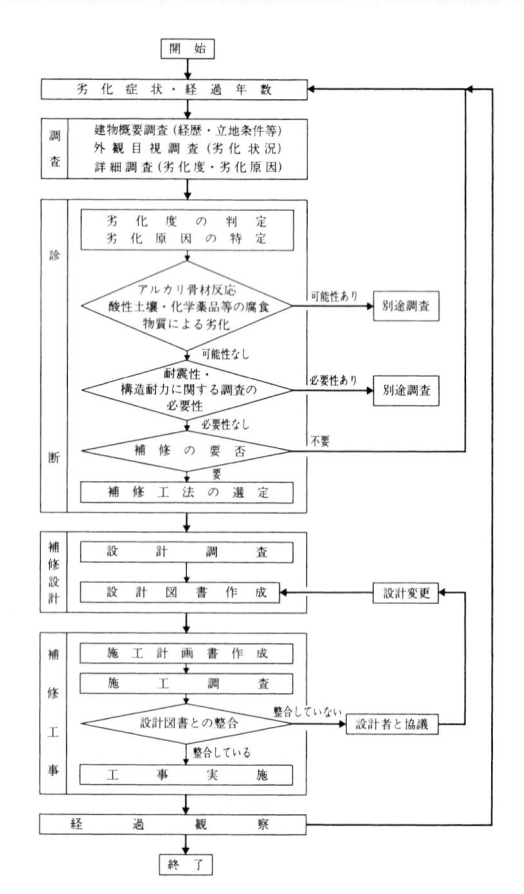

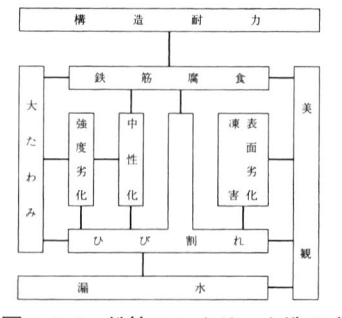

図8.4.2 鉄筋コンクリート造8大劣化現象の相互関係[8.4.1]

8.4 鉄筋コンクリート造躯体の改修工事

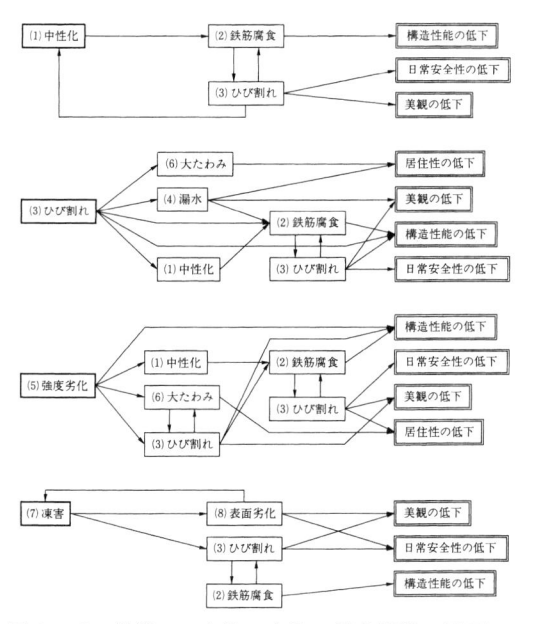

図 8.4.3 鉄筋コンクリート造の劣化現象の進展[8.4.1]

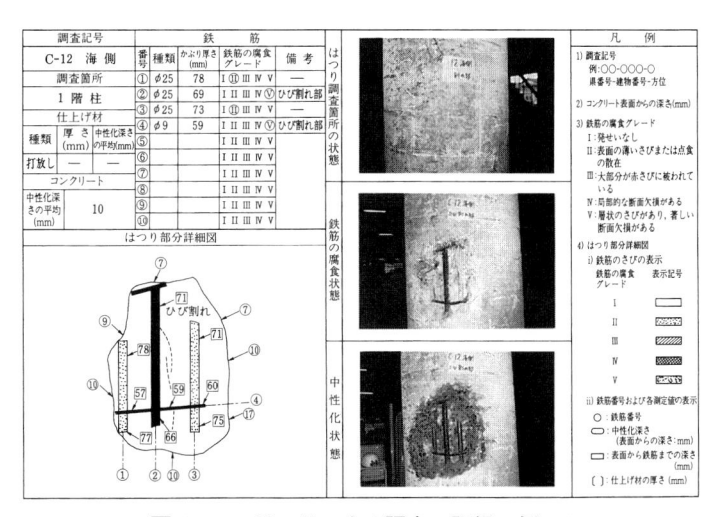

図 8.4.4 はつりによる調査の記録の例[8.4.1]

表 8.4.1 鉄筋腐食度が鉄筋の性能および構造物に及ぼす影響[8.4.1]

		グレード			
		I	II	III	IV
ひび割れ		なし	ひび割れ発生開始		ひび割れが発生していたら必ずグレードIV
さびの拡散		さびは鉄筋とコンクリートの界面に留る	コンクリート内部へ拡散開始		ひび割れに沿って拡散したコンクリート表面ににじみ出る
付着強度	異形	ほとんど変化せず			
	丸網	腐食度が大きくなるに従い,むしろ増大する.			
		付着強度比(グレード I を 100 とする)			
		100	134	166	139
降伏点		ほとんど変化せず		質量減少率に対応して低下	
				降伏点が現れにくくなる	
引張強さ		ほとんど変化せず		ピッチング等の影響があり,質量減少率に対応する以上に低下	
伸 び		腐食度が軽微な段階から低下する			
		伸びの比(グレード I を 100 とする)			
		100	80	57	35

表 8.4.2 劣化度評価基準[8.4.1]

劣化度	評価基準	
	外観の劣化症状	鉄筋の腐食状況
健全	めだった劣化症状はない.	鉄筋の腐食グレードはII以下である.
軽度	鉄筋に沿う腐食ひび割れはみられないが,乾燥収縮による幅0.3 mm 未満のひび割れやさび汚れなどがみられる.	腐食グレードがIIIの鉄筋がある.
中度	鉄筋腐食によると考えられる幅0.5 mm 未満のひび割れがみられる.	腐食グレードがIVの鉄筋がある.
重度	鉄筋腐食による幅 0.5 mm 以上のひび割れ,浮き,コンクリートのはく落などがあり,鉄筋の露出などがみられる.	腐食グレードがVの鉄筋がある.腐食グレードがVの鉄筋はないが,大多数の鉄筋の腐食グレードはIVである.

表 8.4.3 コンクリートの中性化による劣化原因の強さの分類[8.4.1]

劣化原因の強さ	中性化進行の程度による分類	
	屋外	屋内
小	かぶり厚さの平均値の 0.5 倍以下	かぶり厚さの平均値の 0.7 倍以下
中	かぶり厚さの平均値の 0.5 倍以上,かぶり厚さの平均値未満	かぶり厚さの平均値の 0.7 倍以上,かぶり厚さの平均値に 20 mm 加えた値未満
大	かぶり厚さの平均値以上	かぶり厚さの平均値に 20 mm 加えた値以上

表 8.4.4 塩化物量による劣化原因の強さの分類[8.4.1]

劣化要因の強さ	鉄筋位置の塩化物イオン量の平均値による分類
小	0.3 kg/m³ を超え,0.6 kg/m³ 以下
中	0.6 kg/m³ を超え,1.2 kg/m³ 以下
大	1.2 kg/m³ 以上

表 8.4.5 ひび割れ幅による劣化原因の強さの分類[8.4.1]

劣化原因の強さ	コンクリート表面におけるひび割れ幅	
	一般の屋外	環境の厳しい場合
小	0.4 mm 未満	0.1 mm 未満
大	0.4 mm 以上	0.1 mm 以上

表 8.4.6 劣化原因が中性化の場合の補修工法[8.4.1]

劣化度	劣化原因の強さ(中性化深さ)		
	小	中	大
軽度	不要(かぶり不足の場合は中性化抑制工法を併用する)	中性化抑制工法	中性化抑制工法
中度	別の原因を検討する	ひび割れ補修工法+中性化抑制工法	鉄筋腐食補修工法+中性化抑制工法
重度	別の原因を検討する	別の原因を検討する	鉄筋腐食補修工法+中性化抑制工法

表 8.4.7 劣化原因が塩化物イオンの場合の補修工法[8.4.1]

劣化度	劣化原因の強さ(鉄筋位置の塩化物イオン量)		
	小	中	大
軽度	不要(かぶり不足の場合は塩害抑制工法を併用する)	塩害抑制工法	塩害抑制工法
中度	別の原因を検討する	鉄筋腐食補修工法+塩害抑制工法	鉄筋腐食補修工法+塩害抑制工法
重度	別の原因を検討する	別の原因を検討する	鉄筋腐食補修工法+塩害抑制工法

表 8.4.8 劣化原因がひび割れの場合の補修工法[8.4.1]

劣化度	劣化原因の強さ(コンクリート表面のひび割れ幅)	
	小	大
軽度	不要(かぶり不足の場合は塩害抑制工法を併用する)	ひび割れ補修工法
中度	別の原因を検討する	鉄筋腐食補修工法
重度	別の原因を検討する	鉄筋腐食補修工法

8章 維持保全・改修工事

図8.4.5 補修材料の構成[8.4.1]

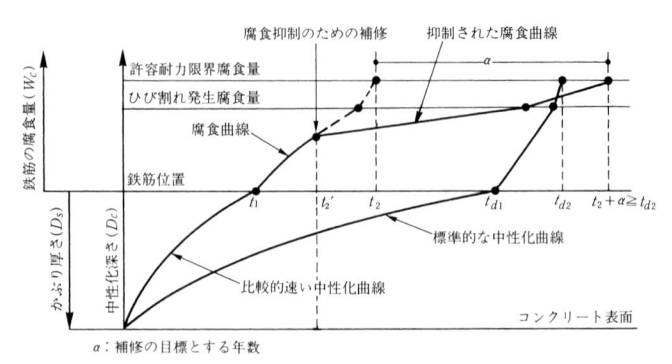

- A. コンクリートの改質・改善材料（含浸材）
- B. 鉄筋を被覆する防せい材料
- C. 欠損したコンクリートを復元する材料（断面修復材）
- D. 今後の耐久性の改善する材料（下地調整材）
- E. 仕上げ，保護の材料

図8.4.6 中性化に起因する鉄筋腐食抑制工法の概念図[8.4.1]

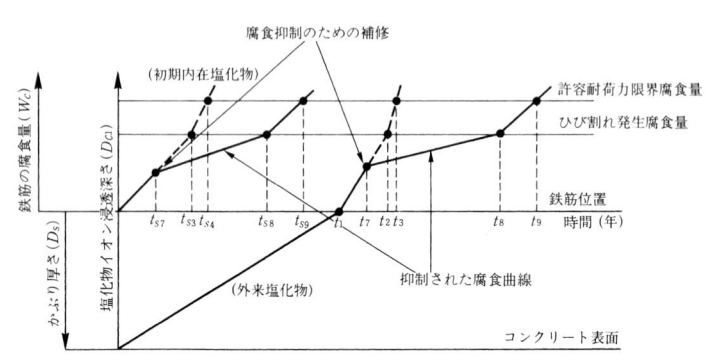

図8.4.7 塩化物イオンに起因する鉄筋腐食補修工法の概念図[8.4.1]

図8.4.8 回復目標レベルと補修工法選定の関係[8.4.1]

表8.4.9 補修材料の種類[8.4.1]

種類	種別	主な成分
含浸材	浸透性吸水防止材	シリコーン系，シラン系，アクリル系，変性ポリエステル樹脂系など
	浸透性固化材	無機系：ケイ酸塩，コロイダルシリカ系，ケイフッ化物系など 有機系：エポキシ樹脂系，アクリル樹脂系，ウレタン樹脂系，ポリエステル樹脂系など
	無機質浸透性防水材	［セメント，ケイ酸ソーダ，水溶性シリカ，アルミナ，酸化カルシウム等の混合物］＋［水］または［ポリマーディスパージョン］
	浸透性アルカリ性付与材	ケイ酸リチウム系など
防せい処理材	塗布形防せい材	亜硝酸カルシウム系，亜硝酸リチウム系など
	ポリマーセメント系塗布	SBR（スチレンブタジエンゴム）系，アクリル樹脂系，防せい剤添加系など
	合成樹脂系塗材	エポキシ系，アクリル系，ウレタン系等の樹脂プライマーまたは塗料
	さび転換塗料	リン酸，有機酸，キレート化剤などを配合した塗料
断面修復材（パッチング材）	ポリマーセメントモルタル	SBR（スチレンブタジエンゴム），アクリル樹脂系，防せい剤添加系などのポリマーセメントモルタル
	ポリマーモルタル	エポキシ樹脂モルタルなど（シラスバルーンなどの軽量骨材を使用したものが多い）
	セメントモルタルまたはコンクリート	セメント，骨材，コンクリート用化学混和剤などを使用した普通セメントモルタルまたはコンクリート
ひび割れ・注入材	エポキシ樹脂注入材	注入用エポキシ樹脂，注入用可撓性エポキシ樹脂
	セメントスラリー注入材	ポリマーセメントスラリー，超微粒スラグセメントなど
	シーリング材	シリコーン系，ウレタン系，ポリサルファイド系など
下地調整材	ポリマーセメントモルタル	SBR（スチレンブタジエンゴム）系，アクリル樹脂系，防せい剤添加系などのポリマーセメントモルタル
	ポリマーモルタル	エポキシ樹脂モルタルなどのパテ材
表面被覆材	浸透性吸水防止材	上記の浸透性吸水防止材と同じ
	塗料	アクリル樹脂系，アクリルウレタン樹脂系，アクリルシリコーン樹脂系，フッ素樹脂系などの塗料
	建築用仕上塗材	セメント系，ポリマーセメント系，ケイ酸質系，合成樹脂エマルション系，合成樹脂溶剤系などの薄付け仕上塗材，厚付け仕上塗材，複層仕上塗材など
	塗膜防水材	アクリルゴム系，ウレタン系などの屋根ならびに外壁塗膜防水材
	成形品	アルミニウムなどの金属並びにGRCなどの被膜パネル（二重壁用），ポリマーセメントモルタルやポリマー含浸コンクリート製の捨型枠（永久型枠）など
その他	各種補強材	ステンレス製アンカーボルト，ラス，繊維など
	耐酸材料	硫黄セメント，水ガラス系など
	耐熱材料	アルミナセメント，水ガラス系など
	電気防食用材料	白銀メッキしたチタンネット，カーボンネット等の電極など

8.5 防水改修工事

表 8.5.1 屋根防水層の種別，工法ごとの 2 次診断方法[8.5.1)]

種別	工法	調査項目	調査方法
アスファルト防水	露出工法	防水層の破断・損傷	個数，長さ，深さ，面積を目視，スケールで測定
		防水層の末端剥離	個数，雨水浸入の有無を目視観察
		ルーフィング接合部の剥離	個数，剥離幅を目視，スケールで測定
		防水層立上がり隅角部の浮き	個数，浮き高さを目視，スケールで測定
		表面の劣化（砂落ち，損傷）	砂落ち量（面積比％），基材の露出（箇所数）を目視観察
		防水層のふくれ（円形状）	個数，大きさ，面積比を目視，スケールで測定
	保護工法	平面部保護層のひび割れ，せり上がり，欠損，凍害，その他	個数，ひび割れ幅，防水層の破断の有無を目視，スケールで測定
		立上がり保護層のひび割れ，倒れ，欠損，凍害，その他	個数，ひび割れ幅，防水層の破断の有無を目視，スケールで測定
		パラペットの押出し	目視観察により内部防水層の状態を推察
		笠木，水切り関係の納まり，端部のひび割れ，シール切れ欠損，凍害，その他	個数，ひび割れ幅を目視，スケールで測定
		伸縮目地部の異常	目地材の欠損，すき間等を目視観察
		植物の繁殖	根の生育程度を目視観察
シート防水	露出工法	防水層の破断，損傷	個数，ひび割れの有無，深さを目視観察
		防水層の末端剥離	シール，ドレンまわりなどの末端部の状態を目視観察
		防水層接合部の剥離	個数，剥離幅，長さを目視，スケールで測定
		防水層立上がり隅角部の浮き	個数，浮き高さを目視，スケールで測定
		表面の劣化（減耗等）	ひび割れ，白亜化，変退色などを目視観察
		防水層のふくれ	個数，大きさ，高さ，面積比を目視，スケールで測定
		下地との接着強さ	接着力試験法による*
	保護工法	アスファルト防水の保護工法に準じる	
塗膜防水ウレタン	露出工法	アスファルト防水，シート防水の露出工法に準じる	

[注] ＊：接着力試験法
垂直引張試験（下地との接着強さ）
① 接着試験は防水層全体から見て接着が良好と見られる部分を選ぶ．
② 試験する箇所は 3 か所以上とし，試験個数は 3 個ずつとする．
③ 試験箇所の防水層の表面の仕上げ材は，サンドペーパーを用いて丁寧に取り除く．ただし，ウレタン系の仕上げ材で防水層と強固に接着している場合，そのまま試験する．
④ 表面をきれいにした防水層の上に，4 cm×4 cm の鉄製のアタッチメントをエポキシ樹脂などの接着剤で接着する．
⑤ 十分に接着した後，アタッチメントの周辺に沿って下地に達する切込みを入れ，建研式接着試験器を用いて引張試験を行い，最大荷重を測定する．

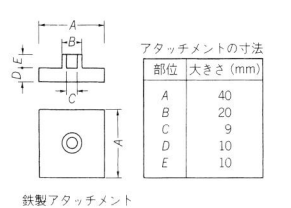

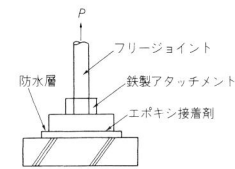

部位	大きさ(mm)
A	40
B	20
C	9
D	10
E	10

アタッチメントの寸法

鉄製アタッチメント

フリージョイント
防水層
鉄製アタッチメント
エポキシ接着剤

表8.5.2 屋根防水層の改修工法[8.5.2)]

部位	既存防水工法	既存下地の処理	改修後の屋根・屋内	「公共建築改修工事標準仕様書」による種類	新設防水層の種類	「公共建築改修工事標準仕様書」による種類
屋根防水	P 保護アスファルト防水工法	1 保護層・防水層の撤去	B 屋根保護防水絶縁工法	P1B工法	アスファルト防水層	B-1・B-2
			BI 屋根保護防水絶縁断熱工法	P1BI工法		BI-1・BI-2
		2 保護層撤去・防水層非撤去（立上り部等は撤去）	A 屋根保護防水密着工法	P2A工法		A-1・A-2
			AI 屋根保護防水密着断熱工法	P2AI工法		AI-1・AI-2
		0 保護層非撤去（立上り部等は撤去）	D 屋根露出防水絶縁工法	P0D工法		D-1・D-2
			DI 屋根露出防水断熱工法	P0DI工法		DI-1・DI-2
			AS 改質アスファルトシート防水工法（絶縁）	P0AS工法	改質アスファルトシート防水層	AS-4・AS-5・AS-6
			ASI 改質アスファルトシート防水断熱工法	P0ASI工法		ASI-1・ASI-2
			S 合成高分子系ルーフィングシート防水工法（接着）	P0S工法（接着）	合成高分子系ルーフィングシート防水層	S-F1・S-F2
			S 合成高分子系ルーフィングシート防水工法（機械）	P0S工法（機械）		S-M1・S-M2・S-M3
			SI 合成高分子系ルーフィングシート防水断熱工法（接着）	P0SI工法（接着）		SI-F1・SI-F2
			SI 合成高分子系ルーフィングシート防水断熱工法（機械）	P0SI工法（機械）		SI-M1・SI-M2・SI-M3
			X ウレタン系塗膜防水工法	P0X工法	ウレタン系塗膜防水層	X-1
	T 保護アスファルト断熱防水工法	1 保護層・防水層の除去	BI 屋根保護防水絶縁断熱工法	T1BI工法	アスファルト防水層	BI-1・BI-2
	M 露出アスファルト防水工法	3 露出防水層撤去	D 屋根露出防水絶縁工法	M3D工法		D-1・D-2
			DI 屋根露出防水断熱工法	M3DI工法		DI-1・DI-2
			AS 改質アスファルトシート防水工法（絶縁）	M3AS工法	改質アスファルトシート防水層	AS-4・AS-5・AS-6
			ASI 改質アスファルトシート防水断熱工法	M3ASI工法		ASI-1・ASI-2
		4 露出防水層非撤去（立上り部等は撤去）	C 屋根露出防水密着工法	M4C工法	アスファルト防水層	C-1・C-2
			DI 屋根露出防水断熱工法	M4DI工法		DI-1・DI-2
			AS 改質アスファルトシート防水工法（密着）	M4AS工法	改質アスファルトシート防水層	AS-1・AS-2・AS-3
			ASI 改質アスファルトシート防水断熱工法	M4ASI工法		ASI-1・ASI-2
			S 合成高分子系ルーフィングシート防水工法（機械）	M4S工法	合成高分子系ルーフィングシート防水層	S-M1・S-M2・S-M3
			SI 合成高分子系ルーフィングシート防水断熱工法（機械）	M4SI工法		SI-M1・SI-M2・SI-M3

8.5 防水改修工事

部位	既存防水工法	既存下地の処理	改修後の屋根・屋内	「公共建築改修工事標準仕様書」による種類	新設防水層の種類	「公共建築改修工事標準仕様書」による種類
屋根防水	S 合成高分子系ルーフィングシート防水工法	3 露出防水層撤去	S 合成高分子系ルーフィングシート防水工法(接着)	S3S工法	合成高分子系ルーフィングシート防水層	S-F1・S-F2
			SI 合成高分子系ルーフィングシート防水断熱工法(接着)	S3SI工法		SI-F1・SI-F2
		4 露出防水層非撤去(立上り部等は撤去)	S 合成高分子系ルーフィングシート防水工法(接着)	S4S工法(接着)		S-F1・S-F2
			S 合成高分子系ルーフィングシート防水工法(機械)	S4S工法(機械)		S-F1・S-M2・S-M3
			SI 合成高分子系ルーフィングシート防水断熱工法(接着)	S4SI工法(接着)		SI-F1・SI-F2
			SI 合成高分子系ルーフィングシート防水断熱工法(機械)	S4SI工法(機械)		SI-M1・SI-M2・SI-M3
	L ウレタン系塗膜防水工法	4 露出防水層非撤去	X ウレタン系塗膜防水工法(密着)	L4X工法	ウレタン系塗膜防水層	X-2
屋内防水	P 保護アスファルト防水工法	1 保護層・防水層の撤去	E 屋内防水密着工法(保護層の設置は特記による)	P1E工法	アスファルト防水層	E-1・E-2
		2 保護層撤去・防水層非撤去(立上り部等は撤去)	E 屋内防水密着工法(保護層の設置は特記による)	P2E工法		E-1・E-2

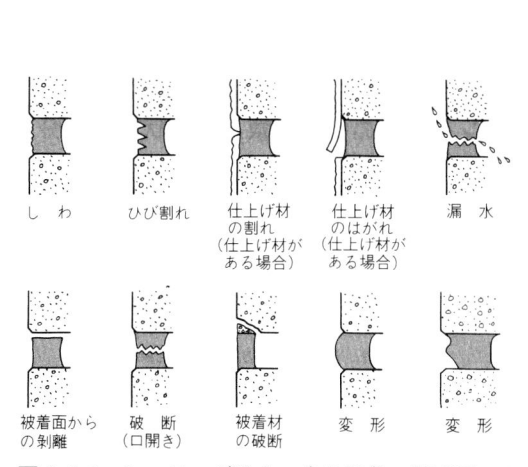

図8.5.1 シーリング防水の劣化現象の模式図[8.5.3)]

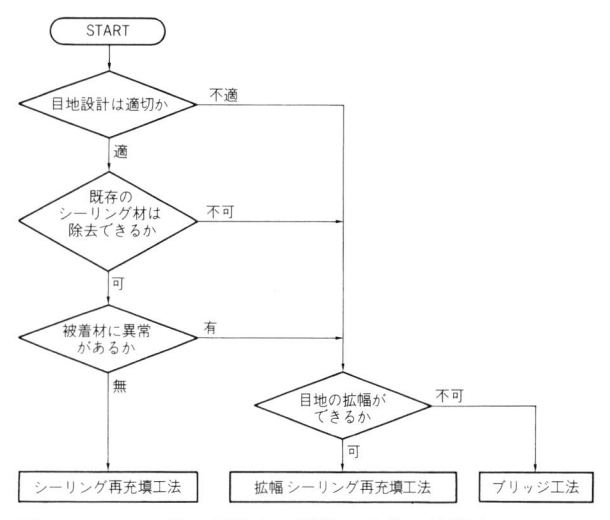

しわ／ひび割れ／仕上げ材の割れ(仕上げ材がある場合)／仕上げ材のはがれ(仕上げ材がある場合)／漏水／被着面からの剥離／破断(口開き)／被着材の破断／変形／変形

図8.5.2 シーリング防水の補修・改修工法選定フロー[8.5.3)]

```
START
 ↓
目地設計は適切か ─不適→
 ↓適
既存のシーリング材は除去できるか ─不可→
 ↓可
被着材に異常があるか ─有→ 目地の拡幅ができるか ─不可→ ブリッジ工法
 ↓無                        ↓可
シーリング再充填工法    拡幅シーリング再充填工法
```

8.6 外壁改修工事

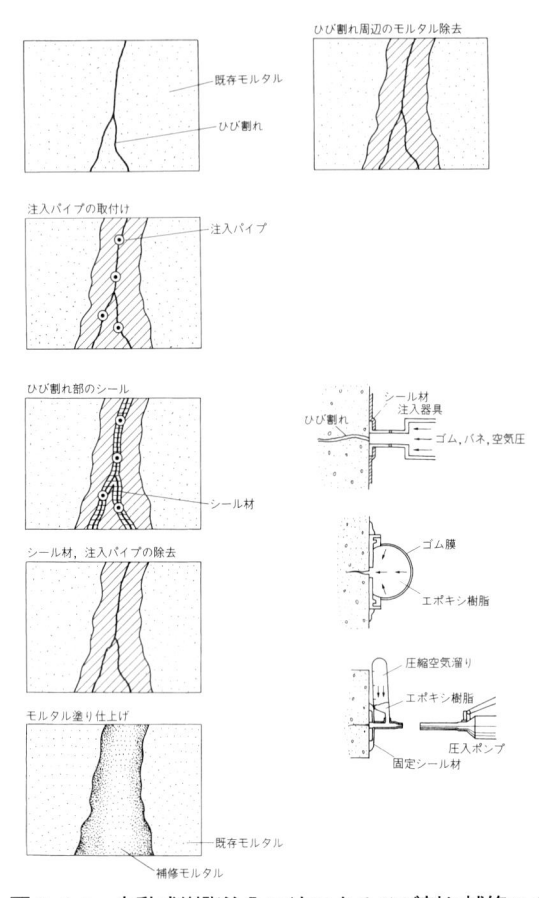

図 8.6.1 自動式樹脂注入工法によるひび割れ補修[8.6.1]

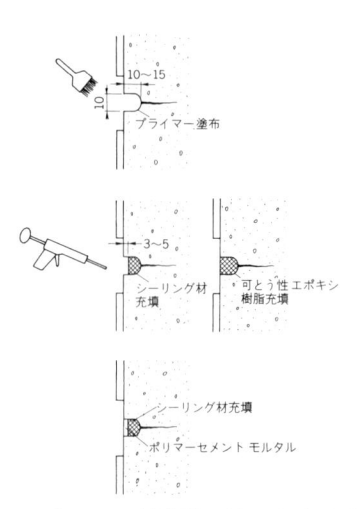

図 8.6.2 Uカットシール材充填工法によるひび割れ補修[8.6.1]

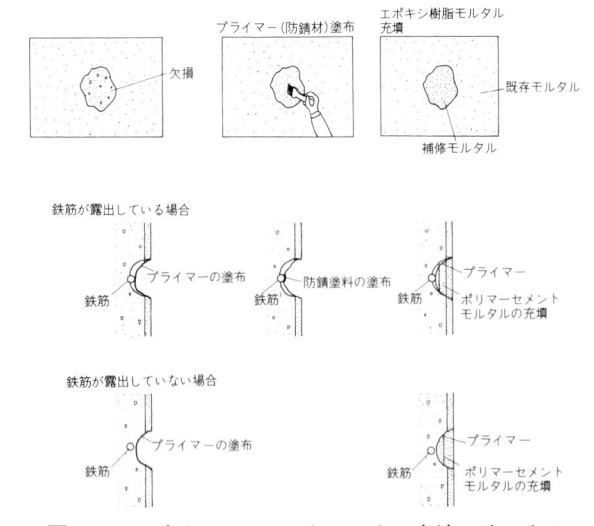

図 8.6.3 ポリマーセメントモルタル充填工法による欠損部補修[8.6.1]

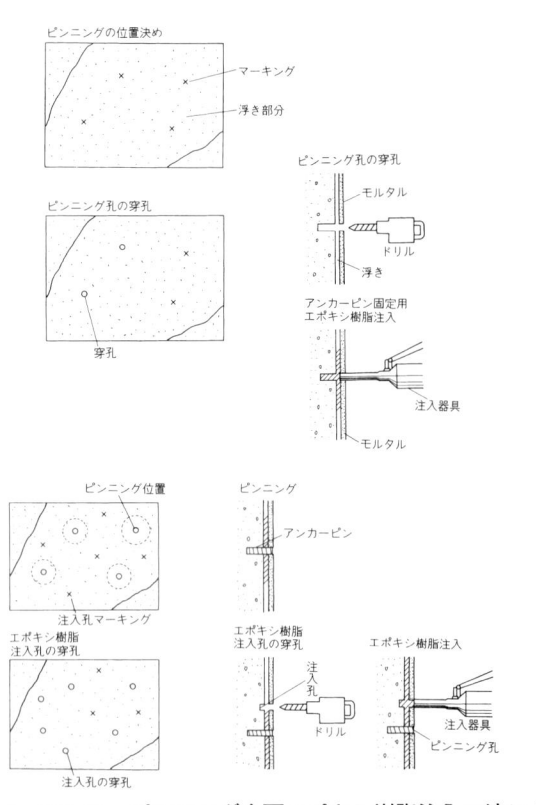

図 8.6.4 アンカーピンニング全面エポキシ樹脂注入工法による浮き補修[8.6.1]

8.7 耐震改修工事

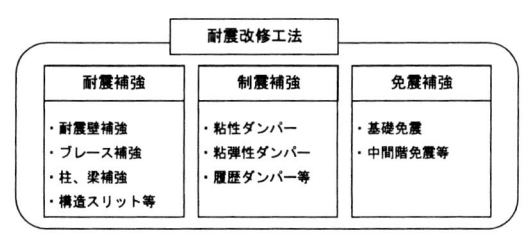

図 8.7.1 耐震改修工法の分類[8.7.1)]

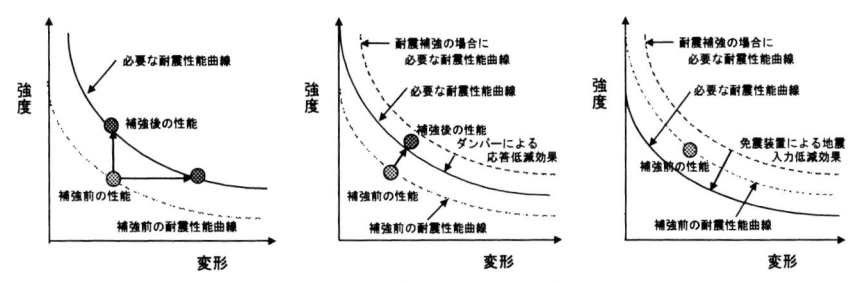

図 8.7.2 耐震改修工法と補強の考え方[8.7.1)]

9章　解体工事

9.1　解体工事等に関連する環境関連法

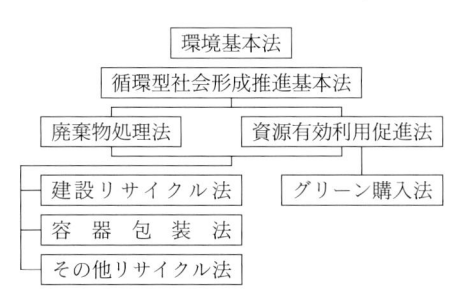

図9.1.1　解体工事等に関する環境関連法のヒエラルキー

```
環境基本法
  └─ 循環型社会形成推進基本法
       ├─ 廃棄物処理法
       │    ├─ 建設リサイクル法
       │    ├─ 容器包装法
       │    └─ その他リサイクル法
       └─ 資源有効利用促進法
            └─ グリーン購入法
```

[注] 廃棄物処理法：廃棄物の処理および清掃に関する法律
　　資源有効利用促進法：資源の有効な利用の促進に関する法律
　　建設リサイクル法：建設工事に係る資材の再資源化等に関する法律
　　グリーン購入促進法：国等による環境物品等の調達の推進に関する法律

表9.1.1　建設リサイクル法の対象となる工事の規模

区分	対象工事	
解体工事	解体建築物の延床面積	80 m³ 以上
新築工事	新築着工床面積	500 m³ 以上
改修工事	改修工事請負金額	1億円以上
工事請負額	工事請負金額	500万円以上

表9.1.2　建設リサイクル法に義務付けられている主な事項

義務事項	その主な目的
①分別解体および再資源化*	再資源化率の向上と混合廃棄物の発生量低減，廃棄物発生量の予測
②上記①を確保するための事前調査	適正な工事の推進と廃棄物の発生量予測
③発注者と受注者間の契約手続きの整備	適正な費用負担
④再資源化等に関する目標の設定	適正な再資源化の推進

＊：同法施行令第1条では，コンクリート，コンクリートおよび鉄からなる建設資材（たとえば，プレキャストコンクリートパネル），木材，アスファルト・コンクリートの4品目を特定建設資材に指定し，その再資源化を義務付けている．

9.2　解体工事の流れ

表9.2.1　建設リサイクル法に定める事前調査事項（建設リサイクル法施行規則第2条第1項第1号）

調査項目	その主な目的
①対象建築物等に関する調査	工事計画の立案，適正な工事費・廃棄物処理費の算出
②周辺状況に関する調査	周辺の建物・住民等に対する環境面の対策・配慮
③作業場所に関する調査	適正な分別解体の実施，工期の設定等
④搬出経路に関する調査	廃棄物の搬出計画の立案
⑤残存物品の有無の調査	一般廃棄物の残存防止と事前措置
⑥特定建設資材への付着物の調査	アスベスト等，有害物質の付着の有無

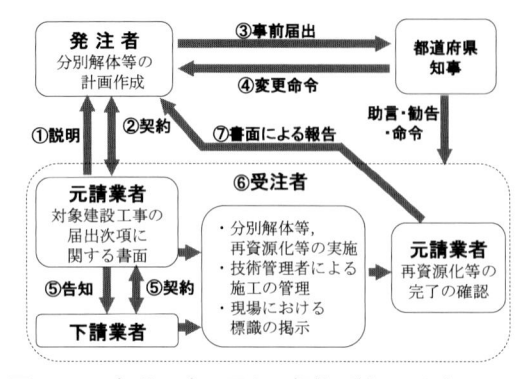

図9.2.1　解体工事の届出・契約手続きの仕組み

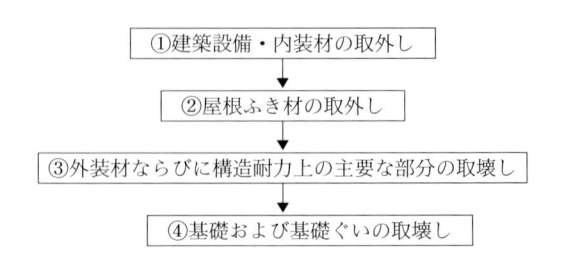

図9.2.2　建設リサイクル法に定める分別解体の工程（施行令第2条第3号）

①建築設備・内装材の取外し
　↓
②屋根ふき材の取外し
　↓
③外装材ならびに構造耐力上の主要な部分の取壊し
　↓
④基礎および基礎ぐいの取壊し

9.3 解体工法

表9.3.1 建物の構造と採用する解体工法

建物構造種別	主な解体工法
木造	①手作業　②手作業および機械による作業
鉄骨造	①手作業　②手作業および機械による作業
鉄筋コンクリート造 鉄骨・鉄筋コンクリート造	②手作業および機械による作業 ・転倒工法　・カッタ工法　・ブレーカ工法 ・圧砕工法　・ワイヤーソーイング工法

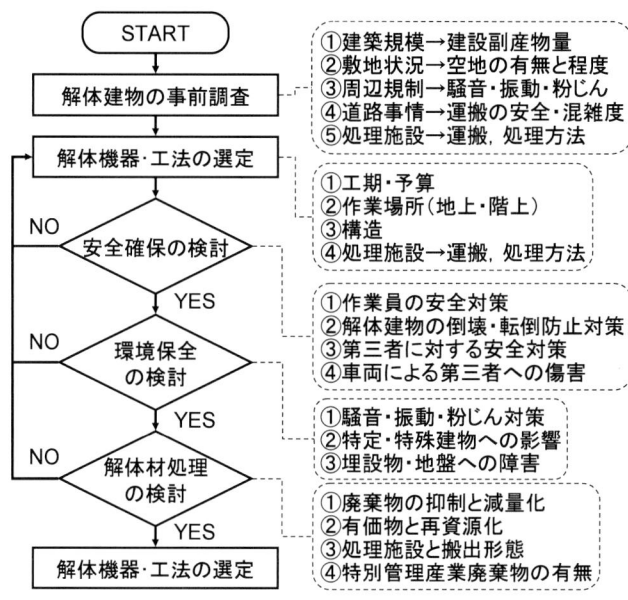

（鉄筋コンクリート造建物の解体/防音養生パネル）

図9.3.1 解体構法選定のフローと考慮事項

（木造建物の解体/養生シート）

図9.3.2 解体現場周囲への仮囲い

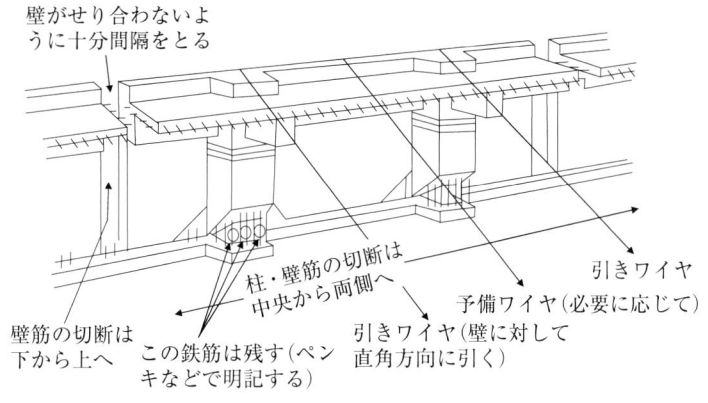

図9.3.3 転倒工法（外壁転倒の模式図）

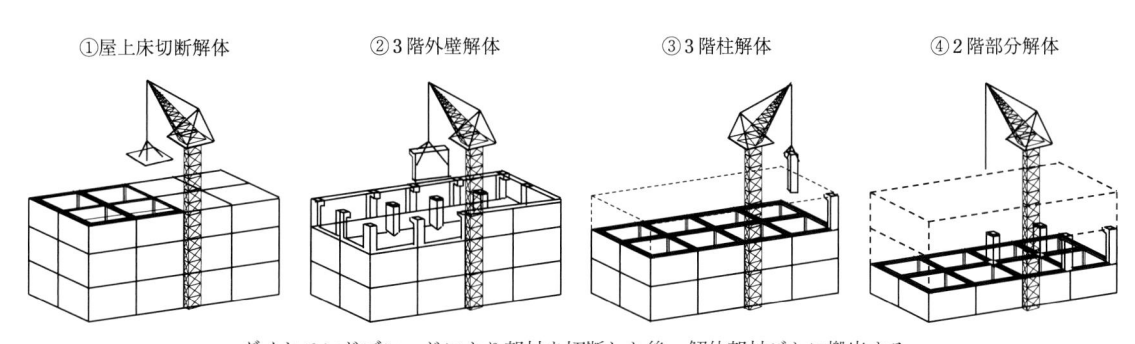

①屋上床切断解体　②3階外壁解体　③3階柱解体　④2階部分解体

ダイヤモンドブレードにより部材を切断した後，解体部材ごとに搬出する．

図9.3.4 カッタ工法

図9.3.5　圧砕工法

鉄筋コンクリート床部材のブレーカによる解体
図9.3.6　ブレーカ工法

壁紙の撤去　　　　　　　　　内装せっこうボードの撤去
図9.3.7　内装材の分別解体

屋根材の撤去　　　　　　　　外装サイディングの撤去
図9.3.8　外装材の分別解体

廃木材の搬出　　　　　　　　内装廃棄物の搬出
図9.3.9　建設副産物の搬出

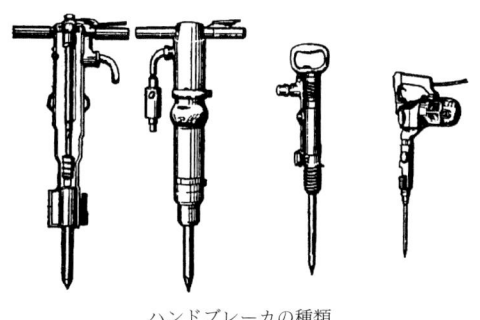

9.3 解体工法　145

ハンドブレーカの種類 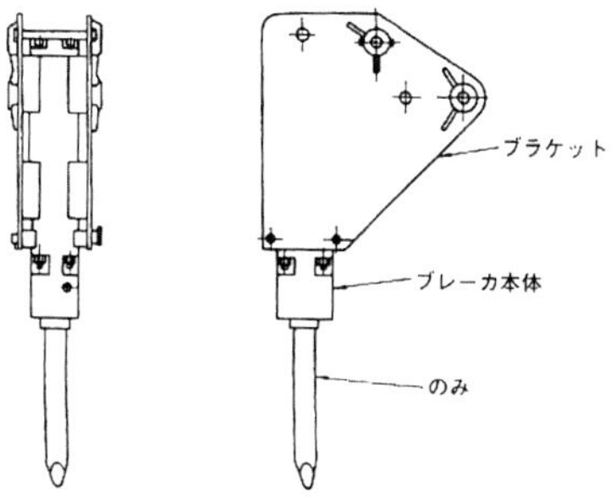　　　　　大型ブレーカユニット

油圧ショベルの基本構造　　　　アタッチメントの例

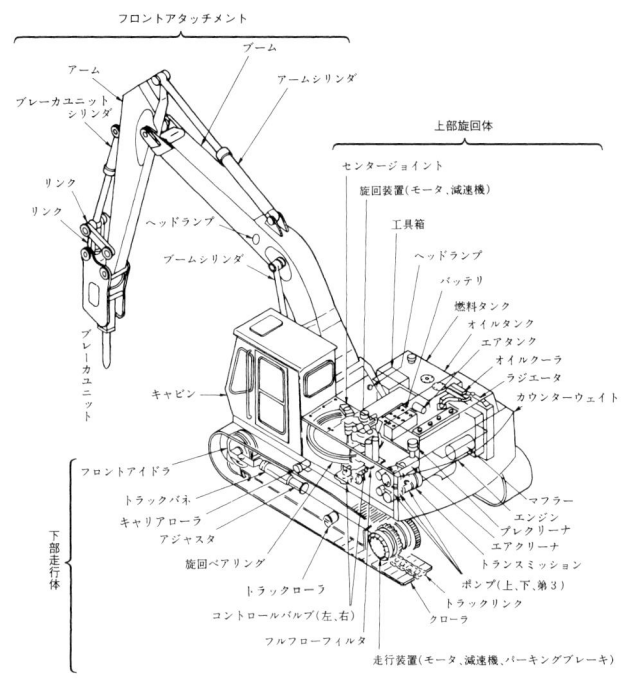

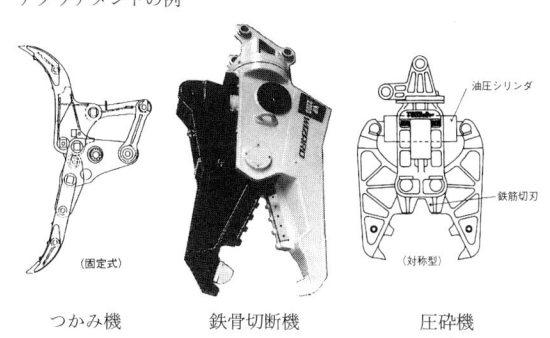

つかみ機　　鉄骨切断機　　圧砕機

ワイヤーソーイング概念図

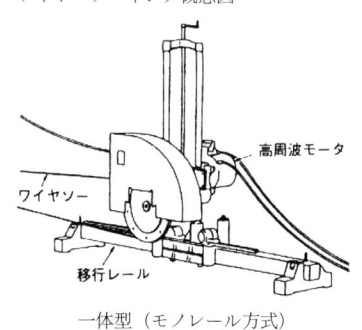

一体型（モノレール方式）

ガス溶断機（鉄筋，鉄骨等の切断に用いる）

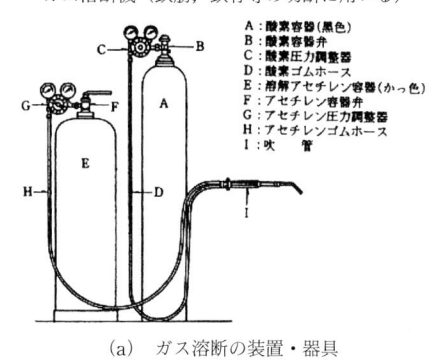

A：酸素容器（黒色）
B：酸素容器弁
C：酸素圧力調整器
D：酸素ゴムホース
E：溶解アセチレン容器（かっ色）
F：アセチレン容器弁
G：アセチレン圧力調整器
H：アセチレンゴムホース
I：吹　管

(a)　ガス溶断の装置・器具

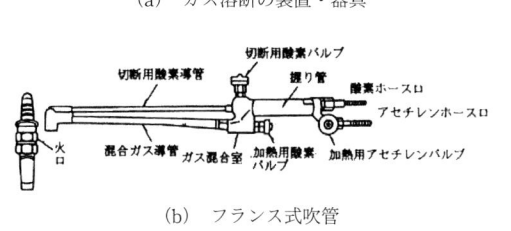

(b)　フランス式吹管

木造住宅の手作業による解体に使用される主な道具

図 9.3.10　解体工事に使用される主な機器類[9.3.1)]

9.4 副産物の処理

① 排出事業者は，マニフェスト（6枚複写）に必要事項を記入し，廃棄物とともに収集運搬業者に渡す．
② 収集運搬業者は，マニフェストに署名し，6枚中のA票を排出事業者に返す．
③ 排出事業者は，A票を保管．
④ 収集運搬業者は，必要事項を記入した後，B1票からD票の5枚を廃棄物とともに処分業者に渡す．
⑤ 処分業者は，5枚に受領済印を押印し，B1, B2票を収集運搬業者に返す．
⑥ 収集運搬業者は，処分業者から返送されたB1票を保管．
⑦ 収集運搬業者は，処分業者から返送されたB2票を排出事業者に返し，排出事業者はB2票を保管．
⑧ 処分業者は，処分完了後に必要事項を記載のうえ，処分完了印を押印し，C1票を保管，C2票を収集運搬業者に返送．
⑨ 収集運搬業者は，B1票とC2票を照合し，委託された廃棄物が適正処理されたことを確認．
⑩ 処分業者は，D票を排出事業者に返送．排出事業者は，D票を保管するとともに，A票，B2票，D票を照合し，委託した廃棄物が適正処理されたことを確認．

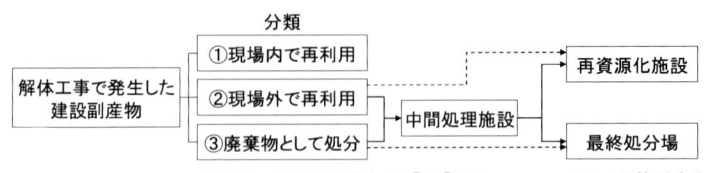

図9.4.1 建設副産物の処理の流れ

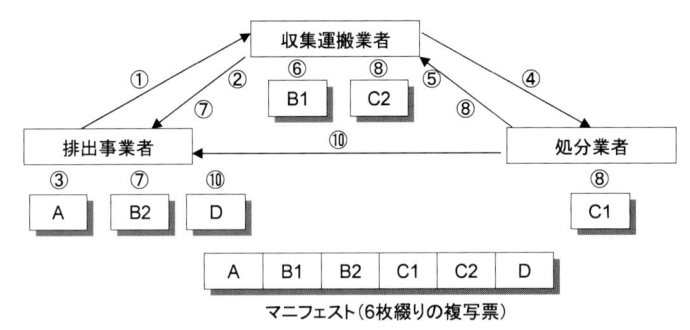

図9.4.2 マニフェスト票の流れ

(1)安定型産業廃棄物	(2)管理型産業廃棄物	(3)特別管理産業廃棄物
がれき類，ガラスおよび陶磁器くず，廃プラスチック，金属くず，ゴムくず	汚泥，木くず，廃油，紙くず，せっこうボード，廃アルカリ（pH12.5未満），廃酸（pH2を超えるもの）など	廃油（引火点70℃未満），廃アルカリ（pH12.5以上），廃酸（pH2以下），廃石綿など

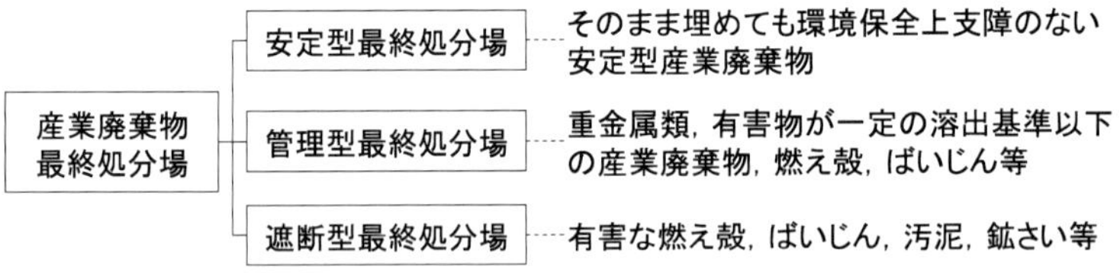

産業廃棄物最終処分場
- 安定型最終処分場 …… そのまま埋めても環境保全上支障のない安定型産業廃棄物
- 管理型最終処分場 …… 重金属類，有害物が一定の溶出基準以下の産業廃棄物，燃え殻，ばいじん等
- 遮断型最終処分場 …… 有害な燃え殻，ばいじん，汚泥，鉱さい等

安定型最終処分場 　　　　　管理型最終処分場

図9.4.3 廃棄物の分類と最終処分場

9.5 建築のライフサイクルと解体工事

表 9.5.1 建築・建築材料のライフサイクル（循環型社会形成推進基本法との関係）

優先順位	内容
①廃棄物の発生抑制	・フローにおいて，ライフサイクルの全ての段階で「Y：廃棄物の流れ」を低減することは極めて重要． ・全てライフサイクルのなかで，「D：撤去・解体段階」で最も廃棄物発生量が多いことから，「C：供用・維持段階」に長く止める，すなわち建物の長寿命化が最も有効．
②再使用（Reuse）	・資材の全部または一部を部品その他の製品の一部として使用すること．図 9.5.1 中の記号 Z3, Z5 に相当． ・建築部品等をそのまま，あるいは部品の一部を交換などして使用する例．
③再生利用（Recycle）	・資材の全部または一部を原材料として利用すること．図 9.5.1 中の記号 Z1, Z2, Z4 に相当． ・再生骨材コンクリートなどがその例．
④熱回収	・燃焼の用に供することができるものを熱を得る目的に利用すること． ・廃プラスチックを主原料とする RDF（Refuse derived fuel）などがその例．

LCAモデル

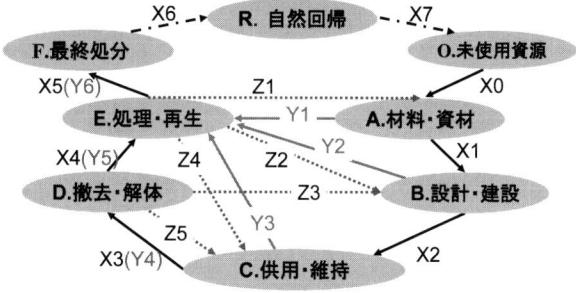

X：建築物・建設資材の流れ／エネルギーの流れ／環境負荷の流れ
Y：建築物・廃材の流れ／エネルギーの流れ／環境負荷の流れ
Z：建築物・再生資材の流れ／エネルギーの流れ／環境負荷の流れ

図 9.5.1 建築のライフサイクルフローモデル

引用文献

1章 総論

1.1
1.1.1) 日本建築積算協会，建築積算資格者更新講習テキスト，2001.10
1.1.2) 官庁営繕契約関係資料集

1.2
1.2.1) 峰政克義：建築士が語る家づくりの真髄，岩波書店，2008.11

2章 施工計画と施工管理

2.1
2.1.1) 古阪秀三総編集：建築生産ハンドブック，朝倉書店，2007

2.3
2.3.1) 日本規格協会：2006年版 JISハンドブック57 品質管理，2006
2.3.2) 日本品質保証機構：ISO 9001：2000年版の基礎知識，2006
2.3.3) 坂本碩也：品質管理テキスト（第3版），理工学社，2005
2.3.4) 朝香鐵一・田村恭監修：建設業のTQC，1980
2.3.5) 国土交通省住宅局住宅生産課：「住宅の品質確保の促進等に関する法律」のポイント

2.4
2.4.1) 建築コスト管理システム研究所：建築工事内訳書標準書式
2.4.2) 建設物価調査会：建築の施工管理と原価管理
2.4.3) 建設工業経営研究会：経研標準建築費指数季報，2006年秋季号
2.4.4) 日本建築学会：型枠の設計・施工指針案，1988.7
2.4.5) 日本建築積算協会：建築積算資格者更新講習テキスト，2001.10
2.4.6) 生島宜幸氏 資料提供

2.5
2.5.1) 日本建築積算協会：建築工事における工程の計画と管理指針・同解説，2004

2.6
2.6.1) 田村 恭ほか：建築工事工法事典，産業調査会事典出版センター，1989

2.7
2.7.1) 日本建設業団体連合会：建設業の環境管理システム，Vol.1，1995

3章 準備工事

3.1
3.1.1) 日本建築学会：建築工事標準仕様書 JASS 2 仮設工事，2006.1
3.1.2) 日本建築学会：建築基礎設計のための地盤調査計画指針，1995.12
3.1.3) 日本建築学会：小規模建築物基礎設計指針，2008.2
3.1.4) 国土開発技術研究センター：地下水調査および観測指針（案），山海堂，1993

3.2
3.2.1) 日本建築学会：建築工事標準仕様書 JASS 2 仮設工事，2006.1

4章 地下工事

4.1
4.1.1) 日本建築学会：山留め設計施工指針，2002.2
4.1.2) 日本建築学会：建築工事標準仕様書・同解説 JASS 3 土工事および山留め工事，2003.6
4.1.3) 日本建築学会：山留め設計施工指針，1988.1
4.1.4) 日本建築学会：建築基礎構造設計指針，2001.10

4.2
4.2.1) 公共建築協会：建築工事監理指針（上巻），建設出版センター，2007
4.2.2) 日本建築学会：建築技術者のためのJASS 4 杭工事Q&A，2005.9
4.2.3) 日本車両製造(株)提供
4.2.4) 日本基礎建設協会：場所打ちコンクリート杭の施工と管理，2003
4.2.5) 日本建築学会：建築工事標準仕様書・同解説 JASS 4 地業および基礎スラブ工事，2003.6

5章 躯体工事

5.1
5.1.1) 日本建築学会：構造用教材，3章 木質構造，1995.2
5.1.2) リョービ株式会社：ホームページ http://www.ryobi-group.co.jp より
5.1.3) 鈴木秀三ほか：図解 ツーバイフォー工法，井上書院，1984

5.2
5.2.1) 日本建築学会：構造用教材，4章 鉄骨構造，1995.2
5.2.2) JIS A 1304-1994「建築構造部分の耐火試験方法」付図1

5.3
5.3.1) 日本建築学会：構造用教材，5章 鉄筋コンクリート構造，1995.2
5.3.2) 鹿島建設建築本部編：建築の施工図1，鉄筋コンクリート造，鹿島出版会，1999.5 から作図
5.3.3) 青山良穂・武田雄二：建築学テキスト，建築の施工，学芸出版社，2004.10
5.3.4) 和美廣喜：最近の建築をめぐるコンクリートの施工技術の動向，センメント・コンクリート No.614，pp.10-14，1998.4
5.3.5) 日本建築学会：コンクリートポンプ工法施工指針・同解説，1994.1
5.3.6) 日本建築学会：建築工事標準仕様書・同解説 JASS 5 鉄筋コンクリート工事，2009.2
5.3.7) 日本建築学会：鉄筋コンクリート造配筋指針・同解説，2003.11
5.3.8) 日本建築学会：コンクリートの品質管理指針・同解説，1999.2
5.3.9) 福士 勲・友澤史紀：コンクリートの新技術の動向，生コンクリート関連 JIS 改正及び技術技術動向講習会テキスト，日本規格協会，1989.10

5.4
5.4.1) 日本建築学会：構造用教材，6章 鉄骨鉄筋コンクリート構造・合成構造，1995.2
5.4.2) 和美廣喜：コンクリート工事，困ったときのノウハウ集，コンクリートが分離しやすい部分の対処，鉄骨まわり・配筋の込み合う部分，建築技術，No.546，pp.80-82，1995.10

5.5
5.5.1) 毛見虎雄・逸見義男・矢野瑞穂：建築生産施工学，pp.102〜103，理工図書，1996
5.5.2) 日本建築学会：建築工事標準仕様書・同解説 JASS 10 プレキャスト鉄筋コンクリート工事，2003.2

5.6
5.6.1) 国土交通省大臣官房官庁営繕部監修：建築工事監理指針平成13年度版（上巻），公共建築協会，2002.3
5.6.2) 日本建築学会：建築工事標準仕様書・同解説 JASS 7 メーソンリー工事，2009.6

6章 内外装工事

6.1
6.1.1) 日本建築学会：建築工事標準仕様書・同解説 JASS 12 屋根工事，2004.12

6.4
6.4.1) 日本建築学会：建築工事標準仕様書・同解説 JASS 27 乾式外壁工事，2004.1

6.5
6.5.1) 日本建築学会：建築工事標準仕様書・同解説 JASS 21 ALCパネル工事，2005.10

6.6
6.6.1) 日本建築学会：建築工事標準仕様書・同解説　JASS 14 カーテンウォール工事，1996.1

6.9
6.9.1) 日本建築学会：建築工事標準仕様書・同解説　JASS 19 陶磁器質タイル張り工事，2005.2

6.10
6.10.1) 日本建築学会：建築工事標準仕様書・同解説　JASS 15 左官工事，1998.1
6.10.2) 日本左官業組合連合会：建築設計者・監理者のための左官仕上げガイドブック，1997
6.10.3) 日本建築学会：建築工事標準仕様書・同解説　JASS 15 左官工事，2007.6
6.10.4) 国土交通省大臣官房官庁営繕部監修：建築工事監理指針平成13年度版（下巻），公共建築協会，2002.3

6.11
6.11.1) 日本建築学会：建築工事標準仕様書・同解説 JASS 18 塗装工事，2006.11
6.11.2) 日本建築学会：建築工事標準仕様書・同解説 JASS 23 吹付け工事，2006.11

6.12
6.12.1) 日本建築学会：建築工事標準仕様書・同解説 JASS 26 内装工事，2006.11

6.13
6.13.1) 日本建築学会：建築材料用教材，2006.3
6.13.2) 日本建築学会：建築工事標準仕様書・同解説 JASS 16 左官工事，2008.1

8章　維持保全・改修工事

8.1
8.1.1) 国土交通省社会資本整備審議会：既存建築物の改善と有効利用のための建築行政のあり方に関する答申　参考資料，平成16年2月2日
8.1.2) 日本建設業団体連合会・日本土木工業協会・建築業協会：建設業ハンドブック2006，2006

8.2
8.2.1) 日本建築学会：建築物の調査・劣化診断・修繕の考え方（案），1993.1

8.3
8.3.1) 日本建築学会：建築物の調査・劣化診断・修繕の考え方（案），1993.1
8.3.2) 日本建築学会：建築物の改修の考え方・同解説，2002.2

8.4
8.4.1) 日本建築学会：鉄筋コンクリート造建築物の耐久性調査・診断および補修指針（案）・同解説，1997.1

8.5
8.5.1) 経済調査会：屋根防水の補修・改修技術，1993
8.5.2) 建築保全センター：建築改修工事監理指針平成19年版（上巻），2008
8.5.3) 経済調査会：シーリング防水の補修・改修技術，1993

8.6
8.6.1) 経済調査会：セメントモルタル仕上げ外壁の補修・改修技術，1992

8.7
8.7.1) 渡邊茂雄：維持保全技術の現状と今後の課題，2007年度日本建築学会大会（九州）材料施工部門研究協議会資料，2007.8

9章　解体工事

9.3
9.3.1) 全国解体工事業団体連合会：解体工事施工技術講習テキスト〈解体工事技術編〉，2008.9

建 築 施 工 用 教 材

2009年6月1日　第1版第1刷
2017年9月15日　　　第3刷

編集著作人　一般社団法人　日本建築学会
印　刷　所　三　美　印　刷　株式会社
発　行　所　一般社団法人　日本建築学会
　　　　　　108-8414　東京都港区芝 5-26-20
　　　　　　　　　　電　話　(03) 3456-2051
　　　　　　　　　　F A X　(03) 3456-2058
　　　　　　　　　　http://www.aij.or.jp/

発　売　所　丸善出版株式会社
　　　　　　101-0051　東京都千代田区神田神保町2-17
　　　　　　　　　　　神田神保町ビル
Ⓒ 日本建築学会 2009　　　電　話　(03) 3512-3256

ISBN978-4-8189-2220-4 C 3052